"十二五"国家重点图书出版规划项目
当代财经管理名著译库
2011年度国家出版基金资助项目

金融瞭望
译丛

欧阳珑 译

U0674691

美元
大趋势

THE FUTURE OF
THE DOLLAR

Eric Helleiner Jonathan Kirshner

（美）埃里克·赫莱纳 乔纳森·柯什纳 编著

东北财经大学出版社
Dongbei University of Finance & Economics Press
大连

ⓒ 东北财经大学出版社 2012

图书在版编目（CIP）数据

美元大趋势／（美）赫莱纳（Helleiner, E.），（美）柯什纳（Kirshner, J.）
编著；欧阳珑译．—大连：东北财经大学出版社，2012.5
（金融瞭望译丛）
ISBN 978-7-5654-0671-3

Ⅰ．美…　Ⅱ．①赫…②柯…③欧…　Ⅲ．美元-研究　Ⅳ．F827.12

中国版本图书馆 CIP 数据核字（2011）第 282225 号

辽宁省版权局著作权合同登记号：图字 06-2010-467

Eric Helleiner，Jonathan Kirshner：THE FUTURE OF THE DOLLAR
Copyright ⓒ 2009 by Cornell University Press

东北财经大学出版社出版
（大连市黑石礁尖山街 217 号　邮政编码　116025）
教学支持：（0411）84710309
营销部：（0411）84710711
总编室：（0411）84710523
网　址：http：//www.dufep.cn
读者信箱：dufep @ dufe.edu.cn
大连北方博信印刷包装有限公司印刷　　　东北财经大学出版社发行

幅面尺寸：170mm×240mm　　字数：179 千字　　印张：13 3/4　　插页：1
2012 年 5 月第 1 版　　　　　　　　　　　2012 年 5 月第 1 次印刷

责任编辑：高 鹏 李 季 吉 扬 刘 佳　　责任校对：仲 果
封面设计：冀贵收　　　　　　　　　　　版式设计：钟福建

ISBN 978-7-5654-0671-3
定价：36.00 元

译　者　序

　　如今，货币在国家与社会中是如此重要，以至于它表征出的各种功用不仅使得社会的生活变得更加便捷与顺畅，更牵系着国与国之间更具魅力与微妙的关系。可以说，整个世界拥有诸多不同的货币，无疑凸显了研究它们之间联系的重要性。人们发现，在一个阶段里追崇的货币往往和这个国家的政治与经济实力密切相关。群体认知下的共识似乎也注定带给人们一种思维的定式：货币世界里面依旧要遵循着"群龙有首"的游戏规则。盛极一时的英镑在过往的岁月里充分地佐证着这一点。

　　不难理解的是，在一个局势平稳的世界经济环境中，人们很难找寻到改变现状的理由。但是，倘若经济形势急转直下，货币力量此消彼长，地缘政治暗中角力，抑或新兴国家强势崛起，那么油然而生的各种事关货币的学说就有着百花齐放的机缘巧合。这既让人们对已然是霸主的货币产生疑虑与困惑，又让人们看到新兴国家货币取而代之的机会。经济大环境些许改变所引发的学术敏感早已在隔空论战了。

　　可以说，在过去的几十年里，美元对世界影响深远。第二次世界大战后，美国经济实力日渐雄厚，而与之相对应的政治话语权也越发显得强势。在这种格局下，国际贸易、国际金融等活动都遵循了统一的货币标准。那个时期即是美元辉煌的荣景。经济与政治的天平无一不向美国倾斜，英镑回天乏术，日元随波逐流，不一而足。由强大美国经济实力支撑起的美元确实让世界货币格局简单化，人们日渐对美元熟稔，世界各国也唯美元马首是瞻。

　　美国经济在后续的岁月里也未必就是一帆风顺。庞大经济体所获得的荣誉多，所肩负的责任大，同样，遇到的困难也相应地接踵而来。此时，尖锐的学者也许会提出诸多的问题：一枝独秀的货币世界里面，所谓的世界责任与美国国家利益难免有不可调和的矛盾，执掌世界大部分交易的美元是否会让美国的经济行径恣意妄为？世界其他各国的崛起能否对这样的情况预警并拥有一个有效的制约机制？美元的未来有何变数？其他的货币有何定数？这些问题的讨论出现在本书的各个章节。

本书共分 10 章，严格意义上看，本书的逻辑并没有一致传承的风格。仅就各位学者的发言与演讲来看，似乎都是仁者见仁，智者见智。但作者巧妙地把这些几近不同意见的观点融汇成集，意在言外的内涵就是让大家对美元的未来有个更加清楚的洞见。读者完全可以借鉴各位学者的观点并依靠自我的分析和判断来对美元未来的问题进行一个长期性的思考。

在本书的翻译过程中，我要感谢我的学生的热情参与。这些学生有：徐含、欧阳利军（第 1 章），陈淑琦（第 2 章），罗可嘉、熊娟、郭璨、毛莲、邓燕蕊（第 3 章），徐含（第 4 章），黄靓、杨汐、杜开清（第 5 章），孙瑞峰（第 6 章），熊聪（第 7 章），刘鑫（第 8 章），章婉婉（第 9 章），黄俊琼（第 10 章）。

前　言

　　本书起始于一个简单的问题：作为一种国际货币，美元的未来会怎样？由于对这个问题的答案没有一致的看法，因此我们邀请一些知名的学者在康奈尔大学与安大略沃特卢的国际治理创新中心举办的一系列演讲与专题讨论会上分享他们的观点，我们认为这样也许是有趣的。而后续的反应证实比我们预期的要有趣得多。这些学者中的很多人在过去几十年中已经研究过美元的国际地位，但就美元的未来而言，许多学者却经常有着深度的分歧。尽管有些学者仍视美元为未来世界的关键性货币，但另一些学者则预测未来美元的全球地位会有一个巨大的缩退。

　　这些分歧的意义随着这个话题的演化而日益彰显。当我们开始这个议题时，我们几乎不知道这将展现自 20 世纪 30 年代以来国际最严重金融危机的背景。由于这场金融危机是以美国为中心，美元未来的全球地位迅速成为媒体与财经出版界的一个流行话题。金融危机将表明美元的最终废黜？抑或美元消亡的预言将终结于类似自 20 世纪 70 年代早期就伴随其他主要国际金融危机的错误论断？

　　本书并不尝试对这些问题提供一个明确的答案。相反，它提供了一系列关于美元作为国际货币的观点。我们的目标是试图去理解为什么这些学者就这个话题有着如此深的分歧，而不是去断言一个观点即为胜者。正是因为有这样的思路指引，我们希望本书不仅对当下美元未来的讨论有所贡献，而且也能惠及国际货币组织更加广泛的学术研究。读者们为了裁断这一话题的争论有可能寻求种种的可变要素，我们也希望我们所提出的架构能够有助于他们的自我定见。

前　　言

　　在推出本书的同时，我们也心存感恩。撰稿人对本书的支持以及在会议截止日所付出的辛劳，我们当然要表示感激。一些学者就本书的一些章节提出了非常具有见地与有益的反馈，包括 William Grimes，Hubert Zimmerman，Steve Nelson，以及两位匿名的评阅者。我们也要感谢 Kausar Ashraf 和 Troy Lundblad 在文稿准备上的帮助。Roger Haydon 一如既往地提供了非常好的反馈与建议。最后，我们要对康奈尔大学马里奥埃诺迪国际问题研究中心国际政治经济项目、位于沃特卢的国际治理创新中心、加拿大人文社会科学研究理事会与特鲁多基金会的经济资助表示感谢！

目　　录

第1章　美元的未来：关键货币该何去何从？/1

1.1　美元的国际地位及其重要性/3

1.2　三种不同的模式/6

1.3　各章节的论据/16

第2章　美元持久而杰出的国际影响/23

2.1　美元在国际货币体系中的重要角色/25

2.2　借助汇率政策的出口提升/28

2.3　安全和美国/29

2.4　危机中美国的脆弱性/38

第3章　美国经常账户赤字与美元本位的可持续性：一个货币方法/42

3.1　货币锚方法/43

3.2　美国的保护主义/47

3.3　冲突的道德/48

3.4　汇率和贸易平衡：菲利普斯曲线似曾相识吗？/49

3.5　减少美国经常账户赤字中转移支付的问题/51

3.6　布雷顿森林体系Ⅰ和Ⅱ：重商主义解体/54

3.7　美国的房产危机、贸易差额和美国财政部/59

附录：2008—2009年美国的金融危机和信贷恐慌/61

第4章 持久的顶级货币，脆弱的协议货币：政治和美元的国际地位/65

4.1 不同类型的国际货币/66

4.2 美元顶级货币地位的政治基础/68

4.3 美元作为一种协议货币/71

4.4 对美元的外国支持的持续性/74

4.5 美元的未来是什么？/81

第5章 住房性金融、增长与美元惊人的持久性/83

5.1 美国在全球金融市场中的套利/87

5.2 住房金融市场结构的差别效应/91

5.3 住宅政治学与2008年危机的关联与超越/99

5.4 房地产金融危机和美元的未来/105

第6章 从垄断走向寡头垄断：源自1914年以前的经验教训/110

6.1 作为储备货币的欧元/113

6.2 更合适的历史比较/116

6.3 回到现在/130

第7章 货币体系走向群龙无首/134

7.1 假设/136

7.2 美元/138

7.3 欧元/139

7.4 日元/143

7.5 人民币/146

7.6 分裂/148

7.7 前景/154

第8章　21世纪地缘政治学与美元秩序的侵蚀/155

8.1　从约翰逊到冷战的终结/159

8.2　克林顿方案/162

8.3　克林顿政策的局限性/166

8.4　对美元的影响是什么？/170

8.5　走向一个新的世界货币架构/175

第9章　（相对）衰退后：美元衰落和对美国权力的影响/179

9.1　美元悲观主义的来龙去脉/180

9.2　当代货币合作的政治脆弱性/185

9.3　美元的首要地位及其内容/189

9.4　美元又将如何？/195

第10章　总结与展望：美元未来的未来/199

10.1　重新开始：美元未来的预期/201

10.2　向前看：构建期望与评估的标准/204

10.3　最初的试验：2008年金融危机/207

10.4　美元的未来/208

第 1 章

美元的未来：关键货币该何去何从？

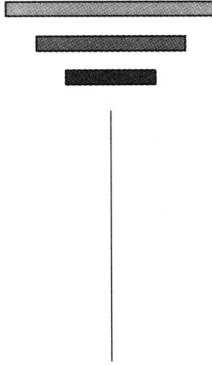

Eric Helleiner and Jonathan Kirshner

美元作为主要国际货币是 1945 年战后的世界秩序中一个持久的特征。美元为国际经济提供了货币基础，它的全球地位也反映且加强了美国全球领先的优势。但是对于美元未来国际地位的质疑现在越来越频繁地被听到，美元全球地位即将被侵蚀的诸多预测也成了老生常谈。仅举一个例子来说，过去 15 美元可以进入泰姬陵，而现在美元是不被接受的。

当然，之前我们就一直沿着这条道路在走——美元的终结已经被观察家预测了几十年。在 20 世纪 60 年代、70 年代、80 年代美国政府官员就已经警觉地担心美元即将崩溃以及美元随之会牵连美国的实力和世界经济。然而，有时候老天似乎也很固执，美元地位不会那么简单地跌落。Richard

Cooper 不顾传统的观念坦白道："这个十年结束后，美元的地位将不会与现在有太大的不同。"这种说法在 1973 年被提及，中肯地说该预测在过去是正确的，而且 Cooper 现在也仍然坚持自己的观点，他与那些没有看到以美元为中心的国际货币秩序有严重弱点的人们持同样的见解。[①]

实际上，了解美元为何一直如此有吸引力是很重要的，其中的诸多原因包括了美国经济的巨大规模和制度深度、资本市场、经济增长、活力以及盈利能力，而且更重要的是它稳定的政治和无与伦比的物质安全。不要因为美元的国际作用程度而混淆美元的价值（或汇率）也是同样重要的。对美元国际地位即将被侵蚀的预言总是同时发生在美元贬值时期。今天的情况与过去相比没有什么不同。以往的经验提醒我们：在任何时刻，美元的全球地位在于它更为广泛的基础，而不是它的价值。

鉴于以往预测的不准确，我们应该怎样严肃对待那些质问今天美元国际地位的人呢？本书探讨了这个问题。当然，对未来有着任何肯定的预测是不可能的。但就日渐增长的公众兴趣而言，本书意在突出学者正在作出以及能够作出的重要贡献，并借此来讨论美元国际地位的未来。本书的目的并不只是在一个观点上去梳理共识。事实上，我们特意邀请了在这个问题上已经获得完全不同结论的杰出学者。作出相应文献贡献的一些学者坚守着美元会"衰落"的看法，而另一些学者则认为，美元的国际地位是能够持续的。我们的目标就是要得出一个更清晰的解释：为什么有些学者——尤其是那些在货币事件和美元国际地位上写过权威和明智论著的学者们在当代环境中关于这个问题会有如此大的分歧。

我们认为这些分歧源于一个事实，即分析家运用了截然不同的理论模型，在货币获得与维持一个国际地位的运作机制上，模型也运用了完全不同类型的假设方法。这些分歧与关于如何把当代发展与具体模型相结合的选择性观点联系在一起，并已经为变化中的预测作出解释了。本书的目的不是试图说服读者这些观点中的哪一个更有说服力。相反，我们的目的是为了揭示

---

① Cooper 1973，4；2005.

它们分歧的基础，从而帮助读者作出自己的判断。我们希望，识别这些分歧的根源不仅对辩论有益，还能为有关国际货币事务的学术活动添砖加瓦。

1.1　美元的国际地位及其重要性

在检验这些不同的模型之前，首先让我们阐明这个主题自身的性质。说美元是一种国际货币意味着什么呢？Benjamin Cohen 基于货币的三种基本功能以及货币在公用和私用上的差异概括了美元六种国际角色。[1]　作为交易媒介，它被私人部门用于解决国际经济交易或成为政府用于干预外汇市场的工具货币；作为价值储备，美元被国外私人部门作为投资资产或被政府作为官方外汇储备；作为记账单位，它可以作为市场参与者在国际贸易和投资交易中的报价货币，或被政府作为一个锚与本国货币挂钩。

从各方面说，战后的美元已经是世界上最重要的国际货币，并且今天它仍保持着一个卓越的地位。作为一种交易媒介，根据最新国际结算银行的外汇交易调查，美元作为主导角色的一个指标是美元将继续占全部单边外汇交易的 86%，而最接近它的竞争对手欧元和日元则分别只享有 37% 和 16.5%。[2]　作为价值储备，美元在 2007 年年底占世界官方外汇储备的 64%，对应的欧元却只有大概 26%，而日元则低于 5%；美元在 2006 年占国际银行存款 48% 的份额以及国际债券 44% 的存量，分别比欧元高出 28% 和 31%，比日元就高出更多了。[3]　此外，以国际贸易活动来界定，美元将继续是迄今为止最流行的货币，而欧元被显著地使用也仅仅局限在欧元自身的贸易区。作为官方记账单位，美元被世界上接近 2/3 的国家当作锚货币，并以不同的方式来钉住本国货币，而把欧元作为锚货币的只有大约 1/3 的国家（且它们几乎都是在欧洲或者是非洲一些说法语的国家）。[4]

美元全球地位的另一个指标是它在许多国家国内货币体系里的使用。早

---

① Cohen 1971.
② Bank for International Settlements 2007a.
③ Bertuch-Samuels and Ramlogan 2007；European Central Bank 2008.
④ Bertuch-Samuels and Ramlogan 2007.

期的国际货币文献常常认为所有国家都应在它们控制的领域中保持一个专有的本国货币，且"国际"货币之间的交易主要应发生在"属地货币"区域。然而在当今，属地货币已侵蚀了世界许多地区，国内和国际之间的界限变得日益模糊。在这个背景下，许多学者强调了当今美元的国际地位如何起源于它的角色，如作为交易媒介、价值储备、记账单位，美元不仅适用于跨国经济活动，也适用于那些国内已经"美元化"的国家，比如俄罗斯或拉丁美洲的许多地区。但欧元化的现象主要只限于在欧元区地理边缘的国家里。①

考虑到一种国际货币各种可能的作用，某些人可能会提出这样的问题：是否有可能对美元未来作出一些简明的概括。依我看，在这个问题上的不同预测有时确实反映了一个事实：即分析师们正把注意力聚集在美元国际地位的不同方面。衰落论者更有可能强调价值储备的作用，而他们的批评者常常引用美元作为交易媒介和记账单位的功能。这就衍生出了一个问题，美元这些截然不同的作用在未来是否会经历不同的命运。一些学者（包括这本书中的 Marcello de Cecco）认为这完全可能。在积极地将储备投资组合多样化的同时，国家和私人市场参与者可以继续且严重地倚赖美元来作为国际交易媒介。与此同时，广泛的分歧也不大可能存在，因为国际货币的一种职能会以诸多重要的方式来加强其他方面的功能。②

如果美元的国际地位削减，那我们为什么还应该关注这个问题呢？原因是美元在战后国际经济秩序中一直起着货币基础的作用，其地位的任何可能性削减都会带来国际经济不稳定的预期。有些学者从两次世界大战吸取教训，认为一个更加多极化的国际货币体系本质上要比一个霸权货币体系更不稳定。然而，另一些人认为，一个多极化的货币秩序可能会更稳定，因为没有一个领导者能够滥用货币的霸权地位。但是，多极化货币秩序的鼓吹者甚至也经常承认，从霸权到多极化的过渡阶段很可能会给国际经济带来许多风险。

在战后时期，由于美元的全球地位已经助推了美国的霸权，在国际体系

① European Central Bank 2008.
② Krugman 1984；Chinn and Frankel 2005.

中，这种地位任何可能性的下降都将在各国之间引起重要的分配效应。美元的地位为美国提供了什么明确的好处呢？首先，当外国人持有了美元，他们相当于向美国提供了免息（例如联邦储备券）或低息（比如美国国库券）贷款。根据一些人的估计，近几年美元"铸币税"利润的总额每年都已超过 200 亿美元。美元的国际地位也减少了美国企业参与国际贸易的汇率风险，并且由于美国的银行对联邦储备资源拥有特权，所以这些银行在美元化的金融市场上获得了一个竞争优势。

美元的全球地位也加强了美国经常账户赤字的延迟以及转移调整能力。赤字延迟能力源于美国能因美元的国际地位而为其赤字提供更大的融资便利。将调整成本转移给外国人的权力在一定程度上反映了美国的货币贬值能力，运用这种能力，美国从外国借了许多资金。与此同时，美元贬值也对一些国家扩张性政策产生了政治压力，因为这些国家都依赖以美元为基础的市场。通过扩大出口，扩张政策反过来又帮助了美国修正其贸易地位。也正因为有着消除日渐增加的美元储备的困难，那些通过支持美元来试图抵制"美元武器"的国家通常发现自己无论如何都要实行扩张性政策。自 20 世纪 70 年代初以来，通过这些途径，美国的决策者们能够间接促使外国承受更多美国经常账户赤字调整所形成的负担。[1]

此外，美元的国际地位已经以更多直接的方式支撑起美国的强制力。由于对美元结算网络的依赖，依赖美元的国家在面对美国时日显脆弱。美国有效地把这种敏感性作为外交政策工具（例如在 20 世纪 80 年代中期，对于巴拿马而言），且鼓励这些国家与美国监管目标合作（比如反洗钱规则）。[2] 美元的地位也赋予了美国在国际金融危机管理中独特的重要作用。美国作为美元的唯一生产商，它拥有无与伦比的能力，在危机期间，美国能够比外国政府或私人金融机构更好地发挥美元的优势。

最后，美元的国际地位也可能以一些不太明显的方式提升美国的影响。

---

[1]　Henning 1987，2006；Kawasaki 1992.
[2]　前者见 Kirshner 1995，后者见 Helleiner 1999。

对某些人来说，美元的国际地位充当着美国影响全球的重要标志。[①] 而另外一些人则强调美元在世界范围内的使用可以怎样以微妙的方式改变外国利益，这些方式也顺势鼓励它们支持美国。例如，通过鼓励与美国的贸易往来，美元的国际地位可能在那些鼓吹与美国建立紧密联系的国家内部经济中得到加强。同样，随着外国政府积累美元储备，它们从货币的稳定和价值中获取利润，这也可以激励出一个利益共享的认同感。[②]

总之，美元的国际地位为美国带来了大量的经济效益和政治利益。当然，也存在一定的成本。美国货币当局实施货币政策的能力已受到了影响。当外国人突然发现一个更具吸引力且可供选择的国际货币时，美国对美元的倾销也会变得更为敏感。这种外部制约的风险在第二次世界大战后英国货币悬置的表现中尤为明显。不过，总的来说，有一点是毫无疑问的：美元的国际地位为美国的世界政治和经济地位提供了一个重要的推动力。基于这个原因，任何事关美元国际地位的衰退都将削弱美国的经济和政治影响力，这也将对美国和世界上的其他国家带来重要影响。

1.2　三种不同的模式

上述这种情况会发生吗？为什么对于这个问题的答案会极少有共识呢？我们已经注意到，关于美元未来的对立观点有时只是简单反映了对美元国际地位不同方面的关注。但更重要的是，它们是源于不同方法下的基本假设。通过这些方法，不同货币获取并维持了不同的国际地位。我们认为，支配美元未来文献的假设有三种截然不同的方法：具体表现为以市场为基础的方法、工具化的方法以及地缘政治的方法。在这些不同的方法中，我们也经常强调尖锐的分歧源于不同的解释，这些不同的解释涉及究竟该怎样才能使现实世界的发展与潜在的假设联系在一起。在阐明这些不同学派思想的过程

[①] Cohen 2004；Helleiner 2003a，2003b。
[②] Kirshner 把这些利益转换描述为一种"陷阱"，这源自于参与以美元为基础的国际货币体系。

中，我们认识到，许多学者——包括本书的投稿者——在他们分析美元未来时采取了一个组合这些方法的办法。然而，我们相信，用一种方法来单独研究也是很有用的，这有助于查明差异化观点的来源。

1.2.1　以市场为基础的方法

以市场为基础的方法在经济学家的著作中是最常见的。他们认为，美元作为一种国际货币的未来将主要由市场参与者来决定，市场参与者通过美元相较于其他货币所独有的内在经济吸引力做出判断。作为国际交易媒介、价值储备、记账单位的任何货币的吸引力大都和最常见的三个因素有关：信心、流动性和交易网络。

在国际化的水平上，能激发稳定价值信心的货币更可能被市场参与者使用，特别是在货币作为一种价值储备的时候。这种信心将依次来源于发行国过去的记录和良好的宏观经济基础，也源于更多无形的政治变量，比如发行国国内政治稳定或全球影响力。由于这一类的诸多原因，英镑享誉全球是在英国的鼎盛时期——19 世纪，到了 20 世纪，这种信誉逐渐随着英国的经济窘困和影响力下降而逐渐削弱，20 世纪 30 年代以后英镑也进行了多次贬值。

当代那些预测美元国际货币地位衰退的学者认为美元与英镑有着同样的宿命。关于未来美元价值的估计是基于对其内部和外部的价格预期，也就是说，是对通货膨胀率和汇率的预期。预计未来通货膨胀是一个棘手的事，它被包含在许多无形的东西里，例如"可信度"，美国联邦庞大和可持续的预算赤字——目前已超出水平线许多——提醒着未来通货膨胀造成的威胁。更直接地说，要说明通货膨胀的时点与程度多少还有点模糊，但美国外部账户的严重失衡强烈暗示着美元更可能运行在长期贬值而不是升值的轨道上。[①]

在此之后的一些指标加剧了对美国经常账户地位能否持续的担忧。美国贸易赤字在 21 世纪打破了有史以来的纪录，在 2006 年超过 7 500 亿美元，

----

①　Bergsten and Williamson 2003，2004.

占国内生产总值的1%，美国经常账户赤字每年已达到或超过国内生产总值的5%，这在美国历史上被认为是最高水平（尽管这些指标要比2007年美国经济进入衰退时更低）。美国净外债总额在2005年大概占国内生产总值的25%，预计2015年将达到50%，2030年将达到100%。这些都是危险性的数字。其他大多数国家会发现它们在这些境遇下会经历经济停滞。显然，美国并不是其他大多数国家，美国经济体也不是其他大多数经济体。由于各种各样的原因，美国将可能维持比其他国家更长且更高层级的外部赤字。但是，许多学者还是质疑美国是否能够把这些赤字和债务无限期维持下去。①

当然，自20世纪70年代早期布雷顿森林体系崩溃后，尽管美元的国际地位还未受到侵蚀，但也已经面临着类似的挑战。在过去，维持美元地位的关键在于即便那些对美元不抱幻想的人却也没有别的货币可供选择，即不管美元有多少缺点，美元依旧是唯一的游戏主角。然而，随着欧元的出现，许多人开始相信美元终于第一次碰到它真正的竞争对手。这是战后美元信心首次在替代货币存在的环境下受到侵蚀。欧元是由中央银行管理的，欧洲中央银行具有比美联储更强的授权，追求价格的稳定性是它的核心目标。

其他以市场为基础分析的学者不太相信美元的信心会削弱得这么快：美国经常账户赤字是能够得到改善的，尤其是在该国紧缩资产泡沫与经济萧条的时候。更为通常的理解是，美国持久的军事力量与国内的政治稳定将增强美元的市场信心，而欧洲政治合作的不确定性则会削弱对欧元的信心。George Tavlas也认为，外国对美元的信心与更深层的结构性经济要素有关，这些要素有助于其汇率在长期保持相对稳定。例如，相比较而言，美国较少受外部经济的冲击，并能够轻松地应对这些冲击。② Pierre-Olivier Gourinchas和Hélène Rey认为，美元的信心一直在持续，尽管美国拥有破纪录的外债，但是和它支付的外债相比（主要因为它拥有更高的风险溢价），美国在对外总资产上获得了更高的回报。他们认为，如果在未来的某个时点

---

① Obstfeld and Rogoff 2004, 1, 5, 7, 18; Mussa 2005, 175–76, 186, 194–95, 201–3; Cline 2005, 3, 66, 85, 99, 154, 168–71, 275–77; Edwards 2005, 2–3, 11–12, 26, 40–42.
② Tavlas 1997.

上，美国开始支付的负债额超过在资产上所获得收益，那就表明外国对美元的信心开始侵蚀了。①

如果发行国拥有开放并且流动性强的金融市场，那么一种货币的国际使用就能够被加强。这些市场使发行国货币成为一种有吸引力的货币，在这些市场中，市场参与者要么持有资产要么交易资产。在19世纪，伦敦金融市场的流动性在推动英镑作为一种储藏价值、交换媒介、交易单位的国际化过程中发挥了重要作用。同样，在过去几十年里，美国金融市场无与伦比的深度和开放度一直是美元国际地位的核心支柱。

日本和德国在20世纪70年代到80年代不愿跟随美国路线而改变它们的金融体系，这样一个事实同样提供了更多的解释，即为什么日元和德国马克在那一时期没有用一个有效的方法去挑战美元的国际地位。如今，中国金融市场欠发达与受到管制的特性让人确信人民币还远未成为一种国际货币。许多经济学家认为，今天的欧元对美元构成的更多是一种挑战，因为它是由欧洲金融区域一体化支持的。欧洲金融在规模、深度和复杂性方面逐渐与美国金融市场形成对抗。但也有人认为，欧元区的金融市场仍然相当分散，并且没有一个单一的财政当局，危机管理仍然很分散，欧洲没有与美国国库券市场相当的中心债券市场。②

用以市场为基础的方法可以证实，国际货币地位的第三个决定性因素与发行国全球经济交易网络的广泛性息息相关。网络越广泛，外国人就越可能在国际贸易和投资活动中使用该国的货币。即使外国人与发行国没有直接联系，他们也将受到诱惑而使用这种货币，因为该国在全球的交易网络中保证了其货币被广泛接受。在这些学者中，Charles Kindleberger是最早强调这一联系的，他认为选择一种国际货币不在于值不值、道德不道德，而在于其规模大小。③ 一些经济学家已经实证性地表明了，一个国家在世界产品与贸易

---

① Gourinchas and Rey 2005.
② Cohen 2004；Schinasi 2005；Galati and Wooldridge2006；Bertuch-Samuels and Ramlogan 2007；Papaioannou and Portes 2008.
③ Kindleberger 1967，11.

上的份额变化在那些持有该国货币的区域里是如何影响该国货币的国际地位的。[1] 而另一些人认为，造成美元持久的国际地位最重要的原因是美国拥有世界经济中的庞大规模以及它遍布全球的公司。一些经济史学家还发现来自19世纪末的证据，即贸易规模是货币领导权的强劲推动力。[2]

实际上，这些以国家大小为重点的实证研究，过于简单地描述了交易网络的意义。[3] 保罗·克鲁格曼指出，有一种"循环因果"关系，鼓励领先的国际货币，使其更加突出。因为随着时间的推移，人们发现使用一个由别人发行的货币仍然可以获得利益。这些网络的外部性意味着国际货币可以承担全球性的一个角色，这种角色可以完全与发行国在世界中的经济规模不相称。在发行国全球经济地位萎缩之后，它同样可以领导一种货币去保持其长时间的国际地位。许多经济学家都引用了"在职惯性"来解释为什么英镑国际地位的下跌是如此缓慢而持久。

相同的惯性是否将减缓美元国际地位被侵蚀的进程？有些人认为会，[4]但也有人认为，可能性不应该夸大。Barry Eichengreen 指出，就某些领域而言，网络外部性在保留美元交易媒介的国际地位时具有很大的影响，比如国际外汇交易。但当美元作为一种价值储备时，美元国际地位的保留与之则少有关联，因为事实上，为了规避风险，经济诱因会鼓励货币储存多元化。他还认为，网络外部性的力量将会减弱，因为金融市场已经越来越复杂。金融市场降低了使用货币以及兑换货币的成本。[5]

即使惯性是显著的，但美元的国际地位是否能继续有效在这一时点上突然受到质疑。克鲁格曼指出，这是英镑的经验，他预计，美元也能达到这个临界点，从而导致其国际地位突然瓦解。[6] 在官方储备决定因素的分析中，Menzie Chinn 和 Jeffrey Frankel 认为，如果欧元区（所有欧盟成员国）的扩张远远超出了美国的经济规模，这个临界点就可以达到。如果这种发展巧遇

① Chinn and Frankel 2005.
② Flandreau and Jobst 2005.
③ Krugman 1984，272.
④ Bergsten 2005，34；McKinnon 2005a，247.
⑤ Eichengreen 2006.
⑥ Krugman 1984，272.

美元进一步贬值的话，那状况就更糟了。①

总之，用以市场为基础的办法来研究美元的未来，学术界没有明确的共识。虽然有些人预测，美元的国际地位将会明显下降，但是也有人预见在未来几年内美元地位不会有太大的变化。这些分歧反映了不同的侧重点，比如信心、流动性、交易网络以及分析家对当前事态发展意义的不同解释。在这种方法下，能够把分析家们结合起来的是一种假说：认为美元作为一种国际货币的未来主要由其对市场参与者固有的经济吸引力决定，比如交易媒介、记账单位以及价值储备。正如杜鲁门所说，"重要的是要明白，今天的国际货币选择是由私人部门通过市场力量决定，而不是由政府公共部门决定。"②

1.2.2　工具化的方法：布雷顿森林体系 II 和货币锚

为了说明这一点，杜鲁门曾评论过另一个显著的方法，该方法被我们称之为工具化方法。它更多地关注公共部门在决定美元国际地位中所起的作用。这个学派的分析家认为美元作为一种国际货币的未来将会受到外国政府所做的关于是否要继续使它们的货币相对于美元固定在某一水平（正式或非正式地）的决策和继续持有美元储备的影响。这些决策被认为是对外国政府特有的广泛经济利益的有效预测，该利益源自对美元的支持。

这种方法最突出的例子是 Michael Dooley，David Folkerts-Landau，and Peter Garber 的著作。在这本著作中，他们把当代形势和 20 世纪 50 年代后期到 1971 年这段时间的布雷顿森林体系进行了对比。③ 在布雷顿森林体系 I 早期，日本和西方欧洲国家使它们的货币正式钉住美元，并且随着经济的复苏，它们获得了越来越多的美元储备。在 Dooley 等人看来，因为这些国家保持本国货币对美元的低汇率，从而提高它们的出口（尤其是对美国），所以这些国家对美元的国际地位给予了官方支持。同时，因为这个时期国外的金融支持对美国向外扩张非常有用且十分廉价，所以美国接受了这一状况。

---

① Chinn and Frankel 2005.
② Truman 2005，63n17.
③ Dooley，Folkerts-Landau，and Garber 2003，2005.

自从 20 世纪 90 年代早期，Dooley 等人就认为，一个新的"边缘"国家，主要是在东亚，用相同的方式为美元提供日益增长的官方支持。布雷顿森林体系 II 是一种宽松的国际货币体系，更多的国家对美元采用了非正式钉住。但是在 Dooley 看来，这种动机是相似的。这些国家着手走出口导向型发展策略，这种策略依赖于刻意低估的货币，以便有机会接近蓬勃兴旺的美国市场。在一个相对短的时间里，日本、中国和韩国这些国家积累了大量的美元储备，它们都拥有超过两万亿的美元储备，这为美元国际地位提供了重要的官方支持，这也不禁让人想起 20 世纪 60 年代的情景。① 美国通过保持对东亚的出口开放，维护其最终利益。

Ronald McKinnon 已经提出工具化方法的不同演变。尽管布雷顿森林体系 II 学派的假设是美元的国际地位在很大程度上取决于外国政府维持与美元挂钩的汇率和把美元作为外汇储备持有，但是 McKinnon 还是不同意 Dooley 等对这些行为的"重商主义"解释。相反，他认为外国政府使美元稳定和积累美元，是外国政府为了国家宏观经济政策和价格水平稳定而获得货币锚的一种方法。

他认为，美元作为货币锚的一个诱因主要是这些国家正经历通胀或者国内货币政策因金融市场的不发达与功能失控被复杂化。这是在战后许多欧洲国家和日本所经历的情况。McKinnon 认为，稳定国内物价最有效的途径，就是正式将它们的货币与美元挂钩。为了维持这样的联系，这些国家的货币当局会积累美元储备。他认为，出于类似的原因，最近，许多亚洲国家和其他发展中国家已经接受了和美元的适度挂钩。

未来美元的国际地位将会是什么？在以市场为基础的方法中（无论是"布雷顿森林体系 II"还是"货币锚"的工具方法），还没有达成共识。分歧的起源围绕这个问题展开。这问题是外国政府能否继续从支持美元的行为中预见广泛的经济利益。从货币锚的角度来看，只要美国保持价格稳定，美元仍然是一个值得信赖的货币锚，那么外国政府（例如中国）就将维持它

① Genberg et al. 2005；Murray and Labonte 2005；Burdekin 2006；Truman and Wong 2006.

们对美元的钉住，并继续无限期地积累美元储备。但是，如果美国开始经历通货膨胀或美元大幅贬值，那么外国政府将更有可能减少与美元的联系，从而严重损害美元的国际地位。

布雷顿森林体系 II 的观点也预测，美元的外国官方支持可能会持续很长时间。Dooley 等一些学者认为当代以贸易为基础的体系可能还要持续很多年。从这个角度来看，美国与国外官方美元储备的持有人都没有理由去打破这个现有的制度，这个制度能够为双方提供经济利益。虽然有些人形容这是一个极为不平衡的金融关系，但是，Dooley 和 Garber 认为这是"贸易双赢"的特点之一。①

那些接受 Dooley 等人关于布雷顿森林体系 II 模型的潜在假设版本的人，还不太确信。如果美国市场对东亚出口商来说变得不那么重要（可能因为美国经济或贸易衰退），这可能会削弱外国政府继续支持美元的经济原理。怀疑论者也强调美元的贬值将会怎样提高持有大量美元储备的机会成本。他们呼吁，在美元贬值时，应该关注巨大规模的美元资产带给日本与中国等持有国的金融损失。

美国自身的特质将来可能引起布雷顿森林体系 II 解体的另一个诱因。美国日益增长的保护主义压力，让我们开始质疑今天美国是否愿意向出口导向型和支持美元的国家提供开放性市场。正如 Andrew Walter 所说，仅仅着眼于美元地位可持续性的外部设想经常忽略了一个事实，货币的地位往往是在驾驶室里被霸主推翻，以此让乘客表示不满。David Calleo 注意到，美国总统会毫不犹豫去滥用国际货币体系来实现国内经济目标。② 布雷顿森林体系 I 是被类似的压力打垮的，这一体系突然结束于 1971 年 8 月，当时美国总统尼克松征收了进口附加税。那个时候有相当多支持单方面的贸易保护主义措施来反对那些人为压低本国货币的国家。当时，美国的盟国回应了Nixon，对美国的政策偏好和纯美元本位动议表示大体接受。但是，如果美国今天要重复这种政策，其他国家政府可能会重新去评估其对美元本位支持

---

① Dooley and Garber 2005，148.
② Walter 1991；Calleo 1982.

的更大经济利益。

1.2.3　地缘政治的方法

解决美元国际地位未来的最后一个办法存在一个工具概念假设，国家在决定美元作为一种国际货币的未来中扮演关键角色。经常被学者提及的是，这种方法假定各国政府对国际货币的支持可能与更广泛的地缘政治动机和力量考虑有关。对于海外学者，特别是像 Robert Gilpin 一样的现实主义者认为"每一个国际货币制度都依靠于一个特定的国际秩序"，没有关注到那些国际政治基础，就无法理解国际金融秩序是如何运作的和为什么会这样运作，以及它为什么会瓦解。[①]

Susan Strange 是地缘政治分析方法的先驱。她在 20 世纪 70 年代初较早运用这个方法论述了英镑作为国际货币的未来。她阐明了英镑怎样从英国全球实力中获得或部分获得全球地位。在那些支持英镑的殖民地国家中，我们能够明显看出，英国政治优势对这些地区有强大的影响。但是在英镑区独立国家中，情况也很明显。许多支持英镑国际地位的国家大都与英国有着广泛的政治关系，尤其是安全关系。同时，Strange 号召学者投入更多时间去关注高层政治与国际货币支持之间关系的重要性："货币和军事的关系是十分密切的。所以，经济学家或政治评论家，对此评论如此之少是很奇怪的。"[②]

Marcello de Cecco 是最早在他的书《钱和帝国——国际金本位制 1890—1914》中探讨了关于古典金本位制所谓"自动"功能所设想的政治基础的学者之一。在布雷顿森林体系期间与之后，许多学者采取了 Strange 的研究范式去检验美元的国际地位。历史学家们展示了像西德这样的主要国家在 20 世纪 60 年代持有美元储备与美国广泛的双边安全关系是怎样关联的。[③] 随着布雷顿森林体系的瓦解，美国官员试图再次通过外交手段来维持美元的国际地位，这些时期涉及美国的主要军事同盟。例如在 1973 年石油

---

①　Gilpin 1987，119.
②　Strange 1971b，18.
③　Gavin 2004；Calleo 1982；Zimmermann 2002.

危机后与沙特阿拉伯结盟。① 其他学者也阐述了一个事实，那就是 20 世纪 60 年代大力支持美元国际地位的国家是日本，一个与美国关系密切的军事同盟。②

随着外国持有美元的蓬勃发展，地缘政治和美元国际地位之间的关系问题再次得到了明显的关注。工具化方法解释了越来越多的国家以经济目标为基础来支持美元的事实。但地缘政治方法探讨了这些支持如何与深刻的政治动机及关系相关联。迄今为止，学者们还没有在美国和支持美元的国家之间找到事关高层政治密约的详实证据。但不能说含蓄的协定不存在。今天支持美元的主要是日本、韩国以及海湾合作委员会的一些国家，它们都严重依赖美国的军事保护。对美国给予持续支持的国家有些甚至不是美国亲近的盟友，像中国这些国家的支持可能源自想与美国保持良好关系的政治激励。

从地缘政治方法来看，对于"美元未来的国际地位将是怎样"这一问题，仍旧不能形成明确的共识。一方面，就地缘政治来看，现今对美元的支持要比过去脆弱得多。在先前解决美元和全球货币不平衡的两个现代插曲中——1971 年金本位制的瓦解和 1985 年广场协议中美元相应贬值——现在已不存在的这两个因素过去通过确保对美元的一些政治承诺来协助解决货币冲突。首先，在 1971 年和 1985 年，作为主要参与者的两个主体——西欧和日本，都是美国的政治盟友。其次，很多盟友实质上都依赖美国的军事。

但是目前（甚至更远），在维护美元全球秩序的时候，全球宏观经济失衡的解决方法——无论是硬着陆还是软着陆——将没有政治安全网以及本能的政治偏见（比如摩擦）。在未来货币危机期间的货币谈判中，突出的座位表内将是美国的军事对手。通过联盟，欧洲也不再受美国反苏的约束，对美国的权威，外交政策与单边主义心存谨慎，努力经营欧洲自身的货币雄心。

另一方面，美国的主要对手都有自己地缘政治的难题。③ 不管美元的潜

---

① Spiro 1999.
② Murphy 2006；Posen 2008.
③ Ikenberry 2008.

在对手是人民币还是日元，亚洲的政治竞争将复杂化。更有可能的是，欧元也同样伴有着自己混合政治的包袱。Adam Posen 认为，欧元区无法形成超出近邻的地缘战略影响，这将抑制欧元挑战美元的其他许多方面。①

事实上，美国在世界上拥有压倒性优势的地缘政治力量，预示着美元持久的国际地位。的确，英国有可能能够表明它是如何通过与其他国家明确的讨价还价来巩固其货币的国际地位。但是，如果美国选择通过谈判和向外国政府施压来增强美元的国际地位，它可以动用无与伦比的实力资源去这样做。

1.3　各章节的论据

预测美元作为一种国际货币的未来远不止是一个简单的练习。关于如何实现和维持国际货币地位的不同假设能够产生不同的预测。甚至当这些假设相同时，在如何把假设与当代的发展联系起来的时候，也可能进一步产生分歧。在上述三种广泛的办法中，所有的分歧被总结在表 1.1 中。

在这个框架内，我们能够找到各章节所遵循的论据。正如我们在开始所说，本书的目的不是要得出一个关于美元未来确定的结论，而是要发现在这个问题上学者之间分歧的根源。本书作者们的分歧不只是关于美元的国际地位是否可以持续。在"衰退主义"阵营中，也有关于美元国际地位如何迅速被侵蚀的分歧。在"可持续发展"阵营里也有一些分歧，比如美元秩序究竟有多么容易能被打破，或怎样才能让一些公开政策适度调整，来保证美元地位一帆风顺。所有这些分歧都源于双方在有关国际货币和当代发展具体解释的决定因素上的假设差异。每个角度都确定关键变量去监测，每个都含蓄或明确地说明为何事情会变得不同。例如，从货币锚的角度来看，可以认为现行体系应是可持续的，但若承认政策诸多失误，像保护主义和被误导的汇率冲突，那将可能使这一体系崩溃。

---

① Posen 2008.

表1.1　　　　　　　　　作为国际货币美元的未来路径对比

美元国际地位的未来	国际货币标准的决定因素			
	以市场为基础	工具化		地缘政治
		布雷顿森林Ⅱ	货币锚	
可持续	*依赖信心、流动性、交易网络等，在经济视角之下，美元依旧显得有吸引力 *惯性	*从现存的境遇中互惠所得	*美国物价稳定	*美国的实力 *其他地域的地缘政治对手
衰退	*美国的赤字与债务 *欧洲的稳定，欧元区经济与金融市场的规模 *其他细枝末节	*外国从美国经济中渔翁得利 *国外美元资产持有人的财务损失 *美国保护主义的风险	*美国的通胀与美元贬值	*失去战略同盟 *由于反对美元霸权主义形成的政治反应

　　Harold James（第2章）是一个美元乐观主义者，并在本书中提出最强烈声明，预期美元在国际货币事务中使用的连续性以及美元地位不变。他高度重视市场力量的影响，根据这一观点，他认为美元的悲凉被过分夸大，而美国经济的实力却被悲观主义者低估。总的来说，James对当代中央银行家充满信心，认为他们有能力保证货币的稳定性以及美元作为储备货币的可靠性；任何出现的危机将被处理和最终化解也是很有可能的。他找到令人信服的布雷顿森林体系Ⅱ的假设，认为欧元作用有限且其具有相对的不确定性，并怀疑在维持金融秩序上公开性政治压力的重要性。相反，美元将继续代表美国经济内在的吸引力——它的规模和稳定性以及在地缘政治和经济萧条的时候提供安全保护的能力，还有就是通过海外高储蓄率提供大量资本流动的能力。James与观察员Richard Cooper分享了他们的智慧。他们过去很多次

听到了"狼哭"——正如 James 指出的那样，美元的国际储备份额从 1978 年 73%下降到 80 年代末不到 50%。但在随后的世纪之交又回升至 71%。只要美国仍然是世界上政治、军事和经济潜力最集中的国家，James 认为美元就将依旧是世界货币。

Ronald McKinnon（第 3 章）也是一个美元乐观主义者（如果比 James 更具资格的话）。如上所述，McKinnon 的篇章用一个独特的工具化角度来阐明关键的症结不是重商主义的贸易战略，这意味着，在一定程度上，冲突的潜在要素其实是在宏观经济战略上，各国期盼通过与美元挂钩以保证国内货币稳定。这一观点的核心说法是，汇率的调整将无助于贸易平衡，调整在很大程度上是不同国家之间储蓄率不一致的结果。用这样的关系去解释亚洲和美国的经济，以及美国经常账户的赤字，我们没有理由相信这样的安排不能无限期地持续下去。

关于美国的军事、商业或政治霸权，McKinnon 是不可知论者。他认为，只要美国保持物价稳定，并且美元成为值得信赖的货币锚，外国政府将钉住美元，并继续积累美元储备。同时，他也预测，如果美国开始经历通货膨胀或美元大幅贬值，这些外国政府将减少其与美元的联系，而不再把它作为一个有用的货币锚。因此，McKinnon 同意 James 可持续性的乐观态度，并表达了对美元监护人——美联储的信心，但不像其他研究员那么乐观，他确实看到了美国储蓄率不足的危险。更糟的是，如果美国的政治制度把贸易赤字曲解为汇率问题而不是消费问题并进而走向保护主义，那么整个体系都会崩溃。这也是麦金农认为完全有可能的事情。

Eric Helleiner（第 4 章），Herman Schwartz（第 5 章）与 Marcello de Cecco（第 6 章）占据中间立场，表达更多的是对美元未来的不确定性的期望。Helleiner 和 Schwartz 阐明了对美元的可持续性，但对可见的危险保持警惕，而 Cecco 运用历史类比的方法，暗示了更多的改变。

Eric Helleiner 探讨了政治如何在"顶级货币"和"协议货币"中通过扩大货币之间的区别来影响其国际地位，"顶级货币"和"协议货币"是在 Susan Strange 的开创性研究——《英镑和英国政策》（1971）中提出来的。在未来几年，Helleiner 认为，美元可能继续是"顶级货币"。也就是说，一种货币的国际地位是由各种经济因素决定的。这些因素由市场分析来确定。他的推理是，经济因素的政治基础支撑着美元顶级货币的地位，使其比任何潜在挑战的货币都要强。Helleiner 认为，美元更加脆弱的地方，部分是与其协议地位有关。协议货币是这样一种货币，它的国际地位被外国政府支持有诸多原因，但不是来自货币固有的经济吸引力，而是类似由布雷顿森林体系 II 和地缘政治方法确定的原因。Helleiner 认为，无论从国家的追随者还是从美国自身方面看，支持美元协议地位的政治因素和关系可能更加脆弱。如果对美元国际地位的挑战真的发生，那将最有可能来自于政治因素。

Schwartz 和 de Cecco 都认为，美元的国际地位新近的解释和可能发生变化的根源提供了诸多视野，拓宽了我们对未来国际货币秩序的理解。对于 Schwartz 来说，美国住房市场的蓬勃发展是 20 世纪 90 年代美国经济（和美元的国际地位）复苏的关键因素，得益于美国金融市场的不同结构，房地产市场繁荣不仅吸引外资还促进了相对强劲的美国经济表现。一个良性循环进一步通过布雷顿森林体系 II 增强了美元在市场参与者以及亚洲发展中国家中的吸引力。Schwartz 认为，尽管美国目前面临经济问题，但顶级货币的地位是相对的，而不是绝对的，因为这是由投资者关注来度量的。因此，虽然房屋风波已经来临，美国的消费水平确实存在问题。但是，只要它的增长相对快于即将成为竞争对手的欧洲，美元地位将因美国经济的相对吸引力而得以持续。Schwartz 还发现亚洲发展中国家支持着美元，这些国家遵循着布雷顿森林体系 II 的逻辑，而且他还认为，一国境内的住房债务广度组合已经扩大了美国反通胀意识，这是一个被 James 和 McKinnon 所确定的美元秩序可持续性的关键变量。

类似于 Schwartz，de Cecco 一直强调未来的不确定性。最终，他明显对美元的命运感到悲观。从历史的角度看，他提出了美元的很多问题，探索的不是两次世界大战期间的联系（由于最近混乱而有争议的国际货币秩序例子越来越多，这自然吸引了许多学者），而是第一次世界大战前的联系。和

现在一样，主要货币面临着压力，新的大型工业经济正在走向台前，de Cecco 认为，随着某些货币与世界领先货币不安地共存，先是有吸引力的储备资产——黄金，现在是欧元，国际货币秩序将从霸权走向一个奇怪的双头垄断。伟大战争的前期特质是普受金融脆弱性和重商保护主义的威胁，可以说这两个因素今天仍然存在。过去的经验教训表明不管美元的具体命运如何，黑暗的未来容易受到政治冲突和金融危机的影响。

Benjamin Cohen（第 7 章），David Calleo（第 8 章）和 Jonathan Kirshner（第 9 章）对美元国际地位的运行轨迹更显悲观。Cohen 认为，市场因素是关键的，而且货币偏好也具有黏性，所以美元享有着相当大的优势。但他也认为，美国的债务累积不可持续，并且得出结论，这将导致美元吸引力逐渐受到侵蚀，而且还会给美元竞争对手带来机会。然而，Cohen 并没有发现在可预见的未来，哪一种货币能够替代美元未来的国际地位。因此他预计将有一种群龙无首的货币体系。这种体系将引起货币领导地位的竞争，因为更多的国家想提高国际影响力，不仅想在全球市场中扩大其货币的使用范围，还想在与外国政府交流中扩大使用范围。Cohen 预计，中东和亚洲将是可能的货币战场，战场的特征表现在这些地区有着对美元强烈的挑战，幸运的是，并没有激进的经济冲突。

Calleo 与 Cohen 在经济相关的问题上达成了一致，但必须强调的是，他们集中讨论的要点是原因、后果和其他地缘政治因素。特别的是，Calleo 注意到过去保护美元的冷战缺乏战略安全。美元几十年来一再遭受压力。Calleo 认为，由于美国外交政策的野心，不愿支付其地缘政治上的账单，或许是美国根本无法抵制美元对其他主要货币所提供的诱惑。但是，越南战争和冷战以及最近大部分单极性的野心，每一个伸展都可能成为突破点。随着"9·11"事件后激增的军费开支，Calleo 现在看到的一切经济和政治变数都朝着错误的方向发展。布什的减税逆转克林顿时期的盈余并让美元更容易受到影响：美国储蓄率的下降，当前次级抵押贷款的危机，以及一个可能出现替代美元储备货币的欧元。Calleo 还预计，美元的持续贬值将会使人们重新评估它的吸引力。所有的矛盾都形成诸多国家的不满，在一定程度上，这也都来自于它们与美元的关系。

　　Kirshner 也许是世界上最悲观的，因为他看到了支持美元国际地位基础的侵蚀与瓦解，所以他预测了美元国际地位将会衰退——美元隐藏的脆弱性、潜在竞争对手的出现，以及国际货币秩序政治基础的变化，从政治和军事盟友到谈判的政治对手，甚至潜在的竞争敌人。Kirshner 认为美国的经常账户赤字（以及布雷顿森林 II）不可持续，因此预计竞争对手正在崛起。像 Calleo，他十分重视国际货币秩序的政治基础，尤其是当需要在危机中支持美元的时候，其他地方的地缘政治职责出现缺失。Kirshner 部分同意美元悲观主义者的意见，预测美元国际角色最可能的结果是一个突然的，而不是渐进的转变，并强调（这有点像 de Cecco）金融危机在当代系统中的高风险（虽然他的潜在预期一直是悲观的，即使在一个没有危机的情况下，他也认为，美元相对的国际地位会随着时间的推移而逐渐减弱）。对于国际政治尤其是美国实力，Kirshner 在这章还借此考虑了最明确的利害关系，认为美元国际地位的下降即将发生。

　　这些论述能从上面的图表中定位得到。上述并不能表明所有的作者可以很容易地固定在表 1.1 内的一个特定区域内，大多是没有这么容易归类。相反，他们形成了一个独特视角的混合画面。但是，以上这种映射也是贡献者的一般看法，此处，他们识别和确定了一些关键变量，在表 1.2 中，根据观点的强烈程度，每个作者都与主要的因果机制和所提到的次要因果机制一一对应。

　　虽然这些作者在美元的未来方面存在分歧，但是他们在很多地方也达成了一致。美元国际地位的下降是战后国际经济秩序瓦解的一种重要信号。可以肯定的是，这个秩序已经在多个不同的地方受到质疑。20 世纪 70 年代以来，从贸易领域的投资规则到金融监管规则，尽管在此期间国际政治经济发生了巨大变化，然而美元的卓越地位却一直持续着。我们现在终于到了一个转折点了吗？本书并没有提供一个明确的答案，但我们希望它有助于用不同方式阐明且回答这个问题。正如最后一章所说，我们希望读者对学者所作出的清晰判断存在距离感，以致能够决定未来更有可能的情景。

表 1.2   对美元未来的预期

美元国际地位有怎样的未来?	国际货币地位的决定因素		
	以市场为基础	工具的	地缘政治
可持续	James Helleiner	McKinnon James	
不确定性	Schwartz de Cecco McKinnon	Helleiner Schwartz	Helleiner de Cecco
衰退	Cohen Calleo Kirshner		Cohen Calleo Kirshner

第 2 章

美元持久而杰出的国际影响

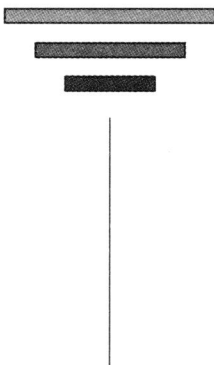

Harold James

国际货币体系的故事引起了经济史学家和国际关系史学家的极大兴趣，但他们是本着不同方向的研究兴趣和设计方案以及视角的对比。经济史学家们热衷于货币的功能以价值尺度的方式体现，但国际关系专家认为就使用方式而言货币更多是作为一种强权政治的工具。现在多数经济学家相信在他们的帮助下，中央银行家们对货币政策有更好的理解，结果是选择适当的目标（通常是通货膨胀目标）能保证货币的稳定。在这一情况下，有一种广泛的认识，即无论是通货膨胀的成本还是其复杂程度都让人了解到通货膨胀的显性优点是虚幻的，因为理性的代理人会立即意识到通货膨胀的蛛丝马迹。另一方面，政治学家认为货币作为一种政治武器，可能会在强权政治的更高发展目标中被使用。这样的观点在政治界仍然有很大的共鸣，但是不包括中央银行。出人意料的是，这两种学术方法很少被聚集在一起讨论，造成的结果是经济学家和经济史学家站一边，而政治学家站在另一边，两边也许采用非常类似的方法但似乎却像生活于完全不同的世界里。

一种越来越有吸引力的现代常规观点是，在1945年后发展的两大货币体制之间有诸多相似之处：票面平价或20世纪60年代鼎盛时期的布雷顿森林体系，而后浮动汇率制度战胜了布雷顿森林体系，但它也仅仅是在20世纪90年代才到达自己的黄金时代。这些相似之处是：

1. 美元的霸权角色，美元作为主要的储备货币。

2. 快速成长的经济体（德国和日本在20世纪60年代，亚洲经济体系则在20世纪90年代后），蓄意使用汇率制度，试图通过出口的提升来确保就业增长。

3. 对美元的广泛需求，尽管并非无限期，但长期允许为美国经常账户赤字提供融资。

4. 美国的战略优势。

5. 有一部分怀疑或敌视美国战略优势的人预感金融危机的到来。

考虑到这一体系的风格在1971—1973年结构转变的前后是完全不同的，一些显著的相似之处可能预示着古典现实主义学派的解释，即强权政治所塑造国际货币秩序的行为与公共机构的设计毫无关联。这一章将提出不同的解答，也就是经济的基本因素（尤其是在冷战结束后出现了世界储蓄的激增）为美元创造了新的卓越条件。新的资本流动为巨大的经常账户赤字提供了融资的潜能，不仅仅在美国，其他地方也有类似的经济倾向出现（特别是澳大利亚和英国）。至此，一个扩张性的财政政策是诱人的，这保证了军事以及其他类型的开支，并且为一个安全的政体打下基础，以上这些都成为美元最为重要的信任支柱。

2.1 美元在国际货币体系中的重要角色

美元在布雷顿森林体系的协定中起着核心作用，其他货币与黄金或美元都有一个固定的票面价值。这种情况的出现是由于美国坚定与执着，与早期的草案相比，这如同是设想出了一种新型综合的国际储备货币。

而后续的结果是，其他国家在第二次世界大战中被消耗和压垮，并且都存在合理性的担忧，那就是美国可能会将其自身的货币偏好强加于它们。在战后初期，普遍存在的担心是，美元将长期是一种稀缺货币，这将会产生一种全球性的通货紧缩，类似于那些由两次世界大战期间的金本位所导致的通货紧缩。[①] 在 20 世纪 60 年代的后半期，完全相反的观点恰巧被提出，即美国正迫使世界上其他地区形成通货膨胀。[②] 依据这样的描述，美国的预算赤字是由于越南战争与约翰逊的"伟大社会"计划所导致的，而国际货币体系已然成为了一种把美国预算赤字转变为以美元为国际储备的运行机制。因此，美国至少可以在当期无需真实支付就能进口商品和服务（包括那些向海外扩张的军事需要）。根据比利时经济学家 Robert Triffin 的断定，这会出现两种截然不同的危险。[③] 第一，美元索赔的发展会延续到引起投资者们恐慌为止，因为那时他们才会真正认识到这样的索赔是无法赎回的；第二，美国财政当局将不会使货币储备量扩大到能足够应付全世界对美元的流通需要。

政治方面的压力似乎导致地方性的高通货膨胀，并且有移动到更高水平的趋势。从 20 世纪 80 年代开始，货币政策被中央银行更好地理解，并对其有一个更为全面的认识：要防止中央银行屈从于不端行为的政治压力。这项新政策的共识可以降低世界通货膨胀水平，而且纸币似乎要比黄金或白银更加稳定。黄金和白银因为价格剧烈波动已经被停止作为通货来使用。顺便说

---

① Balogh 1949.
② Rueff 1967；Sohmen 1969.
③ Triffin 1960.

一句，纸币可能比珍贵金属一类的物品还要稳定，在 20 世纪初期一些作者就已经明白价格可能在遇到新的发现机会时才会受到影响的结论，尤其是德国的经济学家 Karl Helfferich。

自从 1971—1973 年的固定汇率制度瓦解以后，现存以美元来定义其他货币价值的做法是没有法律约束的。此后每十年都会产生对于美国的地位和宣称其内在不可持续的新忧虑。首先，对于大多数贸易活动来说，美元汇率仍然是一个值得关注的重要事项。在 1975 年朗布依埃第一次经济峰会中，法国总统 Valéry Giscard d'Estaing 谴责浮动汇率是一种"颓废"的方式，它滋生了滥用货币本位的现象。[①] 在 20 世纪 70 年代后期，美国的持续高通货膨胀与美元疲软是导致法国和德国领导人决意在欧洲层面上走向货币一体化的关键刺激因素。在 20 世纪 80 年代中期，美元的高估（紧随着反通货膨胀的货币政策与高度扩张的财政政策）让其他国家都担心美国的政治体系会因贸易保护而对制造业的失业作出回应。美国曾利用这个问题作为杠杆来使其他国家开放（或是"自由化"），特别是针对日本和西方欧洲国家。在 1988 年，Robert Triffin 重新修改了他的评论文章 "Fantastic US Deficits and Capital Imports"，并且重新提出了在欧洲货币单位处于支配地位的所谓可替代账户。在 20 世纪 90 年代的早期，由于劳动生产率的下降，Robert Z. Lawrence 宣布"美国之梦结束"。[②]

现实世界仍然保持着以美元为基础的货币体系，部分原因是美国仍然是世界上最大的单一市场。可能从此以后，大部分商品的价格都要以美元计价，因而，许多国家将继续以美元作为货币储备基金。事实上，美元占国际货币储蓄的份额已经从 1978 年的 73% 下降到 20 世纪 80 年代末的 50%，在 1999—2001 年间却再次达到了 71% 的顶峰，2005 年略微下降到 66.5%，而在 2007 年的第三个季度下降到 63.8%。然而，这些变化的大部分仅仅表示因 20 世纪 90 年代美元的升值以及其随后贬值的估价效果，而不是由于美元汇率在 2007 年期间迅速下降进而导致投资组合的转变。这样分析的内涵给

---

① Triffin 1998，41–43；James 1996.
② Lawrence 1994，2–6.

美元长久的地位带来一种安慰。

Barry Eichengreen 和其他对这本书有贡献的人（Marcello de Cecco）在看到欧元作为另一种货币的储藏价值上升后，预测到作为储备货币的美元将被替换。对于 Eichengreen 来说，欧元的确是在解释为什么布雷顿森林体系 Ⅱ 的论述难以置信，当然这也是为什么与 20 世纪 60 年代相似的东西没有说服力的主要原因。所以今天主要的区别就是欧元。在以欧元计价的政府债券里存在着巨大的流动市场，这对那些在新兴市场中正持有美元政府债券的中央银行是一个颇具吸引力的选择。① 但是欧元相对于美元来说在未来具有更多的不确定性。欧洲中央银行和欧洲联盟的关系有时显得剑拔弩张。金融部门的控制管理仍然只是停留在以国家而不是以整个欧洲为单位的水平之上，这给金融稳定带来了更大的威胁。在欧盟层面上，管理银行失败并没有提出必要的财政行动。在欧元领域里同样也有许多宏观经济方面的困难存在。例如在那些劳动力市场存在通货膨胀压力的地中海地区国家（特别是西班牙和意大利），工资的差异很有可能产生高的失业率以及对共同货币的不满。

更重要的是，相较以欧元计价的证券来说，还有更多具有吸引力的替代选择，这些选择并不涉及对美元立场的转变。新一代金融分析家们确信，中央银行行长们可以开始表现得更为积极，也更像标准的、商业化的金融人士（正如中央银行在 19 世纪的所作所为）。因此，对传统美元储备资产的一个更为可能的替代选择是，中央银行对更广泛的资产组合进行多样化的改变。许多中央银行已经在悄然尝试，2007 年 5 月在美国发生的中国人民银行以 3 亿美元收购百仕通集团 9.9% 股权事件，标志着中央银行储备管理的重大转变。特别是，这种新的方法摆脱了似乎是由于持有大量美元而引发的外汇储备管理问题。但多样化投资的尝试在大多数情况下显得成本过大，因为如果中国人民银行卖出其持有的美元资产，美元汇率就会降低，从而导致资产负债表内的巨额亏损。在新的方法中，美国国库券的销售将由其他美元资产的购买得到补偿，包括政府机构的债务工具、有价证券、房地产、对冲基金和

---

① Eichengreen 2006, 26.

收购基金。相比新替代资产可断定的表现而言，由独立的中央银行管理的美元很有可能仍然保持其可靠的储备价值。最重要的是，在国际体系中美元的地位并不依赖着显露无遗的政治压力。以这个狭义的范围来说，经常提及有关美国安全与战略卓越的联系是不切实际的。

在布雷顿森林体系中，美国有时为了说服各个国家持有美元储备而采取工具化的安全政策：例如德国人不得不因为某些原因而被说服，比如，军事上需要一些补偿时，美国就以不履行结算德国美元储备承诺的方式来达成。英国更明确地使用其帝国关系，用于迫使前帝国保持英镑平衡。但是布雷顿森林体系结束后，持有储备余额的选择就更不容易被储备中心影响，因此英镑作为储备货币的时代结束了。相比之下，以美元作为储备货币代表的不仅仅是美国的选择，而是其他国家共同的选择，或者说是市场行为的结果。因此，目前的任务是了解作出这种选择的原因。

2.2 借助汇率政策的出口提升

美国作为世界最重要市场的事实刺激着那些想通过提升出口来实现工业化的国家（这些国家也把出口型经济看作是创造就业的主要手段），为了让它们的出口更具吸引力，这些国家保持着相较美元而言估值偏低的本国货币。这些国家有着相当大的价格通胀，无论正确与否，它们都把原因归咎于国际货币体系的进口性通胀。其实，它们本来可以通过货币增值来保持价格更大的稳定。而按兵不动的选择意味着放弃了一部分战后世界的新财富，尤其是放弃了购买国外廉价商品来刺激消费经济的机会。在 20 世纪 60 年代的日本，这一策略显得相对无可厚非，但在西德却引发了利益集团与银行的争论，伴随这种争论产生了大众群体的看法：出口制造商为了重估德国马克，一度想抵制来自美国和国际的压力，一些人认为马克重估将增加收入，提高生活水平。在 1966—1969 年期间，大联合政府管理着联邦政体，先前是基督教社会的财政部长 Franz Joseph Strauss，后来是社会民主党经济部长 Karl Schiller。由于没有改变自身汇率的运行机制，美国的决策者们斥责他们成了布雷顿森林体系的俘虏。

在汇率过渡到普遍性浮动之后，美元仍然是国际货币体系的"人质"。维持低汇率也一直成为亚洲"新兴市场"的发展工具。在 80 年代中期，韩国作为美国的公诉对象，其被指在与美国存在高涨的双边贸易顺差下人为地低估韩元以求创造一个出口激增。在其他亚洲经济体看来，韩国模式为"亚洲经济奇迹"提供了一个蓝图，同一类型的汇率政策在 20 世纪 90 年代被寻求进入世界市场的国家所广泛采用。

中国以快速的步伐积累着外汇储备，从每年稳定的 2 000 亿美元（2001 年的数据为 2 190 亿美元），到 2003 年缓慢上升至 4 120 亿美元，然后是 2005 年的 8 260 亿美元，2006 年的 10 460 亿美元，在以这样的速度激增到 2008 年 9 月时，这一数据几乎达到 25 000 亿美元。这些外汇储备大多以美元的形式持有，虽然有迹象表明，中国人民银行倾向于更为均衡的投资组合，但也受制于现实：任何大规模资产的套现将让持有者以美元贬值的方式被支付。换句话说，美元体系是这些国家迫于自身的利益而不是外部的压力来予以支撑的。接着问题出现了：在什么情况下，除美国以外的国家能察觉到自身利益的变化？答案取决于美国能在多大程度上仍被公认是一个稳定的国家，以及能否确保财产权。在地缘政治和经济的危机共存时，这些要素都扮演起"避风港"的角色。

2.3　安全和美国

经常账户问题不可避免地具有政治性。而正因为存在着各种截然不同的政治实体掌控着互为独立的货币，经常账户就显得尤为重要。由于对应着资金流动和经常账户的不平衡，新泽西和加利福尼亚的储蓄和投资水平产生了巨大的不同，然而却没有一个人真正意识到或在乎这个问题，因为这两个州是单一货币区。如果真像一些作者，如罗伯特·蒙代尔所说或用一种 Richard Cooper 所提倡的更微妙形式那样，确实有"世界货币"这回事，那就没有必要为美国的经常账户作过多的辩驳了。因为即使人民币"低估"

的真实效力创造了激增的就业机会，但财富水平节节降低同样被世人所关注（美国的情况则恰恰相反）。同样，这个现象在现代欧洲货币联盟中也显而易见。例如，德国货币贬值创造了就业机会，与此同时，也饱受着收入低增长的煎熬。欧洲货币联盟移除了政治上的隐患（除非有足够多人意识到究竟是怎么一回事），但是保持货币独立，财政盈余或赤字就成为了政治问题，由此带来的后果则成为影响汇率政策变动的压力之一。从这个意义来看，经常账户就关乎宏旨了。

对于经常账户的处理可以有两种方法，且这两种方法在计算上必须保持一致：第一，从储蓄与投资水平的结果来看，储蓄的余额产生了经常账户的盈余，也让储蓄与投资之间的差异有所显现，并且必须要有海外资金汇入来弥补储蓄赤字；第二，由于货物、服务等费用支出的长期积累，产生了投资收入。

美国现今经常账户的地位反映了一个长期的转变。在 1946 年，经常账户盈余占 GDP 的 3.9%，且商品贸易盈余为 6.697 亿美元，（非军事）服务行业盈余为 10.43 亿美元。美国已在世界经济体系内建立了债权大国的地位。在接下来的 30 年里，美国各大企业被鼓励到世界各国投资，从而使美国经济霸主地位愈坐愈稳，这甚至促使了西欧和日本本土经济的转型。1946年美国的投资净收入达 5.6 亿美元。到 1971 年，以固定汇率（布雷顿森林）体系为核心建立的国际货币体系瓦解时，美国经常账户几乎缩减成一个小型赤字，仅相当于国民生产总值（GNP）的 0.1%，商品贸易则出现了2.26 亿美元的赤字，服务行业盈余也微乎其微，而过去 20 年在海外建立的投资资产的收益却大为可观（7.272 亿美元）。1985 年，紧缩的货币政策加上庞大的财政赤字把美元推上风口浪尖，当时经常账户赤字高达 118.155 亿美元，是国内生产总值（GDP）的 2.8%，投资盈利却呈现激增之势（25.723 亿美元）。从这点来看，美国成为一个净债务国，也是一个依靠外资流入的主要受援国。在整个 20 世纪 90 年代，在美国债务国地位愈演愈烈的情况下，其投资收益却始终居高不下。

20 世纪 90 年代与 21 世纪初，支持美元的大规模资本运动仅仅是中国中央银行及亚洲其他各国央行储蓄政策的部分体现。此时，资本流动存在疑惑。正如大多数经济学家所预测的，资本通常从强国流向在技术追赶方面有较大潜力的穷国。虽然在 20 世纪 70 年代，资本流动的特点大抵如此。但在 20 世纪 80 年代，当现代全球化时代真正开启时，资本流动（按净额）却不这样进行。从 20 世纪 80 年代中期开始，美国就成为净债务国（如同第一次世界大战前那样）。在千禧之年，美国的进口资本占据了世界净进口资本的 3/4（其他两个债务大国分别是英国和澳大利亚）。

起初许多分析学家认为：美国大量且明显违反直觉的资本流入是对 20 世纪 80 年代早期拉美债务的异质反应，这逆转了资本流入的方向。这些分析家随后也给出了其他实质性的短期原因：美国股票市场的诱惑，还有房地产的繁荣。此外这些也能折射出大量私人资本流动：20 世纪 90 年代，大量私人资本的涌现显然是对美国股票市场上扬的反应，并且也是一些投资者对有价证券偏好的结果。这一现象已经存在了较长的时期（20 多年），因此可能被要求提出更多结构性的解释，而不是所谓一系列或多或少连接起来的机遇影响。在 20 世纪末有关美国进口资本的长期倾向可以通过供给因素（全球储蓄供给的变化，除已建立的工业国家以外更广泛发展的结果）或需求因素（为什么美国看起来如此有吸引力）来解释（见图 2.1、图 2.2）。

首先，在储蓄供应方面：由于全球经济诸多新参与者的涌现，在国际间移转的资金大量增加。在 20 世纪 90 年代，世界储蓄大幅度增加，导致一些有影响力的决策者们表示，全球储蓄过剩有可能长期压低贷款成本。在 2000 年，亚洲新兴工业国家（NICs）（新加坡、韩国等）见证了储蓄率仍在降低的事实，尽管这会由更低的投资水平来抵补，但资金继续流出。对于亚洲新兴的工业国家而言，1990—2000 年之间储蓄水平曾占国内生产总值的 33.5%，到 2006 年占 33.1%。但收入较低的国家（"发展中的亚洲"）在储蓄上已经有大幅度增加：从 32.9% 到 42.2%。随着国民对自己的未来感到迷茫并且无法依靠政府所支持的机制时，那些快速增长并且政治不稳定和不安全的国家经历了储蓄率明显的上升。在中东地区，储蓄率从 20 世纪 90 年代的 24.2% 增加至 2006 年的 40.4%。对于后者，石油价格的上涨也对

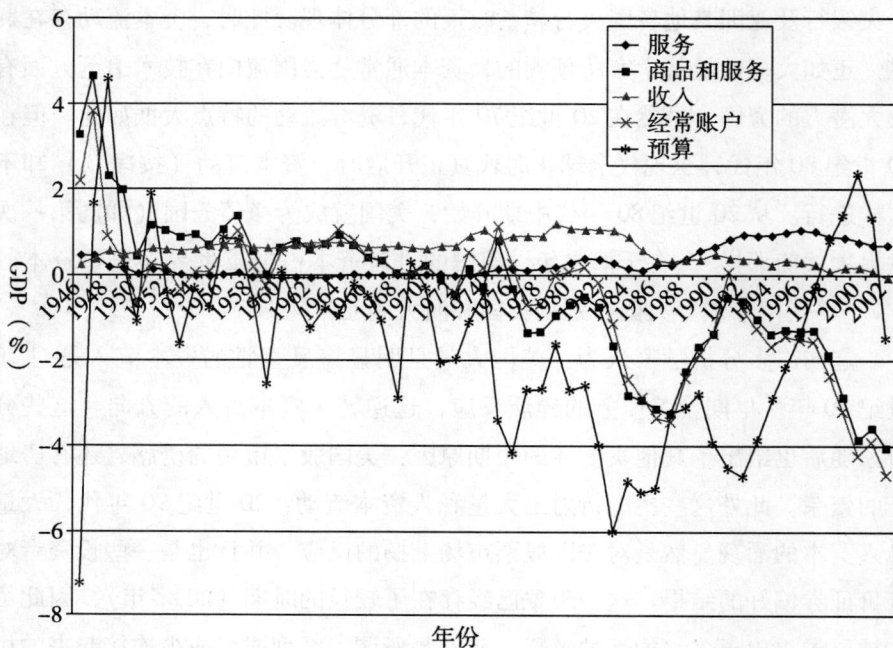

图 2.1　美国经常账户和预算平衡，1946—2002（占 GDP 的份额）

储蓄的增长负有责任，但在亚洲它反映了强大的增长与不断增加的预防性储蓄这两者的组合。①

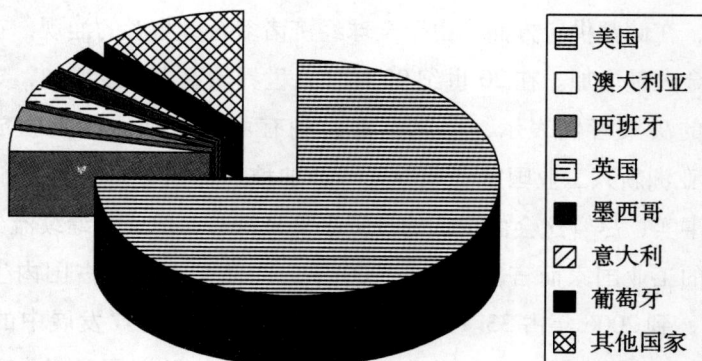

图 2.2　2002 年的资本进口国

---

①　Figures from IMF 2007，Statistical Appendix，table 43.

　　在需求方面，资金流向美国并不是为了更高的收益，而是因为美国提供了真正安全的保障。一个匪夷所思的事实表明，赤字的可持续期要比大多数分析家认为的更加长久。从实质上看，外国拥有美国资产的收益，美国为其贷款支付的价格都远低于美国人持有外国资产的收益。这就是为什么美国投资收益余额依然有如此惊人的弹性和巨大的原因。根据 Gourinchas 和 Rey 的计算，从 1960—2001 年的整个期间，美国债务（3.61%）年均低于美国资产（5.72%）两个百分点，而在 1973 年有显著的不同（分别是 3.50% 和 6.82%）。美国作为资本流动目标的主要吸引力是因为市场独特的深度（由金融安全产生），以及政治和安全的国家地位。很少有其他国家可以分享美国作为稳定和安全的港湾以及在产权方面强有力保护的美誉。这就是为什么在全球安全动荡之后美国的资本流入会增加，如同 2001 年 9 月 11 日以后所做的，以及 2008 年 9 月以后的金融冲击，尽管这是从美国金融体系中传出。由此造成的结果是货币分析师在谈及美元时露出了笑容：它对于很好的消息和非常坏的消息都采取积极的反应；美国经济的平均绩效能大体让世界确信别处也同样是稳定的。

　　英国已经有类似美国的特征，但在外部资产的高收益和外部负债的低收益之间有着本质区别。澳大利亚在资产和负债方面的收益相当，而在西班牙（另一个有巨大经常账户赤字的国家，该国的赤字需要外部资金流入来提供融资），资产收益少于负债。因此可能可以得出这样的结论，英国和美国的地位基本上要比西班牙更具持续性，而澳大利亚则介于两者之间。

　　此外，Fogli 和 Perri 最近注意到，自从 20 世纪 80 年代初开始，美国的商业周期波动就已经大体下降（所谓的大节制），但这种下降在其他主要经济体中并不明显。减少的波动降低了预防性储蓄积累的诱因，结果低储蓄导致了国际收支平衡表的长期恶化，但这并不被认为是恶意行为。Fogli 和 Perri 估计美国目前 1/5 的外部失衡要归咎于这种效应的影响。[①]

　　美国需要来自其他地方过剩储蓄的流入，因为美国储蓄率下降明显，尤

---

① Fogli and Perri 2007.

其是在个人的储蓄水平上。这里再次指出，在一个较为长期的发展进程中，私人储蓄从10.1%（1970年的最后一个季度）降到6.9%（1990），以及从2000年的1.9%迅速下降到2005年的0.8%。[①] 这种下降趋势如此明显，使得许多评论员（包括本书中的Kirshner，Calleo，Schwartz）认为储蓄率下降是今天"全球失衡"的主要驱动力。

这值得进一步思考，究竟是什么允许美国和英国这类国家以较低的收益率来吸引资金，驱动资金流入的动力又是什么。在现代全球化中存在两类资本市场中心。其一是那些小型动态中介机构吸引大量资金流入，不仅回笼了资金而且有巨大的经常账户盈余：如在2005年，香港为GDP的11.4%，新加坡为GDP的28.5%；在欧洲，卢森堡为GDP的9.7%，瑞士为GDP的13.8%。相比之下大型的中介机构，主要是资本进口国，美国的经常账户赤字占国内生产总值（GDP）的6.4%，澳大利亚占6.0%，而英国表现得更为温和，仅占2.2%。这些国家有着如此的特质：有自己的生活方式和在高附加值的部门里特殊技能的集群，优质的高等教育系统，而且吸引了大量拥有娴熟技能的移民。这些移民实质上提升了这些国家的潜力和可能的增长率。这些大国依靠的并不是它们的大小，而是"美好生活"的形象。它们的吸引力是安全资产必不可少的组成部分，它们的愿望也从政治与经济意义上确保了这些资产的安全。

在究竟是什么确保了安全与稳定的文献讨论中，移民是一个相对被忽视的角色。移民局对部分移民保持乐观的态度，而这样一个更为普遍的乐观主义所产生的结果是一种对未来将有更高收益的信念。同样，随着人们对更美好明天的下注（尽管移民自身为了换汇可能会节约），往往会产生较低储蓄率。相比之下，移民社会（尤其是那些有低出生率特征的欧洲大部分国家和日本）担心未来收益下降，因此预防性储蓄动机会大大增强。

美国式的美好生活不只是为了恪守高消费水平的承诺。与流行的设想，特别是美国之外的设想相反，驱动经常账户赤字的消费并非就是对那些显性

[①] Bureau of Economic Analysis, *National Income*：2001，table 21，"Personal Income and Its Disposition."

消费的骇人方式上瘾的结果，例如运动型多功能车（虽然有一些奇怪的统计数据似乎支撑着本论题之外的某些部分：美国人在珠宝上的花费要远比鞋子多）。① 但是在近二十年来，食品和服装的开支占收入的比例大幅度下降，住房开支几乎保持不变，而教育和医疗方面的开支大大增加。许多学院派经济学家（他们像教育者一样有明显的兴趣）想把以上诸多的开支重新归类为人力资本投资的几种形式，而这个想法可能是正确的，美国持续的革新能力取决于素质教育。高等教育与经济增长的关系是许多研究的一个论题。良好的教育促使高技能劳动力的流入（一个内部的人才枯竭），其数量在 20世纪最后十年有明显回升。美国科学、工程和公共政策委员会在 2005 年的一个研究表明，在科学和工程方面将博士学位颁发给非美国学生的比例从1966 年的 23% 上升至 2000 年的 39%。我们通过吸引世界其他地方高素质的人才来获得利益；在美国大学，广受训练的人员输出也是 Joseph Nye "软实力"思想的重要组成部分。② 在欧洲大陆受过高等教育的人们已经有极强的流动性，他们会离开自己的国家，目的地往往是盎格鲁撒克逊。③ 结果，伦敦成为拥有法国人口第四多的城市，估计有 40 万法国人在伦敦和其东南部。澳大利亚犹如磁铁一般吸引着高活力和高素质的亚洲人。但是，美国仍然是世界高等教育精英流动最受欢迎的目的地。

过度消费理论的另一种元素的出现起源于对财政问题和经常账户相联系的思考。这一理论的部分情况可以被解释为政府动用储蓄金而不是家庭的选择。这样的联系体现出更加明显和直接的政治性。在越南战争时期、里根总统的国防建设时期和"9·11"事件后期，政府在军事上的开支已成为一种消费形式，也是国际上讨论货币和金融秩序稳定的当前事项。在这些情况之下，为了创建"伟大社会"或服务于里根与布什的减税宗旨，国防建设与面向国内的财政扩张密切合作。如果没有积累国内社会的不满足感，似乎美国就不能凝聚国内民众对国防与战争的支持。因此联邦开支是其中的一大部

---

① See Underhill 2004.
② Nye 2004.
③ Favell 2008.

分，这从广泛意义上巩固了美国的安全，也能使资本市场对更高意义的安全有所回应。

在 20 世纪 60 年代首次确立了美国作为银行家和国际中介立场的概念，此时一些经济学家（Despres，Kindleberger 和 Salant）提出了一个假说：为什么明显恶化的美国外部支付的境遇要比想象中的更为可持续。美国置身于一个银行的角色之中，从希望资产安全的物主们那里取得短期的存款，同时通过把这些短期存款借贷给那些着眼于长期或更具有风险偏好的借款人，以此来获得回报。我们更倾向于相信那些规模较大的银行能更好地吸纳金融动荡。但这样的立场包含了两种风险：首先，贷款人（存款人）可能认为美国在某些方面缺乏安全感；其次，他们可能对银行的贷款政策和银行借款人的偿还能力心存疑虑。Kindleberger 在 20 世纪 60 年代针对美国与银行的类比如今有了一个现代的版本，那就是美国相当于一个全球对冲基金，在大量杠杆效应下，美国在别处铤而走险。因为美国秉持了整个世界将变得越来越安全、风险溢价就长期而言会逐渐下降的理念。2002 年 9 月国家安全策略以一个非常引人注目的方式将全球财富积累、和平以及美国优越的战略能力联系在一起。相反，2003 年以后美国在世界上的形象遭到了怀疑，尤其是伊拉克战争，使美国看起来不那么稳定和安全。

2006 年，中国人民银行宣布将尝试多元化储备组合和更广泛的投资类型，这是从逻辑上承认了美国持续的领先地位。这同样表明世界上发展最快、最活跃的经济体把美元作为世界的对冲基金，也愿意分享一些对冲基金的盈利。而 2007 年的信贷市场危机并没有导致任何的重新评估。相反，随着 Citigroup、Bear Sterns、UBS 与 Merril Lynch 需要新的资本注入时，新兴市场中的那些主权财富基金却把这看作是购买全球金融控制权的一个契机。新加坡的 Temasek 解释其基金决策：主要依据的是"Merril Lynch 专营权的潜在实力"。① 即使一年后，也就是 2008 年 9 月金融危机摧毁了美国投资银行时，此时亚洲的商业机构还在想以合适的价格从这次事件中获利。

① "Temasek in ＄4.4 bn. Merrill Vote," *Financial Times*, December 27, 2007.

对美国经济和美国金融主营权下注的能力取决于其他国家对美国是否有真正稳定的评估，以及通过美国的行动和盟国采取的策略所取得的成效来达成全球范围内的和解。因此，首先要依据持续的认知：为美国赤字融资的能力依赖于构建一个高增长和高生产的经济体系并确保政治和军事上的安全。这种信任明显被发生在美国境内的一系列恐怖袭击所动摇，尤其是那些采用原子、生物或者是化学（ABC）作为武器的恐怖分子。但可能也可以看出金融冲击是如何导致那些强国之间的"大博弈"竞争。从古典时期欧洲强国政治以来就出现过历史性的先例，即一些国家利用投机性的金融攻击来对抗它们的竞争对手以获得更安全的优势。在 1911 年摩洛哥危机中，法国试图以这样的方式来帮助自身在德国市场的运转。而在 20 世纪 30 年代中叶，德国的经纪人也被鼓动对法国法郎进行投机买卖。在这两种情况下，主事者不仅希望金融危机可以动摇对手的地位，而且能使其采取强迫性财政措施，这将削减一国的国防开支。

然而与之相反的是：随着突然的调整将带来难以承受的痛苦和无法忍受的政治局面，美国的安全依赖于持续的资本流入。这就是为什么可持续发展在国际秩序问题讨论中如此重要。一个恶性循环将由此开始，其资本流入的停止将减少其他国家对美国稳定性的政治赌注，这也将更加促使资本迅速外流。这种噩梦的场景是 Kirshner 和 Calleo 悲观情绪的核心体现，也存在于那些有影响力的悲观评论中，并在 Nouriel Roubini，Kenneth Rogo 以及 Brad DeLong 的个人网页上广为播传。正因如此，这种噩梦般的情节是值得回溯的。

在布雷顿森林世界后期，曾出现美国似乎不再呈现如此安全的时刻，一个政治与经济的逻辑驱使着资本流出美国。在这些震荡的时刻里，资本外流似乎与对美国行政机构稳定性的质疑有所关联。这种危急时候首次出现在 20 世纪 70 年代初，美国试图从越南战争的失败抽身以及票面价值体系崩溃都在这一时期。

在 20 世纪 70 年代末，第二次石油价格冲击似乎增加了人们对美国稳定性新一轮的质疑。此外，还有重大的资金外流，以及美元的急速贬值。

2001 年之后的发展与那些对早期美国持续稳定遭到怀疑的时刻具有类似性。在先前的事件中明显存在无关来源的怀疑：不仅有美国大战略在世界范围内的失败，而且还包括美国立法者对接下来千禧年公司丑闻的反应，这些都如同创造了一个摆钟转向更大且更复杂的公司监管，特别是萨班斯—奥克斯利法案。在美国股市崩盘之后，国外资产起先有一个停滞，但 2003 年以来又开始向内激增。目前还没有迹象表明，在面对危机时，美国要比欧洲或迅速增长的亚洲经济体显得更为脆弱。特别指出，我们通过美国 19 世纪后期，日本 20 世纪 60 年代和 70 年代以及韩国 20 世纪 80 年代和 90 年代的历史可以知道，高速增长的经济会受到经济危机和经常账户逆转的冲击。

2.4 危机中美国的脆弱性

20 世纪 60 年代初以来，一些杞人忧天者认为美国在国际货币体系中的地位是不可持续的。Melchior Palyi 是率先敲响警钟的人之一。[①] 在 60 年代中期，法国经济学家 Jacques Rueff 就这一内容进行了讨论，并给身处紧要关头的戴高乐总统留下了深刻印象。戴高乐对美国的批评似乎是在过去四十多年任一时刻的欧洲观点中一个特殊而又永恒的实例："美国没有平衡自身预算的能力，却使其本身有巨大的债务。由于美元是无处不在的基准货币，这样可能会导致其他人受到其管理不善的影响。这是不能被接受的，也是不能延续的。"[②] 对美国地位的批评在 20 世纪 80 年代中又被提及，千禧年之后则更加强烈。随着德国财政部长宣布美国将失去"超级经济大国"的角色与法国总统萨科齐宣布"自由主义结束了"，2007—2008 年的金融危机产生了对欧洲优势新一波的断言。[③] 这样的评论通常来自那些对美好生活价值有怀疑的人。对于他们来说，美好生活是与权势的投影、不平等的教唆，以及消费和贪婪相关联的。

[①] Palyi 1961.
[②] Peyrefitte 2003, 664, Gavin 2004, 121.
[③] "Lessons from a Crisis," *Economist*, October 4, 2008, 55, U. S. edition.

美国与英国在帝国成长经历上有着明显的比照，正是由于大英帝国的复兴使英国在 19 世纪中期到第一次世界大战期间长期持有大量的经常账户盈余。美元"不能持续"的问题增加了借款能力与对持续经济动力依赖的联系。在 19 世纪后期开放的资本市场，高增长国家（如美国和澳大利亚）的资本流入持续了很长一段时间，这首先是因为（当时和现在一样）资本流入伴随着移民涌入，劳动力移动到较远距离或是跨越国界进入到更高生产率的国家。其结果是促使无论是移民的发送者还是接收者的收益都有所增加。

这些国家可持续发展的问题进而演变成它们经济持续增长是否要高于其他工业化国家的可能性问题。在 20 世纪 90 年代的大部分时间里，外资的流入反映出这样的国际视角：和平红利、财政审慎以及技术动力构建了国内理想的经济发展环境。2001 年之后，这样的经济市场环境明显恶化，一些研究人员开始认为美国逐渐脱离了世界其他国家，尤其是动态的亚洲经济体。

财政问题长时间出现在军事承诺以及老年人的社会保障上，这对增长率有很大威胁：美国在这方面（以一个不极端的方式）和老化的欧洲以及日本的工业社会一样都存在此问题。每个即将来临的选举都对那些承诺更多开支的政客带来压力。[①] 21 世纪初期财政问题的恶化已成为一种跨国的现象：在 2000 年，所有发达工业经济体的财政余额都维持在均衡水平，但到 2004 年就已经下滑了 3.9%。美国的财政水平从 1.3% 的盈余（2000）变成如今的 -4.9%，这看起来像是转型的极端例子，但是就盈余到赤字转换而言，德国从 1.3% 变成 -3.9%，法国从 -1.4% 到 -3.4%，意大利从 -0.6% 到 -2.9%，而日本保持在一个很高的赤字水平，赤字水平近年来也只有轻微的改善（-7.5% 到 -6.9%）。[②]

由此来看，财政问题给美国以及其他大型工业国家为保持经济增长进而提升资本流入的能力带来了长时间的威胁。新的大型国际资本转移形成的流动性已产生了一个陷阱，在这个陷阱中，大型发达国家可以很容易以低利息借款，虽然在一些短期借贷中也存在着许多问题。中央银行越来越多地将它

---

① Kotlikoff, Fehr, and Jokisch 2003 ; Kotlikoff and Ferguson 2003.
② IMF 2004, pp. 218-19.

们的储备金用于更高收益且更商业化的投资，而不是传统的短期国库券。中国人民银行正在积极讨论这样一种变化：如果可以实现，这将使得美国资金以及其他债务的利息变得更高。新兴市场的个人投资者也很可能变得越来越精明，并将兴趣着眼在他们资产的收益上。

或许，做出一些长期的预测也是有可能的。在未来，当目前新兴市场以如此异常的高比率储备"毕业生"并且向发达工业国家转变的特点形成之时，可以想象这一情况会改变。可以肯定的是，随着基于不安全情况下预防储蓄动机的减小，"毕业典礼"会首先伴随着个人消费而增加。但其次，更有可能的是，政府会被引诱去采取一些发达国家的行为，并增加基础建设的花费，比如在面对人口老龄化问题时的社会支出，以此来维持一种经济奇迹。然而，最有可能的是增加军用科技项目的开支。这可以被看作是为了增加国防能力。

在很长一段时期就帝国统治事件进行比较，所得到的观点拥有一些可比性。美国以及其他一些大国为赤字融资的轻松程度，似乎与最著名且持续很久的西班牙哈布斯堡帝国的衰退相类似。① 有时候，那些拥有至高无上权力的霸权主义者似乎总会有一份"免费的午餐"。在 20 世纪最后几十年里，所有发达国家的资本流入就相当于"新世界银子"的故事，这个故事起初作为巨大战略性力量的源泉而公之于众。这也使得西班牙的一些事物（大部分指对招募军或者雇佣军的服务）变为虚无。银币的流入并非立刻导致了西班牙的衰退，但它使得西班牙的经济出现了一个长时间的亏空，最后，西班牙失去了战略上杰出的地位。这种类比并不是指 21 世纪全球不平衡的情况会导致经济的迅速崩溃，而是说明了势力和影响力之间长期转换的基础。在转换的过程中，安全的有利因素构成了当前美国的主要优势（美元独一无二且过高特权的真正来源），但此优势可能消失殆尽。

另一种对此观点的表述可以说成：当外国人以及美国人对美国稳定性的看法不如 20 世纪末和千禧年伊始时候那么乐观时，维持一个稳定的美元价

---

① Elliot 2006.

值储备会成为更昂贵的选择。

当然，世界局势早已形成。美国，尤其是如此霸权的美国，持续面对着资本超支的危险，因此被 Adam Smith 描述为这样的毁灭方式："目前受到巨大债务的压迫，若长期下去可能毁灭所有欧洲大国，且其进程已经变得相当一致……当国家债务一旦累积到特定的程度，我不相信会出现罕见而又单一地将这些债务公平而又完全偿还的例子。如果想从根本上带来公共财政的解放，经常引起的就是破产，有时会采取公开宣布的政策，虽然也有虚假支付在里面，但这些常会通过真实的事件表现出来。"①

只要美国仍然有世界上最集中的政治和军事力量以及经济潜力，美元就将继续成为最主要的国际货币。当国际局势不稳定，且安全和发展显得很有价值时，经济和政治往往就会牵扯在一起。而当它们吸引了资本来源和人力资源（主要通过技术移民）用以使优秀的生产力发展得以继续时，这样的权力集结就变得自立起来。如果它们固步自封——就像西班牙的黄金时代一样——相对的衰弱进程就会变得更快。危机，例如 2008 年的金融海啸，会使政治得以反省并更具有民族主义。由于孤立主义者的推动是美国传统政治的一个重要部分，其中也有大量政治家对精英人士关于国际链接的看法进行攻击，但这是一种无法忽视的可能性。直到我编写的时候，孤立主义者的回答也似乎并没有引起足够多的美国国民把此当做一个严重的问题。

---

① Smith 1976，446，447.

第 3 章

美国经常账户赤字与美元本位的可持续性：一个货币方法

Ronald McKinnon

世界上的其他国家都有想通过 2007—2008 年的美国金融危机获得美元资产权的欲望，经济学家根本无法建立一个关于为什么这个看似没有尽头的美国经常账户赤字会被这些欲望持续支撑的令人信服的理论模式。这凸显了概念的缺失，很多人把这种全球"不平衡"的持续性看作是不可持续的，因为外国人（包括政府和私营企业）最终会停止购买美元资产，这样就会引起外汇中美元价值的暴跌。从 20 世纪 80 年代里根总统在位期间出现臭名昭著的双赤字开始，这种司空见惯的失败预测已经有 20 多年了。

在亚洲、美洲和非洲大部分地区，美元仍然是主要货币，是各银行间国际收支的结算工具，是国际贸易和服务的记账单位，也作为政府的干预储备金。另一方面，欧元当前已经成为了最重要的区域货币，而且很快地就将小经济体跨越到欧元区的东部。在东欧地区已经出现了"欧元本位"，但是在非东欧国家之间的贸易中，欧元还不是最重要的，即便不涉及美国，那些占主导交易的货币仍是美元，例如，当中国在与马来西亚或巴西或安哥拉交易时。

世界美元本位的恢复使得美元成为最具权威的国际货币。在所有的国家中，美国实际对世界上其他国家有无限的信贷额度，并以此来维持它的经常账户赤字，在极端情况下，甚至可以创造必要的国际支付手段来偿还所欠外债。美国人可以大量借用本国货币是因为美国债权人自愿建立对美元的债权索取。这挫败了美元即将崩溃的预言，因为很少看到亚洲和拉丁美洲的重债国家在货币贬值和违约的危机下还要被迫偿还债务。

是什么使得美元的地位以及美国经济的借贷能力如此不同呢？随之而来大量外国的流动美元债权将破坏美元本位吗？世界与美国会生活在无限期的美元"过剩"中吗？

3.1 货币锚方法

与其呼吁通过美国的军事、商业或政治霸权（过去或现在）来解释美元持续的国际优势和美国增加的债务，我宁愿采取更纯粹的货币方法。它主要有两个方面。

第一，需要一种国际通行货币作为一个天然的垄断者来促进在商品和资本流动上复杂的多边交易。它直接类似于一种单一货币，既是交换媒介、记账单位，又是价值储备，在纯粹的国家范围里促进纯粹的国内交易。如果美元没有在当今的国际经济里起着重要作用，市场会选择其他国家货币成为世界关键性货币。在我以前的工作中，我很少接触这方面知识，只强调保持美元在国际交易中居于主导的惯性意义。[1] 一旦一国货币在国际上占据主导地

---

① McKinnon 2005c.

位，规模经济和网络效应使得其地位难以被取代。

第二，超越纯粹的国内货币类比，美元作为其他国家宏观经济政策和价格水平的货币锚（有时也叫名义锚），锚在国家选择固定汇率（通常在窄幅内）来无限期地兑换美元时充当强有力的角色。如同 20 世纪五六十年代旧布雷顿森林体系下的许多西欧经济体和日本。如果固定的名义汇率能够保持足够长的时间，并且在这段时间上没有任何的贸易阻碍，那么这些国家商品交易价格的通货膨胀率将与美国同步。

尽管目前普遍的认知是，美元作为货币锚的国际角色还是有些"疲软"。由于交易商品和服务的价格——几乎所有的主要产品以及大多数的工业制成品（除欧洲出口外）在国际市场上都以美元来设定，新兴市场和欠发达国家的央行都非正式地与美元"轻轻"挂钩，以便更好地稳定自己内部的价格水平，这又被称为布雷顿森林体系 Ⅱ。虽然大多数发展中国家已不再有官方的美元平价，它们采用高频干预，并随时准备（以高美元储备）防止大的波动。① 这是当国内金融市场不够发达或受制于资本管制时提供给进口商和出口商非正式的汇率风险对冲，让远期外汇市场活跃了。有时，甚至较发达的经济体（名义上的发行者）也进行干预。从 2003—2004 年初，日本银行大量购买了美元，以防止日元的大幅升值。

既然不能以自己的货币来借贷，美元外围的债务国就只能靠外汇，大部分是以美元（或欧元）的合理期限来借贷，同时也要承担汇率风险，也因此要担心本国货币与美元的汇率波动。货币贬值会增加其美元计价债务的维护费用，造成短期内部无支付能力和长期的通货膨胀，如 2002 年阿根廷的大幅货币贬值，1997—1998 年东亚五国的经济危机。一旦周边债务国建立了大量的外币债务，就易受资金外流的冲击，这使得没有足够的美元用以偿还（美元）债务。由此产生的债务拖欠，使得国外资金无法进入周边债务国，大幅贬值又让国内开支剧减而政府也无能为力。正因为市场认识到这一点，所以一开始它们就限制了周边国家的借贷量，尽管这种限制还不太

---

① Reinhart 2000；McKinnon 2005a，chap. 1.

严格。

然而，在新的千年里，在美国经常账户出现赤字 20 多年后，大部分的美国贸易伙伴都已成为美元的债权人，但是债权人也承担着外汇风险，因为它们不能把自己本国的货币借给美国。相反，它们堆积着大量美的美元债权。那些持有大量美元资金的国家，时刻担心它们的货币大幅升值会导致国内美元资产持有人的资本损失以及其商品出口竞争力的下降。如果货币持续升值，将会出现国内通货紧缩，例如 20 世纪 80 年代到 90 年代中期的日本。

因此，为了避免货币升值和通货紧缩，亚洲、波斯湾或其他地方的富余美元储蓄国家现在都陷入了要从储蓄不足的美国获得资产的境遇。如果由本国私营部门来购买美元资产都不足以覆盖它们的经常账户盈余，那么其央行将作为最后剩下的买家来防止本国货币升值。这造成石油生产国和新兴市场的亚洲央行官方外汇储备（尤其是美国国库券）大量积累，并且这种现象越来越普遍。官方外汇储备的存货现已超过了任何审慎或最佳的估计量。这些"储备"大部分都是在经常账户盈余持续不平衡的情况下为稳定汇率所做努力时的非意愿性结余。

美国经常账户（贸易）赤字是真实资源从世界上其他国家（净购美国金融或其他资产的外国同仁）转移到美国的一种机制。从美国在世界金融体系的核心地位来看，只有它能借贷自己的货币，即发行美元计价的债务。美国永远不会耗尽美元，所以它可以完全避免政府债务的违约，而这仅仅是因为美联储体系可以经常性介入购回由外国人持有的美国国库债券。

尽管外国债权人还没有看到持有美国国库券的违约风险，但是它们将停滞在美元实际购买力大量损失的时期，美国的通货膨胀或者美元在兑换其他国家货币时大幅贬值都削减了美元在其他地方的购买力。如果这样，外国央行将不再急于阻止自身货币对美元的升值，并将及时从成为美国国债的主要购买者中抽身而退。

因此，由于美国长期无限制地从世界其他地方获取信贷，要维持当前美元本位，关键在于美联储在货币政策上的控制，与美国财政部在财政政策上的控制以及美国储蓄率大体无关。只要美国的价格水平保持稳定，美国在国际上的信贷量就不会受到明确的事前约束。也就是说,只要美元在国际商品贸易和服务的购买力稳定,外国央行就不愿意让它们本国货币在兑换美元时升值,因为它们既担心在短期内失去商品竞争力,又担心长期内面临通货紧缩的停滞状态。

美联储该做这个事情吗?作为美元本位下的第"N"国的央行,美联储通常不会干预外汇交易,在一个以美元为基础的世界,汇率变化并不会严重影响美国的物价水平,因为它的传递效率低。美联储较之其他央行能更容易地引领国家货币政策在外汇市场独立存在。由于美国资本市场的高度发达,可以通过公开针对联邦基金利率的市场操作来集中精力稳定美国的价格水平,尽管这或多或少忽略了汇率波动的风险。的确,中心国本身的作用是单独提供一个稳定的价格水平,把它作为一个整体(这在美元边缘的新兴市场尤其可贵),成为这个体系的名义锚。

与此对照的是,其他国家的中央银行不能忽视它们的汇率是如何相对美元变动的,并且不得不依照美联储所作所为来适时调整。原则上美联储可以更容易地致力于低的通货膨胀政策——尽管在欧洲中央银行或英格兰银行的运作模式中还没有明确的低通货膨胀目标。然而,美国是泰勒规则的发源地,那里是我同事 John Taylor 用计量经济学估算准则的地方,好像美联储针对美国消费者价格指数(CPI)设定了大约 2% 的通胀率。①

虽然在正常情况下提供一个稳定货币锚是很好的,但美国的货币霸权仍然可能遭到"非货币"的灾难性事件破坏。一种情况是美国保护主义的爆发强迫其他国家的货币升值,比如说中国,它的货币升值,美元就贬值了,也就像 1971 年 8 月的尼克松冲击一样。第二种情况是美国经济低迷,比如当前蔓延的住房危机和经济衰退,这迫使美联储放弃了稳定物价的目标,转而用流动性来提振经济。在这两种情况下,外国人持有的大量流动美元资产使美联储对接踵而至的危机管理更加困难,也会危及到美国的国际货币霸权。

---

① Taylor 1993.

3.2 美国的保护主义

就国际货币而言，在美国的贸易保护主义是对美元地位的主要威胁。在一个全球化的世界里，除了一直存在的政治情节，还需要不断的工业重组，是否有一个合法的经济理由来关注外国对美国产业的过大竞争压力呢？

由外国人购买美元资产而积累的大量美元经常项目赤字有助于避免美国经济储蓄不足的信用恐慌。然而，亚洲转移到美国的实质储蓄缩小了美国制造业的规模，即便国家的充分就业整体上已经通过服务行业补偿性扩张得以保持，但这样一个收缩是美国中西部地区和东海岸保护主义上升的根源。

为什么美国的制造业特别受影响？亚洲的主要债权国——日本、中国、韩国和欧洲的主要债权国德国，它们只出口制成品，自身却是服务以及包括石油等原材料的进口者。因此，它们对世界其他各地保持顺差，而与美国的双边贸易（储蓄）盈余体现在出口到美国的制成品的盈余，这迫使美国制造业就业的萎缩。[1] 之所以会注意到这点是因为与其他经济部门相比，制造业的技术变化更加迅速，比起其他工业发达的国家，制造业的就业在所有成熟工业国家一直在下降。制造业就业在美国下降较快是因为美国储蓄不足，这也使从国外工业发达或工业化中期的国家净进口制成品成为需要。

因此，美国在政治上对制造业的贸易保护主义不是完全无偿的。然而不幸的是，保护主义者把它看作是一个汇率问题，而不是国际储蓄不平衡的问题。虽然这种看法是错误的，但它依然是个威胁，这会使得美元购买力趋于不稳定，也会引起通货膨胀。

像波斯湾的阿联酋等石油生产国，其拥有巨大的贸易和储蓄盈余，不会产生类似在美国的保护主义反应。即便美国人不喜欢石油的高价，但是他们需要石油。此外，石油单一而且相对来说没有特色，在美国工业中没有"明显"可采取的汇率或关税措施能改变像沙特阿拉伯这样国家的行为。

---

[1] McKinnon 2005b.

3.3 冲突的道德

美国的许多政治和经济学家希望美元对日元、人民币和其他储蓄丰富的工业国家的货币普遍贬值。如果这些国家不升值它们的货币，则通过制裁那些贸易国家的制造业进口来实现一种胁迫，就像 1971 年 8 月的"尼克松冲击"。

亚洲储蓄丰富的国家正不断生产着制造品，而美国的贸易制裁威胁却也倒行逆施，这样一个两难的境地被称作是"冲突的道德"。[①] 贸易盈余国家在高储蓄上有着良好的意识，但是这在与储蓄不足的美国进行贸易时就自然产生了一种集中的经常账户盈余。美国的许多经济学家和政治家对这些外国的贸易盈余产生了错误的判断，他们认为亚洲货币通过贬值形成了对货币的不公平操控，而学者的证据就是这些国家大量的官方美元外汇储备。以此为据，美国政治家对亚洲货币施加了升值的压力。

然而，任何独立的亚洲政府都知道，其货币对美元大幅度的升值将造成国内宏观经济动荡：出口、国内投资和消费将会随着经济缓慢的增长而下降。持续上升的名义汇率将最终导致货币紧缩——像日本在 1980—1990 年间，日元全面升值，从 1971 年 8 月的 360 日元对 1 美元到 1995 年 4 月的将近 80 日元对 1 美元。如果汇率不升值，美国将对其出口使用贸易制裁。这样，国外债权国形成了"冲突"——这就是冲突道德的由来。

在最坏的情况下，美国的政治压力采取了一种更为普遍的形式。除个别国家外，假设美国大多数贸易伙伴都被迫同意升值。而其中大多数国家贸易盈余或多或少是对应着美国庞大的贸易赤字。美元要对 30 多个美国主要的贸易伙伴进一步地贬值，William Cline 是这个观点的倡导者。[②] 从货币方法到汇率决定因素来看，如果货币政策相对于其贸易伙伴有着更多的扩张性，那么美元一般性名义贬值是可以持续的。也就是说，对内通货膨胀，对外相

---

① McKinnon 2005a.
② Cline 2005.

对通货紧缩。

在这种一般性美元持续贬值的情况下，货币调整的必要性可能很随意地分隔在美国的通货膨胀和其他地方的通货紧缩之间。货币调整随经济灾难性事件的特殊历史环境而定。1971 年 8 月的"尼克松冲击"需要欧元、日元、加元和澳元的急剧升值，之后的很多年，美国的高通货膨胀（最初被工资和物价关系抑制）和其他地方缓和的通货膨胀则是这一调整的风格。1985年广场协议后的十年，主要工业国家同意让它们的货币对美元升值，日本彻底的通货紧缩使得它的货币升值最多，在欧洲有着压抑性的通货紧缩（当时称为"欧洲硬化症"），美国则是相对温和的通货膨胀。

3.4　汇率和贸易平衡：菲利普斯曲线似曾相识吗？

经济学界普遍的信念是：贸易盈余的国家将升值它们的货币以（帮助）减少盈余。这被那些要求亚洲债权国升值的美国甚至是欧洲的政治家奉为圭臬。看上去似乎合理（正像 20 世纪 50 年代与 60 年代关于通货膨胀与失业的菲利普斯曲线一样），但在这个时代这种想法已经不被全球化经济开放体系所认可了。

从学术观点来看，"经济曲线区域"的平均值被认为是贸易平衡的一个弹性模式。这是一个基本上可以被看作是微观经济的模型。在这个模型里，进口和出口，还有其他的宏观经济功能彼此之间是可分离的。在这个可分离模式下，货币的升值被认为是通过出口价格的上升来减少一个国家的贸易顺差。如果这些因素存在于良好的价格反应下，换句话说，如果它们的价格需求弹性比较高，那么出口下降，进口上升，从而导致贸易顺差的净值会减少。

尽管这个弹性模型是一个没有远见的模型，因为它忽视了宏观经济对于汇率变化其他复杂的反应，但是这个模型看起来很直接，所以这个模型还是很适用于教授学生贸易平衡和汇率之间的关系。当把这个模型介绍给记者或政治学家的时候，它同样是美丽而又有直觉力的："很确定，如果意识到人民币升值让中国物品越来越贵，我们会买得更少；同样，假如美国商品在中国卖得便宜，中国人会买得更多。"所以这个模型很流行。

那么哪些宏观经济的反应可以让这个短期的微观经济弹性模型不显著呢？首先，让我们考虑一些外贸与资本流动高度开放的经济体（资本性账户交易不包括在弹性模型里）。跨国公司的投资地点，甚至是一些单纯的国内公司都变得对真实汇率敏感了。如果人民币对美元升值快的话，来中国投资的国家则会觉得中国汇率很高，这样美国则会变得更有吸引力。如果投资下降，那么中国的总需求，包括进口的需求也会下降。与此相反，在美国，投资的上升会刺激总需求。人民币的升值使中国的出口增长减缓，但是中国的进口也降速了，这使得进出口对中国贸易顺差的影响变得模糊不清。①

人民币升值以财富效应的形式对宏观经济有进一步的影响。在美元本位制度下，中国通过以前的贸易顺差积累了大量美元资产的库存，中国不会（或不能）以人民币的形式借给美国。当人民币升值后，那些美元资产的中国持有者会发现他们变穷了，他们美元资产的购买能力在中国变小了。这个消极财富效应进一步减少了中国的消费，包括对进口物品的购买，这使中国贸易顺差会因为出口的减缓而减少变得不太可能。②

日本在美国巨大的压力下使日元升值的早期经验是可以借鉴的。日元从1971年8月的360日元兑1美元上升到1995年4月的80日元兑1美元——一个让人无法相信的巨大的名义升值。日本的贸易顺差没有下降反而飘忽不定地从1970年的几乎为零的状况上升到了80年代和90年代占GDP大约3%的平均水平。因为对日投资的大幅度下降，日元的高价位导致了通货紧缩和从1992—2002年一段长达10年的经济停滞期（日本失去的10年），这并没有达到减少日本贸易顺差这一最初目标。尽管日元的高价位让日本的出口增长放缓，但日本的经济停滞却导致了进口需求量的减少。从20世纪70年代初到2007年，日本的价格水平相对于美国下降了，使得日元的"真实"汇率贬值到了1971年强制美元贬值的"尼克松冲击"之前的水平。

---

① McKinnon and Ohno 1997，chaps. 6 and 7.
② Qiao 2007.

当急剧的货币升值不能减少贸易顺差的时候，它会导致经济灾难。但是，经济界的主流思想还是认为外汇汇率可以用来调整贸易不平衡：那就是美元，特别是对于亚洲的货币来说应该贬值，而这一信念更可能削弱美元本位。

菲利普斯曲线的谬误——上升到一个更高的通货膨胀率可以永久地减少失业率——提供了一个与这个谬误类似的结论，那就是"真实"的汇率可以被操纵而用来管理贸易平衡。它们都是因为没有考虑到长期的宏观经济反应而变为微观经济意义上目光短浅的表现。

关于纯粹国民经济体下的菲利普斯曲线，似乎很显然地能看出来：即使可能会有些通货膨胀，总需求的上升还是会导致就业率的上升。在布雷顿森林体系时期，美国拒绝在 20 世纪 60 年代后存在温和通货膨胀的期间进行反通胀措施，因为这有可能让美国的工业界在固定汇率下变得没有更多的竞争力。因为担心增加国内的失业率，尼克松总统没有降低通货膨胀，而选择坚持一个更宽松的货币政策，还在 1971 年 8 月份通过强求其他工业国家提高它们的货币兑美元的汇率来达到了恢复美国竞争力的目标。从 1970—1980 年之间大幅度和多样化的通货膨胀（特别是在美国）我们可以看出，经济滞后、高失业率和非系统性的变化增加了美国贸易地位的不稳定性。

感谢米尔顿·弗里德曼，这个世界才再也不会受菲利普斯曲线错误的胁迫而走入另一个回合的全球化通货膨胀。[①] 但是美元贬值将会减少美国贸易盈余这个错误的汇率观念仍然存在，并且破坏了美元本位的重要角色，而与之接踵而来的就是美国的高通货膨胀率。

3.5　减少美国经常账户赤字中转移支付的问题

除了汇率问题，纠正今天全球贸易失衡的是一种转移支付形式，花费必须是从贸易赤字的国家（主要是美国）转移到世界上贸易盈余的国家

---

① Friedman 1968.

（ROW）。减少美国经常账户的赤字要求美国的净储蓄量增加并且减少国外储蓄——特别是在亚洲的储蓄。

考虑结算恒等式：

$$Y-A=CA^*=A^*-Y^*$$

A 代表美国国内吸收（总花费），Y 是产出（GDP），CA 是经常账户的盈余（在这个例子中美国是负值），担任主角的变量是世界上对应的其他国家（ROW）。

假设国内和国外充分就业，很明显 CA 只有在 $\Delta A<0$，$\Delta A^*>0$ 和 $\Delta A = -\Delta A^*$ 的情况下才有改善。为了纠正像美国这样的大国贸易失衡的现象，吸收必须调整到和世界上其他国家对称的水平。

但是与这个主题的大多数文献相反，汇率不必，也许最好不要作为改善美国贸易差额的转移支付过程中的一部分被改变。[1] 为了证明这个道理，我找出了原来文献中论及的转移支付问题，它与战争补偿有关——特别是 Ronald Jones 的关于"预测和转移支付问题"。[2] 总花费的调整是两面的，因为输者（转移支付者）必须提高税收，以此作为一种补偿支付给赢者（被转移支付者），赢者消费掉。但是没有预测说交易的方式必须与转移支付者背道而驰。也就是，输的国家被迫接受贸易盈余（或者说相对较低的赤字），并不需要在真实的汇率交换中通过贬值来影响它的转移支付。

在这里"真实"的汇率是个很重要的定义。不像 Jones 所说的那样，在一个更高"标准"的模型里，每个国家只生产一种商品，然而，就算是一个国家只生产一种商品，差异性仍然存在于它与它的贸易伙伴之间。在每个国家，它们自己生产的一种商品一部分被国人消费，剩余的出口给别的国家。令人惊奇的是，大规模的宏观经济模型——比如被美联储所用的西格玛模型——仍然用这个特别的模型来使分析简单化，所有经济多元化产出都和一个单一的总和联系在一起。事实上，每个国家把非交易商品和服务的生产（和消费总额）与它出口的商品绑在一起了。在这样的加总

---

[1] McKinnon 2007b.
[2] Jones 1975.

和交易方式下，商品在本国的价格与商品在国外的价格之比，也就是我们所说的 P1/P2，只是一种相对价格，依照转移支付开销而变化。它经常被定义为"真实"汇率。

在这个只有一种商品的过分简单的经济世界中，当美国减少而别的国家增加吸收的时候，贸易方式在我们假想的方案中怎么改变呢？世界其余国家需求的增长将会很自然地对应它们自己的（出口）商品而不是进口商品，而这些在国民生产总值中只是相对比较少的份额。相似地，美国吸收减少后将会更关注本国的（出口）商品而不是进口商品，这也是美国国民生产总值的一小部分。因此，相对于更多的美国商品进军国际市场而不是世界上其余的国家，它更有意向于以未改变的价格吸收，P1/P2 降低了。这也就是说，作为转移支付内因性的结果，贸易方式必须与美国背道而驰。另外，它不得不相对于 Y 减少 A 的一级负债，鉴于每个国家模型设定的"单一商品"，不利的交换使美国不得不面临二级负债。Paul Krugman 是众多有影响力的作家之一，他（滥）用了单一商品的假设得出美国真实汇率在有必要减少吸收的环境下必须要贬值的结论。①

但是有以每个国家更加多样化生产为依据的更好的理论方法。在许多研究转移支付的作者中，Ronald Jones 特别提出了每个国家都在生产大量非贸易商品与服务和进出口的转换替代品。②因此，当美国的开销减少时，亚洲和其他地方的开销在增加，贸易性商品与非贸易性商品的相对价格在美国肯定会增加，但在其他国家则会降低。那么别人会猜是多少呢？然而，必要支出的调整已经散布几个月甚至几年了，现代化技术继续减少贸易性产品和非贸易性产品的差距，这使相对价格的改变变得令人惊奇地温和起来。

但是在 Jones 的模型中，没有预测诸如贸易的方式需要怎样改变的问题——除了它可能有一个小的二阶效应。也就是说，美国开销上的减少把美国可出口的商品释放到了世界市场，而在同一步调上，它们需求的增加来自其他国家已经增加的吸收。因此，在短期内，每个国家的出口部门以黏性名义

---

① Krugman 1991，2007.
② Jones 1975.

价格这种在交易中最安全的策略来保持名义汇率的稳定，以至于在真实汇率中没有"错误"的改变，正如贸易方式的定义。

由于美元的名义汇率没有改变，因此对于全世界可交易的产品以美元价格来计算的话，在大体上来说是没有改变的，即使美国的贸易平衡必须从转移支付的花费中得到改善，对于价格水平来说扮演重要角色的美元在周围新兴市场（当每单元货币接近时）也将井然有序。

3.6 布雷顿森林体系 I 和 II：重商主义解体

与美元货币锚角色不同，DFG（Michael Dooley，David Folkerts-Landau，and Peter Garber）站在重商主义的角度解释了为什么从 20 世纪 90 年代初开始，许多新兴市场"温柔地"钉住美元。[1] DFG 认为新兴市场，通常是亚洲国家，一般故意保持本币的低估以便造成出口顺差，尤其是对美国。它们意识到这些新兴市场（包括日本）的贸易顺差之所以能够维持下去是由于这些国家之间存在一致的共同利益。美国需要外部金融的支持来抵消它的低储蓄，新兴市场（很显然包括日本）期望通过出口来拉动真正的经济增长。

DFG 因提出了试图解释长期全球经济失衡的模型而受到推崇。这一模型试图去理解全球失衡的问题，也可以说是分析美国经常账户赤字何以维持了意想不到的长时间，DFG 犀利地讽刺了美元贬值的支持者是在给贸易保护论者扔牛肉。他们毫不留情地指向那些错误地使用国际资本流动跨期模型来一再预言美元贬值即将到来的人们。然而，我与之不同的货币论旨在解释亚洲政府以及在其他新兴市场的政府保持美元汇率稳定的意愿，这不同于DFG 在某几个方面的重商主义论。

纵观全局，我集中研究最本质的区别：DFG 频繁地误用"低估"这个词来反映美元外围国的汇率政策。实际上，DFG 仍把汇率当作一种净贸易差额的控制变量并试图让其与弹性模型相一致。相比之下，我认为汇率本身

---

[1] Dooley，Folkerts-Landau，and Garber 2003.

对于净贸易盈余几乎不存在预测的力量，它受控于美国与其外围国相比的储蓄投资失衡，但美元汇率对由外围国决定的物价水平具有重大影响。

在他们起初的文献里面，描绘了1950—1971年的布雷顿森林体系 I（主要高速发展的外围国为西欧国家和日本）与布雷顿森林体系 II（高速发展的外围国转移到了亚洲，同时在别处也分散着新兴市场）之间存在一种非常有趣的联系。① 20 世纪 50 年代和 60 年代，DFG 通过观察得出，在布雷顿森林体系平等协议的掩护之下，西欧国家和日本保持本币对美元贬值以便更快速地增加对美国市场的出口。美国人之所以容许这样的贸易行为是由于在冷战期间他们急于恢复在西欧和日本的市场。

在布雷顿森林体系 II 之下，从 20 世纪 90 年代至今，一小部分新兴市场——尤其在东亚——坚持市场干预并保持本币对美元低估，按照 DFG 的说法，这样做是为了造成贸易顺差以便更好地拉动本国的经济增长。货币当局愿意积累大量的美元储备并用于投资低收益的美国国库债券，这可以被认定为快速增加出口的机会成本。另一方面，美国之所以容许亚洲集团的这些贸易行为是由于它需要便宜的融资来弥补它非常低的储蓄率。因为两方皆受益，DFG 认识到布雷顿森林体系 II 使得亚洲市场高贸易顺差和美国严重的贸易逆差是可以持续下去的，所以他们呼吁用他们的模型来解释持续的全球贸易失衡。

在布雷顿森林体系 II 之下，更成熟的工业化国家，尤其是欧洲的欧元联盟以及像加拿大和澳大利亚这样单纯地采用浮动汇率制的国家，并非有意识地实行本币对美元的低估。我在表 3.1 中总结了世界范围内的汇率协定，在"东欧以外的新兴市场"这一标题之下有两条对钉住美元的解释可供选择。第一条，规则 IIIA 为货币锚提供动机（麦金农规则）；第二条，规则 IIIB，为重商主义低估提供动机（DFG 规则）。由于日本长期的通货紧缩，以及突发规模巨大的对美元的外汇干预，它被单独分类并设定了四条只针对它的规则。美国作为一贯被动的中心国，也有四条操作规则。

---

① Ibid.

表 3.1　　　　　　　　　游戏规则：布雷顿森林 II，1992—2008

东欧之外的新兴市场

I. 固定汇率，或相较美元有平稳的汇率波动，宣称或没有宣称美元平价

II. 官方汇率储备主要持有美元

IIIA. 把国内物价水平作为一个锚，通过货币政策的调整来维持兑美元的汇率——麦金农货币分析法之一

IIIB. 选择性干预：为了更多有效的工业化进程，促进进口盈余，让美元汇率保持低估——DFG 重商主义分析法之一

IV. 经常账户下货币的可自由兑换，但在必要时对资本严加管控

欧元区以及除日本之外的工业化国家

V. 自由浮动的汇率，但把美元作为一个小型预防性储备

VI. 追求独立的货币政策以直接瞄准国内的通胀——泰勒法则之一

VII. 在经常账户与资本账户上没有汇率的控制

日本

VIII. 对日元与美元之间偶然性的汇率上升与紧缩进行干预与阻止

IX. 为刺激国内需求，在流动性陷阱中货币政策没有独立性，仅仅依赖出口扩张

X. 持有大量的美元交易储备

XI. 在经常账户与资本账户上没有汇率的控制

美国

XII. 对外汇市场保持消极态度，接受大量的经常账户赤字以弥补国内储蓄的短缺

XIII. 维系美国资本市场，对外国人开放，甚至包含监护人账户

XIV. 追求独立的货币政策以直接瞄准国内的通胀——泰勒法则之一，同时与日本一样，提供一个新兴市场的名义锚

XV. 如果确信需要反国内商业周期，则暂时中止泰勒法则的运用

　　在运用货币论分析的过程中，当国内资本市场不发达或因为一些原因而陷入混乱的情况下，如果某一外围国的中央银行持有价值更加稳定的中央货币，则更容易钉住锚货币，以便寻求国内物价水平的稳定，历史上有许多例子可供参考。

　　在第二次世界大战之后，西欧和日本的资本市场陷入极度的混乱之中。

同时存在开放型抑制性通货膨胀、多重汇率、政府控制利率和银行贷款的情况。1948 年，伴随着马歇尔计划的出现，个别欧洲国家受到了加强本国金融的鼓励，通过消除复汇率以及在经常账户交易中制约收支平衡的因素，以此控制通货膨胀，然后实现统一汇率并钉住美元。此进程在 1950 年欧洲支付同盟成立时达到顶峰，并开始按固定汇率（严格根据布雷顿森林协议的规定，不允许哪怕 1% 幅度的偏差）来清算国际间的多边贸易收支。由于某些限制因素，这些美元中心政策在西欧持续了 20 年（虽然在 1958 年之后，1% 幅度的偏差已经相当普遍）。

日本的情况也是相似的，在 1945—1948 年期间，日本同时存在开放型抑制性通货膨胀、复汇率、各种利率以及分配外汇的收支管制。直到 1949 年，底特律银行家 Joseph Dodge 被送往日本，他带来了美国的信用额度制度及说明。他鼓励日本加强财政，控制通货膨胀，统一汇率，并开始逐步淘汰对经常账户交易的外汇管制。由于 1949 年以前的金融乱象，当时的日本人不知道（美国人也不知道）把统一汇率定在什么水平才能在结束通货膨胀的同时保证出口贸易的活跃。所以仅仅靠猜测，他们把汇率定为 360 日元兑 1 美元，并且调整日本的货币政策以便让这样的汇率能使得经济持续发展。

但他们的猜测并不完全正确。通货膨胀仍持续了一至两年才逐步结束，这使得日元在某种程度上被高估了。在 20 世纪 50 年代初，日本公司在出口上遇到了困难。然而，不同于放弃他们来之不易的 360 日元兑 1 美元的名义锚，他们选择了进一步的反通胀而不是直接用贬值来帮助贸易品生产商。这个方法起到了一定作用。到 20 世纪 50 年代中期，日本建立了与国内批发价格指数相适应的出口导向型发展战略。到 1971 年的 "尼克松冲击" 之前，价格指数几乎达到了和美国同等的水平。[①]

问题的关键在于，20 世纪 50—60 年代的日本和西欧，美元汇率被调整到与公民价格水平和稳定的国内金融市场相适应，正像货币论所得出的结论一样。不同于 DFG 所表达的观点，这些汇率并没有巧妙地低估以便在拉动

---

① McKinnon and Ohno 1997；McKinnon 2007a.

出口顺差的同时实现优于美国的贸易条件。事实上，在布雷顿森林体系Ⅰ期间，美国总体上保持了经常账户盈余。

自20世纪90年代早期开始，在钉住美元制渐渐放宽的情况下——这被称为布雷顿森林体系Ⅱ，对于货币锚的探索也体现了亚洲国家和别处的新兴市场的态度，比DFG所谓的有意低估本币从而拉动出口顺差的贸易计划要好得多。

这些国家中的大多数都做过了许多历史分析。然而，让我们来看看中国的情况。在1990年以前，中国的货币是不可兑换的，外汇管制和强制性的进出口国营企业（一些特殊的经济特区存在例外）使国内相对价格结构不受国外的影响，这就是所谓的封闭系统。在中国早期国内市场开放的时候，使用名义汇率来充当名义锚是不可能的。事实上，官方汇率（1978年开始被定为1元兑1美元）的确定是非常武断的，同时对当时的经济决策产生了一定影响，20世纪90年代中国确实经历了国内通货膨胀率和实际增长率的急速上升。[①]

1993—1995年，中国遭遇了一次严重的通货膨胀，通货膨胀率每年最高可超过20%，在1994年针对经常账户可兑换以符合国际货币基金组织规定的改革中，中国决定使用官方汇率来整合多种互换汇率，这包括统一汇率相对国内通货膨胀的贬值。当然，没有人能确切地知道统一汇率该被定在什么水平才能达到平衡。从1995年，汇率被定在8.28元兑1美元并实行了10年。经济已经适应了这个新的货币锚，通货膨胀率也回归到了美国的水平。

实际上，1997—1998年，由于亚洲金融危机的爆发，中国遭受到了净通货紧缩的压力。当时周边的小国（和出口竞争对手）——韩国、印度尼西亚、马来西亚、菲律宾、泰国都被迫贬值。幸运的是，中国并没有接受这些国家的意见和它们一起贬值（那将会使得区域灾难更加严重），而是坚持8.28元兑1美元的汇率，同时实施一系列财政扩张来抵御通货紧缩的压力。

所以中国在布雷顿森林体系Ⅱ期间的经历与日本和西欧在布雷顿森林体

---

① McKinnon 2007c.

系 Ⅰ 中的经历是相似的。在牢固地钉住美元之前，所有这些国家都经历过通货膨胀、财政混乱和货币的不可兑换。摆脱困境的最有效的方法就是钉住更稳定的中央货币。同时发展更强的货币兑换使美元更好地发挥锚货币的作用。然而很明显的是，在金融危机背景下，各国选择的名义汇率及未来的货币政策都是为了实现国内金融的稳定。美元汇率的确定不是蓄意的，也不是偶然的，低估是为了实现对美国市场出口的有利贸易条件。

运用货币论和布雷顿森林体系 Ⅱ 模型分析，外围国继续钉住美元（虽然是松弛的）可能比 DFG 的重商主义理论更为牢固。此货币模型可以把贸易流量的调整与美国净储蓄量的上升联系起来，同时伴随着亚洲地区储蓄量的等量下降——也使得名义汇率保持不变，这正如我们先前讨论的关于转移支付的问题。

3.7　美国的房产危机、贸易差额和美国财政部

在美国，不可避免的整体性开支减少主要表现在住房部门。这个巨大的美国家庭净支出赤字，包括住宅建设已占 GDP 的 4% 等事实在 2006 年之前是史无前例的。然而，随着次级危机在家庭抵押贷款中的发生，新的抵押贷款管制措施将国内物价下跌的因素考虑在内，这使美国家庭的开销赤字可以迅速扭转，成为一个正常的盈余。

当美国家庭缩减消费时，我们是否应该担心全球的需求会不足？在长久的运行来看，为了减少美国经常账户赤字，美国家庭未偿还的财务失衡是恰当和必要的。但是，在短期内，美国的家庭消费不再是"最后的应急手段"。在全球水平下，这将如何实现而不至于陷入总需求不足的深坑中呢？

不应埋怨错置的美元汇率，美国财政部长应该以东亚国家与德国的财政官员作为参照，扩大总需求。举例来说，在中国，家庭消费已经落后于GDP 的快速增长，并且，中国近来的成功是没有完全预想到的，在收集税款方面有未被确认的财政盈余。类似地，日本实际经营的公共部门盈余已经超过过去的四年。所以这些政府，包括德国的政府，都能够满足未来两年的

财政扩张，或把财政扩张作为世界性反周期政策的一部分。撇开国际的利他主义来说，任何一个国家都有扩大财政规模的激励，因为当美国的消费力量减弱时，它们的出口也将下降。

如果外国政府共同采取扩张政策，那么美国能更好地避免过度宽松的货币政策——就像 2001 年随之而来的科技泡沫崩溃。如果经常账户的赤字缩减，那么将来美国财政扩张（政府动用储蓄）是不可取的（这并没有排除平衡预算的扩张，例如用联邦汽油税的增加来支撑许多必要的路与桥的重建）。

但是美国财政部长享利·保尔森精心安排的刺激亚洲和欧洲财政扩张是如何做到的呢？在 1995 年 4 月，他的前辈罗伯特·鲁宾宣布了一个强硬的美元政策，并且结束了 25 年来日本使日元升值而美元贬值的不愉快历史，而这段历史严重危害了日本的经济。2008—2009 年的环境与其并不是非常相似，议会的法案威胁中国，如果人民币没有迅速升值，那么将对中国的商品征收高关税，但是今天中国对人民币升值的回应已有四年多了。令人略感惊讶的是，当民主党委员会主席 Carl Levin、Charles Rangel、Barney Frank 和 John Dingel 接连写信给保尔森评论脆弱的日元和日本不当的低利率，在 2007 年早期，日本经济也得到了恢复。①

在这个关键的节点上，随着美国消费的降低，继之而起的步骤也是明确的，部长保尔森或者他的继承人应该召集亚洲和欧洲财政部长的峰会来找到一个事关美国之外的财政扩张的联合方案。话说回来，他将恢复 Rubin 强硬的美元政策，结束对中国和日本货币的打击只是为了让它们的货币升值。更为理想的是，他将承诺催促议会改正臭名昭著的、专横的美国反倾销与其他贸易保护的法案。美联储也将放弃进一步的宽松的政策，否则将弱化美元。

从财政部长执政开始，Paulson 宣布他试图让中美"建设性地"共事。他判断出在新的千年里，两个经济巨头之间平稳的政治经济关系是共同繁荣的关键。他是对的。

---

① McKinnon 2007c.

设想归设想，它不是建设性的约定，汇率的学说论战已经消失了。在美国贸易保护者和许多经济学家的请求下，美国政府被认为会执行美元对其贸易伙伴持续性贬值的政策，直到美国的贸易逆差得到大幅减少。但是由于没有汇率相对价格效应与贸易赤字的假设性联系，美国贸易逆差不必，也将不会下跌。不理想的是，美国政府将继续推行更长久的货币贬值政策，就像1970—1995 年中期的日元持续被迫升值一样。

一旦外国人看到这种情况在全世界范围内发生，他们将停止购买美元资产，使美元的价值自由下落，失去他们的货币锚，但主要的损失将发生在美国。外国停止购买美元资产和美国的资本外流将会震撼到伴随着尖锐的信贷紧缩和高利率的储蓄不足的美国经济。国内的大众消费、尤其是投资将明显下降，以此来压缩进口和扭转贸易逆差。但是贸易赤字的减少主要来自于国内需求的下降而不是美元贬值所产生的相对价格效应。这不同于模型所具有的弹性。

附录：2008—2009 年美国的金融危机和信贷恐慌

这章的主体写于 2007 年夏末，在 2008—2009 年那些动荡的事情发生之前。从 2007 年开始，恐慌席卷了整个美国的金融市场：银行间的信贷市场由于交易对手的风险而失灵，联邦当局已经干预过几次，试图帮助正在衰弱的银行（尤其是投资银行）和保险公司以及美国股票市场渡过难关。尽管这次金融恐慌起源于美国房价市场泡沫的崩溃，但它已成为了一种全球恐慌，正如欧洲银行被波及一样，大多数新兴市场的股票价格大幅度下降，甚至超过这些工业国家。世界范围内，无数的商品泡沫随着油价的剧跌而破灭。

也许这样的动荡在以美元为本位、应当具传染性的世界中心国家不足为奇。但真正令人惊奇的，美元资产，特别是美国国债，仍然停留在被世界其他国家强烈需求的状态下。这种质的飞跃，不论是在美国的私人银行市场间还是持有外汇储备的外国中央银行间，都是十分特别的。美国国债的收益率

对于短期的（隔夜的）到期日已经下降到接近于零的地步，6个月到期日只有1%，为期两年的债券只有1.6%。从2008年7月到11月这几个月中，在危机蔓延、看似变糟糕的情况下，在对大多数的其他货币的外汇上，美元（在经过了长时间的衰弱后）却突然加强，美元兑欧元汇率大约提升了25%（日元成了唯一对美元显著升值的主要货币）。

自相矛盾的是，尽管美国金融混乱，但在希望能挽救更多失败金融机构的前景下，美国国债掀起了巨大浪潮，全球的美元兑换和美国国债的需求明显增加了。如果说国际美元本位是在垂死挣扎的话，那么对于美国国债的强劲需求就很难解释了。要么美国国债仍被视作在具有极大不确定性时段下的安全港湾，要么外国央行在全球经济低迷时期出于对出口缺乏竞争力的担心而不愿让其货币对美元升值，或者两者兼而有之。

但令人惊讶的是，在美元本位承受压力之下，美国采取反周期性的政策来抵抗全球经济衰退的能力被严重削弱。如果可以的话，中国或者其他国家，能否给予美国帮助呢？

尽管中国和美国都不太可能减轻当前经济危机的影响，但它们有很好的理由来配合。两者都在抑制全球通货膨胀上有巨大的收益，且能缓解信贷危机对经济衰退的威胁，并且在一定程度上保存了美元的外汇交易价值。它们之间的交易是巨大的，但非常不平衡。中国是美国在世界上最大的债权国，它紧紧地保持着对美元的巨大需求。中国（以及东亚一些国家）制造了巨大的美国贸易赤字，收缩了美国的生产基地，这也导致美国政治的贸易保护主义情绪的高涨。一个经济合作计划可以解决近期全球宏观经济危机，另一方面也能缓解中美贸易不平衡，这样的计划是可行的，也是事半功倍的。

2007—2008年度美国房市泡沫的破灭是全球信贷危机蔓延的最直接原因。全球经济的总需求由于美国家庭支出的紧缩而下降，这对于减少美国的贸易逆差是必要的。因为美联储对大幅降息反应强烈，来自美元的热钱流动导致了美国信用市场的失灵。当对应的风险加剧，巨大的美国银行市场由于缺乏美国国债的首要担保形式进一步地被削弱。作为外国中央银行，如中国人民银行（PBC），购买美元来防止货币被干预，改善投资收益使之上升，它们对美国国债投资比例的不相称加剧了美国私人金融市场的短缺。

为了应对全球危机，美国与中国政府应该进行怎样的合作呢？

首先，美国应该停止对中国的谴责，相反，应鼓励中国人民银行为稳定人民币与美元汇率在"今日"的水平而降低通货膨胀，防止中国经济的过热，保护其美元外汇储备具有的巨大人民币价值。这有一个先例：在 1995 年 4 月，财政部长罗伯特·鲁宾结束了长达 25 年的日元升值，宣布了一项新的强势的美元政策，阻止了日元的持续升值。自 2008 年 7 月以来，美元对主要货币一直在升值时，中国人民银行（临时）停止人民币对美元的升值。实际上，这一比例已经接近于 1 美元兑 6.85 元人民币。所以现在是一个很好的机会，让中美的相互利益返回到一个固定的人民币与美元汇率上。

其次，在中国人民银行控制货币和中国价格水平稳定后，中国政府必须同意采取强硬的措施来摆脱经济净储蓄过剩，净储蓄过剩反映在巨额经常账户和贸易盈余上。这将需要一些组合的减税政策，增加政府支出，提高股息，从企业中增加家庭可支配收入，并减少对商业银行的存款准备金。随着中国在制造商中的贸易顺差减少，美国制造业的压力会减轻，而且美国的贸易逆差也会相应减少。

再次，这有一个重要的历史先例。在 1997—1998 年这个巨大危机中，大多数东亚国家的货币贬值和印度尼西亚、韩国、马来西亚、菲律宾、泰国的货币受冲击，经济严重萧条。幸运的是，中国保持其美元汇率稳定，但事实上它面临了一个潜在的通货紧缩。在 1998 年 3 月，朱镕基总理宣布了他著名的数十亿美元的财政扩张，它们分散在接下来的四年左右。中国通过维持国内需求避免了经济衰退，而东亚邻国恢复得更快，因为它们的产品可以更容易地出口到中国。

现在中国在世界的舞台上扮演着更重要的角色。随着美国和其他地方消费的衰退，中国应该重新进行大幅财政扩张。因为要降低贸易顺差，财政扩张正逢其时。现在中国的公共财政收支激增，旧的税收和银行坏账问题已经基本上被修正，这让国企和私人部门都更有利可图。

相反，美国的公共财政陷入一片混乱，财政赤字一直和我们在一起。此

外，政府已运用巨大的组织能力把多年来负债无数的金融机构预算调整好。因此，任何新的美国财政上的"刺激"，或大的没有增税的新开支计划，似乎都是不可能的。即使实施的话，它们也会增加贸易逆差。

总之，一个在中国（并可能在其他贸易顺差的国家，如德国）"协议"的财政扩张并伴随着对中国抨击的正式终结似乎是最有希望减缓全球经济下滑的方式。

第4章

持久的顶级货币，脆弱的协议货币：
政治和美元的国际地位

Eric Helleiner

　　30 多年以前，以市场为导向的经济学家们讨论了英镑将成为一种国际货币，这样的讨论一度成为这些经济学家首要分析的对象，受这个论题的启发，Susan Strange 写了她的经典著作《英镑与英国政策》。然而，英镑要成为一种国际货币，需要的是什么呢？她认为更多的是需要一个关于国际货币的政治理论，这一理论能认识到国家与政治活动的核心作用决定着一种国际货币的未来。[①] 在这一章里，我建议，我们应该再次回溯她过去建立起的理论架构，尤其是她提出的关于顶级货币与协议货币的区别，因为它能给我们

---

　　① Strange 1971b, 3.

提供一些有用的洞察与领悟，也以此来看出时至今日政治分析是如何促进我们对于美元作为一种国际货币的未来的理解。

在章节的引文中我试图概述货币的几种类型，顶级货币的国际地位来源于各种经济因素，这些经济因素与信心、流动性、交易性网络有关，这些要素都能在以市场为基础的分析中得到确认。然而，在这里我认为，这些经济因素将相应地依赖一些重要的政治基础，这些政治基础将决定美元在一段时间内相较于任何潜在竞争货币都能保持它更为强势的地位。同时，我还认为，美元在一些情况下日益呈现一种协议货币的状况。在这些情况下，美元的地位更加依赖于外国政府的直接政治支持。这样的支持是工具式方法与地缘政治的方法。我认为，在不久的将来，美元国际地位的诸多威胁更可能来自于一些不确定的政治关系，在某种情况下，这些政治关系与美元日益趋向协议货币状态有关。

4.1 不同类型的国际货币

基于市场为基础的方式来研究美元的未来已经产生了不同的预测，但是这些预测能够被并行统一起来的假设是市场主体将成为决定一种货币国际地位的关键因素。在很多情况下，这一假设将能很好地被证明。但是，Strange 强调了在国际货币秩序下，国家与市场这两者的平衡在其他情况下是如何更有可能偏向于前者的。例如，一种货币的国际地位可能是源于一个事实，即占统治地位的国家或帝国强迫它的附属国家或殖民地使用它们的货币。Strange 建议，相对于靠自身内在经济吸引力来获得国际地位的顶级货币而言，这种货币被称为"主要"货币。

她还介绍了第三种类型来描述这些情况，即一个国家支持一种外币的国际地位是出于自愿而不是被迫的。其中有些原因可能与以市场为基础分析所识别的因素有关。也就是说，政府当局可能自愿选择使用一种外币作为干预货币或作为储备资产，或作为一种锚来固定本国货币，因为诸多的问题与信心、流动性和交易网络相关。即便有这些事例，在 Strange 的类型中这种外币仍然被归类为顶级货币。但是对一种国际货币的支持可能也受发行国提供的一系列诱因的鼓励，如一揽子协助、市场准入的承诺或军事保护。Strange 认为这种货币应标识为"协议"货币。

这种标识并非表明外国政府对货币的支持总是由明确的外交谈判所形成的。她指出，这可能仅仅出自于有关协议方一种含蓄的理解。[①] 在许多情形下，甚至在我援引这一术语的时候都提到一种货币的国际地位受外国政府支持不是源于货币本身固有的经济吸引力。

Strange 并没打算把她对国际货币的分类说成一种固化刚性的分类。事实上，在她看来，任何一种国际货币都应该能在不同的情况下同时承担不同的角色。即使是作为一种国际货币的英镑，在它的鼎盛时期，也不仅仅是一种顶级货币。它的身份在世界许多地区被认定，在这些地区中市场参与者和外国政府都认同英镑国际地位的经济吸引力。但是，Strange 特别指出，在英国殖民时期，英镑已经是一种主要的货币了，它的地位反映了这样一个事实：在 19 世纪末到 20 世纪初期，英国当局总是系统地采取相当多的胁迫，使英镑或与英镑紧密相连的新殖民货币代替它们殖民地本身固有的货币。并且在两次世界大战期间和战后的初期——1945 年，在英镑区的独立成员国家里面，英镑同样还扮演了一个协议货币的角色。英镑区的许多国外政府意识到对英镑国际地位的长久支持与它们从英国关系中所能得到的特殊利益有联系。

对一些占主要地位或协议地位的国际货币进行的经济分析是不完整的，因为它们是建立在下面其中一个或两个假设之下的。第一个假设是市场主体，由于受利润最大化目标的驱动，其在赋予国际货币地位的角色中扮演了主要作用。第二个假设是当公众权威很重要的时候，它们的政策主要是受影响市场主体的多种经济因素驱使，即和信心、流动性、交易网络相关联。虽然这些假设在一个拥有顶级货币的背景下是正确的，但是对于那些只有其中部分是占主要地位和协议地位的货币而言，这样的一个货币分析是毫无作用的。在这些情况下，政府当局在决定货币的国际地位时，至少要发挥一些直

---

① Strange 1971b, 5.

接作用。它们至少部分是受各种超越信心、流动性和交易网络的目的激发的。因此，对于任何想努力了解主要货币和协议货币未来的人来说，多一点政治上的分析是很有必要的。

这同样表明，政治分析和顶级货币有着紧密的联系。毕竟，每一个顶级货币的经济决定因素反过来都将受政治因素的影响。然而，在这里，政治扮演了一个间接决定国际货币地位的角色。也就是说，它的影响是通过以市场为基础的方法确定经济变量来体现的。就主要货币和协议货币来说，政治决定国际货币的地位是通过一个更加直接的渠道来实现。在分析主要货币时，一个政治分析的焦点应主要集中在货币的发行国，因为它的控制力量遍布整个从属区域。然而，对于协议货币，分析家们必须分别研究货币发行国和它的从属国二者的政治动机以及双方之间的相互作用。

4.2 美元顶级货币地位的政治基础

一个对美元未来的政治分析必须从它的顶级货币地位开始研究。毫无疑问，根据 Strange 的标准，当今的美元是一种顶级货币。因为与信心流动性、交易网络相联系，美元仍然是一种对市场主体和世界各国政府有着经济吸引力的国际货币。但是这将会持续下去吗？研究过这个问题的经济学家们发现对这个问题很难达成共识。一个关于政治对美元国际地位因素影响的探讨也使对此持有争议的一些人更加确信美元顶级货币的地位将会持续一段时间。

早在 20 世纪 60 年代，一个关于美元顶级货币地位会被侵蚀的预测就被提出，美元出现贬值的时期，即 20 世纪 70 年代初期和末期，20 世纪 80 年代末期和 90 年代初期以及最近的几年里，这些猜测又被重新放在最显眼的位置。这些预测往往是隐含着诸多的假设，即在美元国际地位与稳定美元价值的自信这二者之间有一个紧密联系。诚然，过去这种自信在推动国际货币由威尼斯杜卡特变成英镑的过程中发挥了很重要的作用。而在第二次世界大战后，它对美元的国际地位也是同样重要的。但是，自 20 世纪 70 年代以来，在维持美元国际地位中已经是最重要经济因素的信心却是不明朗的。毕竟，美元的价值在这个时期有过很大的波动，即便它仍然保持国际顶级货币的地位。

那么决定美元顶级货币地位的最重要的经济因素是什么呢？考虑到美国在全球经济范围内的巨大规模和连接网络外部的惯性，交易网络一直很重要。但是在我看来，维持美元顶级货币地位的核心因素是美国金融市场独特的流动性，尤其是在 20 世纪 60 年代后金融在全球已经日益开放的情况下。尽管布雷顿森林汇率制度的垮台给美元的价值带来了不稳定性，但美国金融市场独特的开放性、深度和广度吸引了全球的自由资本，在一定程度上维持甚至是提升了美元的国际地位。[①]

自 20 世纪 70 年代以来，日本和德国所发行货币的价值在很大程度上都更可能激发出它们的自信，然而，在金融市场上它们当中却没有一个拥有像美国那样的吸引力，甚至还远远不如。因为它们自身特殊的政治原因，这两个国家在过去都故意避免培育开放式和有深度的国内金融市场，虽然这样的市场很可能会促使它们的货币国际化。但也正是这种限制阻碍了日元和德国马克去挑战美元全球核心的角色。事实上，这并非巧合：在过去的 200 年里，两种主要世界货币——英镑和美元都有着以资本市场为基础的金融体系，这样的体系对外国人的金融运作是非常有吸引力的。诸如日本与德国都被冠以美国的潜在竞争者，它们坚守了以银行为主导、信贷为基础的金融体系，它们曾经用它们的力量去阻止一种国际货币的形成。

在今天，如果有一种分析是正确的话，那就是对美元顶级货币地位下降的详细阐述。许多预测都聚集在对美元价值信心的侵蚀之上，这可能是由巨大的经常账户赤字与财政赤字，以及美国外债所激发的。它们认为，这种侵蚀正发生在美元有了新的挑战者——欧元的时候，因为保守的管理和马斯特里赫特条约的保护，欧元有着更加强大的能力来掌握市场主体的信心。但是，自 20 世纪 70 年代以来，如果美元币值的稳定不是以美元国际地位为核心基础，那么，这些预测可能会毫无意义。但可以肯定的是，美元币值急剧

---

① Helleiner 1994.

下跌将削弱其国际地位（下面我再谈这一点）。在没有重大危机的情况下，对美元顶级货币地位更重要的可能是这样一个问题：欧盟区或别的潜在挑战者——代表一个可靠的，并可以超越美国在金融市场中卓越地位的替代者。

简单的发问可以迅速地提醒我们，一种像中国人民币这样的货币为什么不可能很快地成为顶级货币。这不仅是因为中国金融市场过度的监管和欠发达，还因为，帮助促进一种货币国际地位的各种流动性金融市场很可能以有限政府与前债权人法律框架的政治特点来发展。[①] 21 世纪中期，在挑战美元地位这个方面，日元有着更好的前景。尤其自 20 世纪 90 年代以来，日本政策制定者们通过国内金融改革已经在提升日元国际地位上显露出了更多的兴趣。然而，他们仍有很长的路要走。

在这一段里，对美元顶级货币地位更严峻的挑战再次来自于欧元。欧元的支持者强调应怎样让日益一体化的欧洲金融市场在大小上匹配甚至超过美国。但是，这个挑战不应该被夸大。过去美国国库券市场在维持美元全球顶级地位的过程中发挥了很重要的作用，如果没有一个单独的财政部门，欧洲将缺少一个和美国短期国库券市场相当并且独特而有深度的欧洲中央机构。欧洲金融一体化仍是一个在进行的工作，它需要更多的主动性，比如建立更加统一的金融规则和交易的强化等。对这个工作的政治支持能否一直强有力，是一个决定欧元未来国际地位的重要议题。[②]

同样重要的是，在《马斯特里赫特条约》里，没有明确说明能预防和解决欧元区金融危机的措施。在 2008 年国际金融危机期间，对欧元区政治基础结构限制的意义变得显而易见。随着欧洲金融机构面临倒闭，在全欧洲没有能给予它们支持的财政机构了。国民政府仍保持着增援的位置。当一些国家的政府开始单方面做出回应时，财务分析师们提出了这样的前景：欧洲金融一体化可能会瓦解，并且欧元区自身的统一也可能受到威胁。[③] 面对这样的前景，欧洲政府更倾向于一个合作的解决方案。不过，这场危机留给投

---

① Stasavage 2003；Walter 2006.
② Walter 2006；Henning 2000, 23–24；McNamara 2008；Cohen 2004, 71–73.
③ David Oakley and Gillian Tett, "Credit Markets Point to Strains in Rich Economies," *Financial Times*, October 8, 2008.

资者一个很重要的问题：当财政合作未能跟上财政与货币融合的步伐时，它们应该对欧元和欧洲金融市场保有多少的信任？

此外，在突显美元持久的顶级货币地位时，这次危机也是同样重要的。它证明了：在危机中，区别于欧元，美元是如何保持它"安全避难所"的称号的。尽管美国面临巨大的金融困境，但是就是在危机变得日益严重之际，美元仍然毫不示弱。造成这种现象的一个很重要的原因是：在全球金融危机时，美国短期国库券仍然是投资者投资的首选。美国短期国库券的地位，不仅反映了美国短期国库券市场独一无二的流动性，而且说明了其所谓资产的安全性最终来源于国家政治的稳定和它在全球的威望。毋庸置疑的是，2008年的金融危机对美国金融市场安全性和吸引力的信誉度给予了全盘的打击。但是，这次金融危机也向我们透露了，美国短期国库券是如何保持它在全球金融体系中的支点地位的，在某种程度上，欧洲金融市场却没能做到这点。

因此，在没有严重汇率交易危机的情况下，美元顶级货币地位看起来可能维系一段时间。美元顶级货币地位可能被维系，不仅是因为美国经济整体的规模和全球性，以及来源于网络外部的惯性，更是因为美国金融市场独一无二的流动性。而后者的力量来源于美国拥有比任何潜在挑战货币都坚实的政治基础。

4.3 美元作为一种协议货币

如果美元是唯一一个顶级货币，那么我们研究美元国际地位的政治基础是必要的。即便在某种程度上美元是一种协议货币，政治因素也会变得更加至关重要。美元的未来将会日益依赖于美国的政治选择和其他国家对美元国际地位的直接支持。这些政治分析为我们理解美元的未来作出了重大贡献。

20 世纪 60 年代，美元的国际地位就已经是部分的协议地位了。在这十年里，美国对外赤字的增加削减了美元的自信，而来自国外货币当局对美元的支持却增加了，当然国外货币当局提供这样支持的动机，至少在部分程度上是因为更广泛的政治目的。在某些情况下，外国对美元的支持源于一种含蓄的理解，那就是这样做会保留其进入美国市场的权利。在一些国家（如西德），持有美元储备明显是和两国广泛的双边安全关系有联系的。①

在1971年美国暂停了美元兑换黄金之后，许多人对美元的未来将作为一种国际货币提出质疑，并设想美元地位得以维持是因为有更加明确的政治支持。事实上美国官员们确实试图通过一些外交手段来维持美元的国际地位，如1973年石油危机后与沙特阿拉伯的外交活动。② 但是这样的外交需求是在减少的，在这段时间里，金融市场日益变得全球化，正因为美国金融市场独特的流动性，全球化增强了美元的经济吸引力。这样，美元国际地位从一个部分的协议货币地位转变成了一个更显著的顶级货币地位，因为在那个时代，一个更加以市场为基础的国际金融秩序正在出现，而美国在此期间掌握了独一无二的架构力量。③ 在1979年，随着Paul Volcker显著地提升美元的利率，外国政治上的支持对美元国际地位的重要性在进一步减弱，这为市场和官方的许多参与者支持美元国际地位提供了新的经济刺激。

但是，在过去十年里，由于许多的外国货币当局已经积累了数额巨大的美元储备，关于外国政治上支持美元国际地位的作用问题再次被提出。在2008年年中，东亚持有外汇储备的规模已经特别大了，主要是以美元计价的外汇储备，中国持有了大约1.8万亿，日本持有的超过9 700亿。④ 其他重要的美元持有国有俄罗斯、韩国、印度和许多中东石油出口国。20世纪60年代，在美元变得日益依赖外国政治支持的情况下，国外官方持有美元储备的数量已经提醒了许多学者，是否应该再次把美元称作一个部分的协议货币。

有种专业术语只有在这种情况下才有意义，即美元官方持有者们积累这些外汇储备的动机与以市场为基础的考虑无关，例如自信、流动性和交易网络等。布雷顿森林体系 II 和地缘政治学说的支持者们着手讨论的内容说明

---

① Gavin 2004；Calleo 1982；Zimmermann 2002.
② Spiro 1999.
③ Helleiner 1994；Strange 1986.
④ Peter Garnham, "Growth of Global FX Reserves Begins to Show Signs of Wilting," *Financial Times*, September 4, 2008.

了这种情况的真实性。确定无疑的是，在东亚地区，美元关键性的官方支持来自一些国家——最明显的有中国、日本、韩国，在世界上这些国家的经济地位使得它们已经高度地依赖美国，因为美国是它们产品的外部市场。日本和韩国的情况是，经济上的依赖被混合在它们对美国军事保护的依赖中。来自于主要中东石油生产国对美元的支持提醒着人们这些国家之前所扮演的角色，一个时常和美国有广泛地缘政治联系的角色。

如果协议货币的标签在这种情况是有意义的，这是否一定意味着，作为一个整体顺序而言，对美元国际地位的政治分析正当其时？一些人认为把分析范围缩小并集中到官方储备上是否能够告诉我们在国际金融市场所掌控的国际货币秩序下更多关于美元整体性国际地位的内容。[1] 美元储备的显著性出售确实能影响私人市场行为，尤其是因为现存的惯性，美元的国际地位正被提高到一个相当重要的程度。

同样重要的是，在全球金融市场中，外国政府通过建立政府掌控的"主权财富基金"使其逐渐变成全球金融市场主要的角色。这些基金已经成立了，尤其是在那些正积极为膨胀的外汇储备寻求投资的东亚国和许多石油出口国政府中。总之，主权财富基金目前控制了大约 2.5 万亿的资产，这比全球对冲基金行业控制的资产总和还多。[2] 这种情况使得在全球金融中，国家与市场的平衡偏向了前者（和在第 6 章中 de Cecco 认为的一样）。由于主权财富基金在全球金融市场中成了主要参与者，外国政府拥有了另一个它们可以影响美元国际地位的工具。

除了在全球市场中的储备政策和投资选择，外国政府同样可以用值得提及的几种简单方式去影响美元的国际地位。一些人建议欧佩克各成员国可以通过它们对货币的选择来对石油定价，从而影响美元作为国际账户单位的作用（尽管有人指出，这个地区的石油定价决策是日益受市场驱使的[3]）。至于是否选择维持钉住美元的一个正式或非正式制度，对美元国际地位的影响

---

[1] Truman 2005a, 63n17.
[2] Tony Tassell and Joanna Chung, "The ＄2, 500bn Question," *Financial Times*, May 25, 2007.
[3] Momani 2008.

同样是非常重要的。外国政府同样也扮演着一个鼓励或阻碍美元在本国内作为价值储备和媒介交换的角色。如俄罗斯在后苏联时代成为最"美元化"的国家之一，后者的政策选择也是十分重要的。[①]

4.4　对美元的外国支持的持续性

目前在全球金融中，随着国家和市场的平衡偏向了国家的方向，那些对美元国际地位的未来感兴趣的人需要探讨的是来自外国政府直接支持美元的政治持久性。一些人认为这个支持是相当稳固的。对于储备的作用，例如，Dooley 等认为无论是美国还是国外美元储备的官方持有者都没有理由打破现有布雷顿森林体系 II 中所提供相互经济利益的安排。[②] 但也有更加重要的理由怀疑当前支持美元国际地位的政治时限。

4.4.1　布雷顿森林体系 II 日益增长的成本

首先，布雷顿森林体系 II 中的经济利益与相关成本的平衡正在变化。美国作为一个出口市场的吸引力是外国政府支持布雷顿森林体系 II 安排的一个主要好处。引起外国人兴趣的是美国经济强劲的增长率。但在 2007 年后，美国经济衰退使得人们开始怀疑美国是否有能力继续担任"第一度假村的买方"。同时，在东亚，许多支持美元的关键性国家的贸易模式已经重新调整，它们不再依赖美国市场，而转向区域内贸易和欧洲市场。

同时，支持美元的利益在减少，而持有美元储备的成本在上升。对于持有相当多美元储备的国家，如中国和日本，当美元贬值，它们的经济损失是巨大的。据估计，美元每下降 10% 所产生的后果相当于引起中国国内生产总值大约 3% 的损失。[③] 中国在海外资产的损失正日益成为其国内的政治问题，接着关于中国储备为什么这样大部分被转移到海外，而不是被用于国内

---

① Johnson 2008.
② Dooley et al. 2003，2005.
③ Cohen 2008b，462.

投资来提高生活水平的问题被提出来了。①

直到最近，中国政府蒙受的损失在部分上通过储备金在美国投资国库券这一事实所抵消。以低利率支付当地政府账单而赢得一个更高的短期国库券利率来阻碍美元的流入。但美元利率在 2008 年初大幅度下降，伴随着的是人民币利率的上升，这种阻碍美元流入的方法对于中国货币当局不再是有益的，因为这种阻碍措施，它们每月损失近数百亿美元。②

对于许多国家而言，积累美元储备会有一个长期的潜在成本。美国的盟国积累美元储备金去阻止美元贬值这样的事件发生在 20 世纪 60 年末、70 年末或者 80 年末，结果为了防止国内通货膨胀，它们又很快减少了对美元的购买，这证明了阻止大规模货币干预是很难的。那些预言布雷顿森林体系是可持续的人认为两个最大的美元持有国——中国和日本——相较过去美元持有者，它们更少去关注持有这样巨额美元储备潜在的通货膨胀后果。那些预言者认为日本当局已经把货币干预作为一种协助逆转过去十年日本所经历通货紧缩压力的方法。而中国当局能更好地控制通货膨胀的压力，是因为中国金融系统中严格的管理特性。③

但是，随着时间的推移，这些论据看起来越来越不让人信服了。日本不再因为严重的通货紧缩风险而受损害。并且，关于中国政府能够控制国内通货膨胀压力的论据在过去④就曾被许多人质疑，而随着中国物价开始攀升，这个论据显得日益不可靠。在中国历史上，中国这个例子指明了通货膨胀和社会不稳定是紧密联系在一起的。中国领导层通过继续支持增加沿海地区的就业率来维持社会的稳定，是中国支持布雷顿森林体系的一个理由。但是，如果这种支持的代价是由通货膨胀引起的社会动荡，那么领导者们可能会重新考虑它的位置。⑤

支持美元也在以另外一种方式日益与通货膨胀相联系。2007—2008 年

---

① Setser 2008.
② Richard McGregor, "Beijing Begins to Pay Price for Forex 'Sterilisation,'" *Financial Times*, February 1, 2008.
③ Dooley and Garber 2005, 159.
④ Goldstein and Lardy 2005; Eichengreen 2006; Roubini and Setser 2005.
⑤ Chin and Helleiner 2008.

美国的金融危机，促使美国货币政策发生了一个根本性的转变，这可能会削弱麦金农在第 3 章所论述的"货币锚"的基本原理。因为严重的危机，美联储以几十年来前所未有的速度和规模降低了利率，这可能会对美国中央银行反通货膨胀的承诺带来质疑。由于美元贬值，一些货币与美元紧密挂钩的重要国家已经开始质疑美元"货币锚"的地位了。这些质疑在一些国家变得更加剧烈，包括盛产石油的海湾合作委员会国家，这些国家日益依赖来自非美元区的进口产品。自 2002 年以来，美元的贬值使得这些进口产品的成本有了大幅度的增加，所以许多国家通货膨胀的压力都在增加，而因为石油的繁荣已经建立起了它们当地的经济，这引起了摆脱与美元挂钩的广泛呼吁。2007 年 5 月科威特结束了钉住美元的历史，在别的主要国家，如卡塔尔、阿拉伯联合酋长国，甚至沙特阿拉伯，已经激起了就这一问题更为活跃的讨论。[1]

4.4.2　地缘政治的不确定性

谈到外国地缘政治基础对美元的支持，Kirshner 在第 9 章解释，从 20 世纪 60 年代开始有一个关键性的不同，那就是支持美元的国家不再是完全来自于与美国军事紧密联系的盟友国家。安全和货币的联结之间有历史倾向这一事实可能显得意义重大。

有迹象表明，紧张的政治局势在影响一些支持美元的国家。Juliet Johnson 演示了俄罗斯民族该如何复兴，这促使俄罗斯的官员们采取了一系列的措施去减少其对美元的依赖。[2] 这些举措不仅包括了提倡国内官方外汇交易储备多元化并远离美元，还包括了主动建立"去美元化"的国内金融制度，消除美元在国内石油贸易的作用。俄罗斯官员们正在效仿戴高乐，在接连向美元发起挑战的同时，还推动更加远离美国的政治独立。

---

[1] Joanna Chung and Peter Garnham, "Plummeting Dollar a Big Headache for Pegged Currencies," *Financial Times*, March 14, 2008; Simeon Kerr, "Qatar Considers Dropping Dollar Peg in Response to Rising Inflation," *Financial Times*, January 31, 2008; James Drummond, "Call to Revalue Saudi Currency by 30%," *Financial Times*, July 16, 2008; James Drummond, "Abu Dhabi Ponders End of Dollar Peg," *Financial Times*, July 7, 2008.

[2] Johnson 2008.

对美元的依赖越来越不满甚至出现在那些长期忠诚支持美元的国家。Katada 强调了自 20 世纪 90 年末以来日本官员们如何通过直接或间接的方法来提升日元的国际地位，并且她提及了日本和东亚减少对美元依赖的一个关键性动机，即对美元的依赖在部分上是要为 1980 年日本的泡沫经济和 1997—1998 年严重的东亚金融危机负责的。[①] 当然这并不意味日本采取的措施成功了。日本殖民统治的传统和在东亚国家地缘政治的对抗使得日元的直接推行变得困难了，并导致在该地区越来越多的日本官员们支持以亚洲货币为单位来作为减少对美元依赖的方法（他们研究的该想法在 2006 年被东亚各政府正式批准了）。

一些学者还认为，对美国近期中东政策的关注可能会鼓励中东地区的一些重要国家重新考虑它们对美元的支持。美国的外交政策批评家说，它们当然是被鼓励才这样做的。在 2007 年年末，直言不讳的两个批评国——伊朗和委内瑞拉，它们呼吁欧佩克成员国把石油的价格从美元转变为一篮子货币。伊朗总统内贾德称美元为"毫无价值的一张纸"，而委内瑞拉总统查韦斯则预测"美元帝国的坍塌"。但沙特阿拉伯仍效忠美元，抵制了呼吁，所以这个提议失败了。然而，Benjamin Cohen（第 7 章）认为，如果欧盟国选择更积极地去推动欧元在中东地区的作用，中东国家可能更愿意远离美元。

欧洲当局会采取直接的方式去推动欧元的国际地位吗？自欧元建立，欧洲当局就表示它们没有多大兴趣去积极推动欧元的国际地位。即使有了新的国家加入欧洲联盟，欧盟的决策者们也并没有鼓励新的成员国去采用欧元。[②] 同时，欧元的建立当然地，至少是部分地被一种战略目标所驱使，这个战略目标是在国际货币体系内提振欧元在世界中的地位以及挑战美元的权威。[③] 同时也并不排除在那些中东地区更加积极地推动欧元的可能性。

如果因为这些多种多样的原因，外国对美元的支持相较于以前没那么牢固，那么美元协议地位有一个不稳定将来的可能性也会以另种方式增加。在

---

① Katada 2008.
② Pascha 2007.
③ Henning 1998，2006.

布雷顿森林体系 I 中，可通过军事同盟与诸多国际政策网络的结合部分遏制在金融和货币领域中西方官员"搭便车"的行为和"花车"动态的外汇储备。在布雷顿森林体系 II 下，目前这种结合很少。考虑到现在有一个最可能替代美元的欧元，那么产生叛离正在贬值的美元的风险可能因此会更高。① 换言之，在支持美元的国家中，脆弱的政治平衡很容易被打破，在其预期的突然改变中也许会产生非常迅速的变化。

4.4.3　美国将扮演什么角色？

如果美元有一段危险时期，那么美元作为国际货币的命运将受到美国政策选择的影响。类似 Volcker 一样的反应能够帮助恢复美元的自信和美元作为唯一一个顶级货币的地位。但只有 Volcker 的"硬通货"是唯一可行的，因为在那段时期，美国国内有反通货膨胀的政治联盟力量。这样一个联盟能够再次被动员吗？假设在美国有大量的私人和公共债务，那么人们通常就会这么怀疑。然而，Herman Schwartz（第 5 章）表明，在目前情况下，债务人一般性的通胀偏好可能会有短期的逆转。目前许多现金短缺的美国人不仅对食品和燃料价格而且对名义利率上升都是非常敏感的，这些都影响了抵押贷款利率重置和降低了住房价格（从而破坏了房屋资产）。这样形成了一个相当大的反对短期通货膨胀的拥护群体。

另一种捍卫美元国际地位的策略就是更明确地与其他国家商讨以维持美元国际地位，也就是通过把美元转型为一种协议货币来捍卫美元的地位。这是英国在 20 世纪大部分时间里所实行的政策，它有一个重要的理由，远比它对"惯性"的市场基础分析要重要得多，也是为什么英镑作为国际货币的生命持续了这么久的原因。② 美国政府是否可能跟随英国政府的脚步？它们的政治背景明显是十分不同的。英镑区许多成员是英国殖民地，它们是由于自己的附属地位而被迫去拥护和支持英镑。相比之下，今天美元区的非正式美元成员国拥有更多的自主权去作出自己的选择，并可能需要更重要的诱

---

① Eichengreen 2004，2006；Goldstein and Lardy 2005，9.
② Eichengreen 2006；de Cecco 1974.

因来鼓励它们继续支持美元的国际地位。

事实上美国提供这样诱因的可能性是欧元启用时所提出的事情，1999—2000 年，在美国国内有一个简短的讨论，这个讨论涉及如何更积极地推进国外正式的美元化。尤其是在美洲，美国通过承诺分享铸币税或成为最后贷款人的手段来得到美元化国家的支持。尽管这一讨论会反映一种兴趣的复归，即详细论述出"协议"可作为一种支撑美元国际地位的工具。但它也特别指出，美国的决策者们不愿意承担正式的费用（虽然这是很小的一部分），而这些费用被认为可能和维持一个国际协议货币相联系。这些建议即使在以国际化为导向的国内经济群体里也没得到太多人的支持，所以它们被搁置了。①

美国国内对美元国际地位的支持，没能像英国的政治制度对英镑的国际地位下降时的支持那么强烈。在后者中，英国的政策是依靠强大持久的"财政部—英格兰银行—伦敦金融城"这个轴，坚定地致力于英镑从 19 世纪开始的国际地位，尽管这损害了英国的政治自主权。② 美国决策者已经更为强烈且一贯坚定地优先考虑美国国防政策的自主权。③ 第二次世界大战后的大部分时间里，美国政策自主权和美元国际地位之间有一些冲突。事实上，在全球体系中美元国际地位的卓越稳固了美国权利和政策自主权。正如 David Calleo 所说的，它帮助解决了美国的决策者在追求各种国内和国外政策目标上所遇到的财政困难。④

但是如果美元的国际地位开始被侵蚀并且需要特殊的支持，那么美国决策者们将被迫作出选择。美元的国际地位更多地将会突变成一种压力，像美国的权力、经济资源和外交影响力这些将必定被调动起来去捍卫它。如果美国选择去这样做，它绝对有这个潜在能力去有效地捍卫美元的国际地位。但在未来的几年里，美国是否愿意去接受这个选择尚不明确。

根据过去的经验，在这种情况下，美国决策者们甚至想要把减少美元的

---

① Cohen 2004；Helleiner 2003a，2006b.
② Ingham 1984.
③ Gowa 1984a.
④ Calleo 1982.

国际地位作为一种使"美元过剩"政策约束达到风险最小化的方法。在1978—1979 年严重的美元危机时，由于这个原因，美国决策者们大力支持G5 的国际谈判，以便去建立一个外国政府能够使它们的储备多元化而远离美元但又不会引起重大美元危机的机制。[①] 根据这项建议，在国际货币基金组织中，外国政府储存的美元将被允许放在一个特殊的"替代账户"里，并把存款单据记为：特殊的提款权，或 SDRs（其价值是由一些主要的世界货币加权组成的）。因为这种票据交换是市场外的，所以外国政府将能够使它们的资产多元化而不至于损害美元的价值。

当然，也有一些费用。SDRs 能够被外国政府用来支付收支逆差的未来余款或者转移其他政府的财产，为了未来的平衡，以该货币计价的资产应比用美元计价的资产更稳定。但鉴于它的负债是用 SDRs 来计价，而它的资产是用美元短期国库券计价，所以如果美元下跌，该账户同样有亏损的风险。美国通过和国际货币基金组织复杂的讨论，要求基金用它持有的黄金支持该账户，试图降低这种汇率的风险。在 1979 年，当美国货币政策大幅收紧之后，美元明显升值了，这个建议也被全球公共政策议程遗忘了。

当前，替代账户的建议又再次被提出。美国著名经济学家，如 Fred Bergsten（他参与了 1978—1980 年的讨论）提出了这个建议，并且罗伯特·蒙代尔也表明"中国正在考虑这方面"。[②] 鉴于众多持有美元的政府对国际货币基金组织缺乏热情，一个更不那么具有野心的政策可能占据了一个更好的机会并在这个时候被落实。Peter Kenen 曾建议欧洲央行创建一套可以从其他央行购买美元的特殊机制，并能兑换新发行退出市场的欧元。这个建议能够保证因欧洲央行出售美元而引起欧元进一步升值的风险降到最低。美国和欧洲官员们可以通过欧洲国家兑换美国的部分国库券来分担兑换汇率的风险。他们购买的短期国库券是特殊的以欧元计价的美国短期国

---

① Gowa 1984b.
② Mundell quoted in Reuters, "Dollar Crisis Looms, Says Nobel Laureate Mundell," Reuters News Agency, June 3, 2008. Fred Bergsten, "How to Solve the Problem of the Dollar," *Financial Times*, December 11, 2007.

库券。①

4.5　美元的未来是什么？

美元作为一种国际货币，它的未来是什么？在这章中，我提及了 Strange 的不同类型的国际货币学说，尤其是顶级货币和协议货币之间的区别，这为探索如何进行政治分析提供了一个有用的框架，且很有可能帮助回答这个问题。美元的国际地位在一定程度上反映了它的顶级货币地位，以市场为基础来分析，美元顶级货币地位得以维持是因为涉及市场的流动性、自信和交易网络等几种经济因素。我始终认为，美国金融市场独特的流动性一直是其中最重要的，反过来，它取决于政治基础，那就是美元在一段时间内是很有可能强于那些潜在的挑战货币。

虽然美元仍是一个顶级货币，它也越来越多地被设想为具有协议货币的一些特征，也就是说，因某些原因一种货币得到了外国自愿性支持，该货币的国际地位将超过以市场为基础的经济因素所确定的地位。之前我已提及，政治支持将会变得日益脆弱。从许多支持国的立场上看，布雷顿森林体系 II 安排的好处正在削减，而因支持美元的花费却在增长。外国官方的地缘政治基础对美元的支持同样更加不稳固了。此外，外国对它的支持也变得更加脆弱，当汇率下降时，美国能否展示像英国那样通过谈判来捍卫它国际货币地位的意愿尚不明确。事实上，美国政策制定者们甚至可以看到一些优势在谈判中反而削弱了美元的地位。

如果在不久的将来有对美元国际地位的威胁，那么它很可能源于其协议地位下政治的不确定。对其协议地位官方支持的侵蚀会在何种程度上破坏其国际地位呢？如果侵蚀是突发的，并引发了美国重大的汇率危机，那它将是十分有影响的。但最为重要的是，在未来几年里，国家和市场在全球金融体系中不断发展成的平衡。如果平衡明显偏向了前者，那么政治和美元协议地

---

① 　Kenen 2005.

位的关系将变得更加重要。另外，如果我们仍保持在一个更市场化的全球金融体系中，那些政治因素将越发不能影响美元整体的国际地位。在这种情况下，政治发展将影响美元的顶级货币地位。无论在哪种情况下这都是一种常见的教训。如果我们想要了解美元的未来，我们必须越过经济分析继续听取Strange 不一般的呼吁，去研究国际货币的政治基础。

第 5 章

住房性金融、增长与
美元惊人的持久性

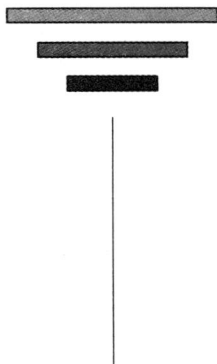

Herman Schwartz

美元作为国际性储备货币，所表征的是一种抽象、普适、跨域的价值度量方法与储藏手段。住房显现了地域的不可赎回性、有形物化以及特定性。在对美元未来的讨论中，似乎没有哪个变量与美元的联系像与住房那样显得遥不可及。然而，在过去的 20 年增长周期里，美元与住房这两者却紧密联系在一起。1991—2005 年，美国的住房金融体系让美国的发展超越了 OECD（世界经济合作与发展组织）国家的平均水平，这也相应地把美元从协议货币转变为顶级货币。从本质上来看，住房，或更确切地说，住房金融体系和抵押贷款证券（MBS）并不是国际金融体系的核心。但过去的 20 年来，意外的力量让住房金融日渐显得重要，这种重要性也迫使中央银行与美国财政部以前所未有的阵势殚精竭虑地拯救非流动性信贷市场。

全球房地产的兴盛、美国的资本流动与美元长期的运行轨迹，这三者究竟有什么联系呢？通常的答案呈现出三个弱点（虽然这些不在这本书上）：美元的功能得以细化，它们并不把美元作为美国经济力量的一种表现，而是视美元为一种独立经济力量的源头，以此来彰显美元在全球的卓尔不群；它们通常从洲际与国际的观点来考虑美元的政治色彩，而不是看资本流动在不同的国内金融体系中是如何渗透的；最后，它们有代表性地使用汇总数据来评估美国的"资产负债表"，它们掩盖了详尽资本流动的效果以及金融渠道是怎样运作的。所以这三个弱点隐瞒了诸多重要的潜在状态，这些状态也影响了国家与国际市场参与者对美元支持的程度。

我认为，在 20 世纪 90 年代，美国住房金融市场帮助美元成为被 Susan Strange 所冠之的顶级货币，对于众多投资者而言，美元有一种自然的、发自于市场的吸引力。简而言之，美国住房金融市场把名义利率下降转化为额外的总需求，因此，美国 GDP 与就业的增长超出了 OECD 国家的平均水平。相比之下，在日本与大多数的欧洲国家，越发压抑的住房金融市场阻碍了名义利率转化为与日俱增的总需求的进程，这些国家的 GDP 与就业也就相形见绌了。住房夯实了美国经济，也改善了美元的地位。在完全以经济基础为考虑的 OECD 经济体中，差异化的增长率使得美元对一些私人行为体而言显得极为诱人，也就是说，美元是一种顶级货币。住房导向性的增长也引起了更多源自亚洲的商品进口，美元作为一个协议货币让身处发展中的亚洲政治领导人趋之若鹜。这两种因素助长了资本流入以美元计价的证券，进一步地减少了美国经济的借入成本，创造出一个自 2005 年就得以延续的住房导向增长周期。在那些经常性要素里，主要是深度、透明的资本市场诱使主事者们使用美元作为储备货币，而高于平均水平的增长更让这样的资本市场锦上添花。

在有限的供给下，住房导向性增长依赖于特定资源的可得性：通货持续紧缩与美国住房市场新买家的涌现。至 2005 年，这两者都日显颓势，美国与日本、欧洲等国在增长比较上的优势消长进而把美元从顶级货币转变为协议货币。一方面，美国经济的活力为中国经济增长推波助澜，此时，中国开始输出通货膨胀而不是通货紧缩。另一方面，随着进口降低了美国底层 60% 的收入增长，新借贷者所依靠的资金也顺势地被蒸发了。美国变成了一个鲜为人知的投资地，这弱化了外国人对美元计价资产的依靠，也顺势把美元复归为一种协议货币。

但是，作为美元仅有的合理假想敌的欧元来说，增长差异的日渐消弭并不意味它将能在中期取代美元。住房金融市场的各类要素在 20 世纪 90 年代支撑起美元顶级货币地位，但在 2006 年之后，却已过渡到协议性货币了。这涉及政治与经济两方面。就经济而言，在欧元区中心国家实行的住房金融与集合交易体系继续抑制了所在国的总需求。这导致了这些国家的增长在 20 世纪 90 年代长期低于平均水平，依次地，当私人主体购买美国与其他外国资产时，这也导致它们国内自身的投资不足。在欧元区，尤其是德国，其依赖于增长的外部需要。尽管日元在这些年里无法与美元等量齐观，但增长的依赖在日本也是如出一辙。改变住房金融与集合交易体系可能会引发更多的国内需要，由此，发展将历经痛楚和政治上的改变，而这些改变可能在欧元养老体系与工业金融中显得难以接受。

欧洲国家对住房金融的内部分歧形成了一个对欧元附加的政治障碍。那些选择脱身于欧元与欧盟条约的国家，如英国、丹麦和瑞典，它们的住房金融市场与欧洲相比则更像美国，荷兰和挪威也如出一辙。与美国相似，这些国家在 20 世纪 90 年代的 GDP 与就业都处于平均水平之上。在 20 世纪 90 年代的大部分时期里，这些国家也在美国数量不等地投资过。因此，它们实现了双赢，这让它们继续从政治上支持美元以及以美国为核心的国际金融体系。这种利益分配打破了欧洲国家的潜在结盟，因为欧洲国家一直有计划推进欧元从区域货币成为全球储备货币。

美元的主导地位以市场和布雷顿森林体系 II 为基础。我预计，美元的地位将被逐渐削弱，削弱的程度取决于欧元区中心国追赶美国的速度。就市场方面来说，只要美国不断增长或被众人认为要比欧洲国家与日本有更快的增长，那么私人投资者将继续购买美元资产。亚洲各国央行和石油输出国主权财富基金的动机更加依附于在布雷顿森林体系 II 中阐明的观点。对欧元的增持能力是欧洲增长与欧洲容纳出口的一种功能，因为与发展中国家增持欧元计价资产相对应的是欧洲贸易逆差的增加。在付出了很多政治摩擦的代价之后，欧洲与中国的贸易赤字从 2006 年的 1 280 亿欧元跃升至 2007 年的 1 600 多亿欧元。2008 年的金融危机与随后的全球经济放缓将不可避免地限制欧洲对与亚洲不断扩大的贸易逆差的接纳能力。

相比欧洲经济体，美国经济在开放度与增长速度的相对优越性都不可能有所改变。这意味着出口导向型的发展中国家经济体至少将继续持有美元资产，或在它们积累新资产中对美元维持一个比较稳定的比例。在这里，与美国相似的欧洲住房金融体系也更加接纳中国商品，补充了在欧元地位下欧盟所出现的断层。因此，我比本书中的衰退主义作者持更少的悲观论，随着美国与那些同样富有的竞争者在进退中形成了增长差异，我的分析提供了对美元地位轮转的合理解释。在接下来的几年里极有可能像 20 世纪 80 年代那样，当美国出现增长时，美元作为储备货币的地位是与日本和德国相比较，即相对于日元和德国马克。美国的增长在 20 世纪 90 年代焕然一新，与各国在增长上的差距将让美元在未来国际资本流动中保持核心地位。

差异化的增长成全了美元，美国全球金融套利也助长了这种差异化的增长。美国在全球层面上操作着金融套利体系：所有债务并不一视同仁。美国有组织地用低利率从世界各地短期借入资金然后再长期投放给世界的其他地方，以获取高额的回报率。这个套利体系中的资本流入抑制了抵押贷款的基准利率，同时从美国流出的资本进入了不影响基准利率的金融工具中。对美国而言，这种套利不仅仅产生极大的国际性投资回报，还在 1991—2005 年对美国国内经济增长产生了巨大的影响。

这种套利区别性地与 OECD 的住房金融市场相互连接，因此，过去的 20 年里，这种连接在事关 OECD 就业与 GDP 增长上产生了多种结果。如前所述，所有债务都不能一视同仁，美国的债权人与竞争对手也不尽相同。1990 年以后，全球名义利率的下降隐藏着使所有 OECD 经济再度通胀的可能。美国与 OECD 的一些国家有着近乎相同的住房金融市场，但制度结构的差异导致了不均匀的就业与 GDP 所得。住房导向下的差异化增长重建了美元在 20 世纪 80 年代下降的顶级货币地位。

美国住房市场的盛衰和金融危机产生了一种潜在保守的国家经济调控新秩序。在金融市场中，为缓解当前次级抵押贷款危机而付出的努力已经让政府前所未有的干预大行其道。但它的财政成本很可能会限制政府新的措施。此外，在面对抵押贷款利率重置时，那些房主将不愿看到短期通货膨胀的出现，因为贷款利率重置预示着他们将丧失抵押品赎回权。在美国，对通胀与较高名义利率的敌视是美元的一个均衡因素。殊途同归，低名义利率在美国将产生比其他地方更多的发展机会。

美国的增长在 OECD 平均水平之上是支撑美元顶级货币地位最重要的部分，但全球资金流动与美国经济增长差异的协同共存并不是一个永动机。房地产市场将不会推动美国未来的增长，而且会为其经济复苏之路增加不确定因素，这一点与 20 世纪 80 年代末如出一辙。同样，金融崩溃预示着金融部门的重组。当然这些都不意味着复兴和超过 OECD 平均水平的美国增长会永久终结。

5.1 美国在全球金融市场中的套利

所有的政策都是本地化，房地产更是如此。然而，本地房地产市场与全球资本市场在不同方式下的相互作用已经影响了美元。通常的文献视美元的地位为铸币税的来源，并担心美元疲软可能对政府政策与开支有约束作用，而政府政策与开支可以让人们免受市场冲击。其他版本的观点则认为，过于强势的美元会对现实经济有所约束，尤其是制造业；其次过于强势的美元也会通过就业的途径来影响普通民众。相比之下，我认定，在 20 世纪 90 年代和 21 世纪里，形成了全球资金流动的特有架构，这会为那些在住房部门所细化的增长提供机会。

我的出发点是一个著名的悖论：自 20 世纪 90 年代早期，美国成为一个巨大的净外债国，也是国际投资收入的完全净得者。尽管是净负债，但一个聪明或幸运的个体或许也有正的投资收益。但是难以置信的是：就经济广域或全球的水平来看，所有美国人与其他国外人相比都是系统性更好的投资者。[①] 而且，美国管理着一个能够产生净收益的全球金融套利体系。当中间人在同一时间两个不同市场中买卖商品以获取价差，套利就产生了。我把这个过程描绘为套利而不是调停，因为美国经济正是有不同增长率与不同监管体系才使其从金融产品的价差中受益。总体而言，美国并不是简单地迎合国外短期资产的偏好。

政治、监管和住房金融市场融资结构上的差异产生了这些价差。在宏观经济层面，美国有条不紊地以低利率从世界各处借入资金，然后用长期高风险、高收益、活跃的投资工具转身投资于世界各处。美国市场的深度与精巧让这些资本流动驾轻就熟，但并不决定这些资本运作的外在形态。在微观经济层面上，美国金融机构把短期国外的借入转变为证券与担保债务凭证（CDOs）所支撑的长期高收益抵押借款。实际上，美国套利是把低价的海外贷款转化成超大型的国内投资，这些投资尤其用在住房上（毫不夸张地说）。这使得美国有相对较快的增长，也加强了美元计价资产的流动。事实上，并不是只有一个行为人或机构操作这种套利体系。相反，套利体系源自于离散市场者的行为，尤其是那些创建住房标的衍生产品的大型金融企业和中国的中央银行。

篇幅限制了对美国全球套利进行详细的分析。[②] 但对其国内外投资存量流转的一个简单统计分析显示了此处的要点。表5.1显示，在2006年年底约3/5的美国资产表现为外商直接投资和持股的形式。相比之下，在美国3/5的外商投资表现为被动的债权持有和贷款。因此，从宏观层面上，世界对正在全球扩张的美国公司、金融中介机构和整个美国经济买单。Ronald Mckinnon（第3章）为我们呈现了一个经布雷顿森林体系Ⅱ连接的美国与亚洲协议货币的综合分析，让我集中精力来分析使美元成为顶级货币的抵押贷款市场中的各种联系。

---

① Gourinchas and Rey 2005.
② Schwartz 2009.

表 5.1　　　　　　　FDI、普通股票投资组合、债务组合、

国际间权益性借款的相对份额（截至 2007 年）

	FDI	普通股票投资组合	债务组合	国际间权益性借款	总计
10 亿美元					
美国	5 148	5 171	1 478	5 002	18 615
其他国家	3 524	2 833	6 965	5 387	19 810
其他国家央行			2 931	406	3 307
份额（%）					
美国	27.7	27.8	7.9	26.9	100.0
其他国家	17.8	14.3	35.2	27.2	100.0
其他国家央行			88.6	12.3	16.7

关键着眼点是，在 20 世纪 90 年代，国外对美国国债与房地美（联邦住房贷款抵押公司）和房利美（联邦国民抵押贷款机构）发行债务与 MBS 的购买助推了美国抵押贷款利率的降低。至 2006 年 12 月，国外投资者持有美国可售国库券的 52% 以及未偿付机构债务的 16.8%。[1] 几乎所有美国抵押贷款都以 10 年期的国库券利率为标准。[2] 因此，较低的国债利率直接转向新的抵押贷款，抵押贷款利率的重置对此有着渐进的适应。亚洲贸易盈余——出现在 20 世纪 90 年代末和 21 世纪早期布雷顿森林体系 II 中的再循环，把 10 年期美国国债的收益压低到约 90 个基准点，或近 1 个百分点，与 2005 年 1 月 150 个基准点相当。[3] 欧盟和那些石油输出国以美元计价收购那些投资组合的资产应该与 20 世纪 90 年代中期所彰显的效果异曲同工，它们都为美国贸易赤字提供融资。

外资对"代理机构"债务的购买将对房地产乃至整个美国增长有一个同样且直接的影响。代理机构债务由房利美和房地美开创的 MBS 构成，也

---

① Department of the Treasury 2007，3，5.
② Warnock and Warnock 2006.
③ Warnock and Warnock 2006.

包括那些支撑两房运转的直接贷款。美国联邦政府于 1938 年创建了房利美，通过创立房屋贷款基金的全国性市场来使住房变得更容易支付。房利美在 1968—1970 年被私有化并在 2008 年金融危机中被有效地收归国有。储蓄贷款银行（储蓄银行和建房互助协会）于 1970 年得到了属于自己的房地美，在 1989 年被完全私有化并在 2008 年重新回归国有。

实际上，房利美于 1981 年发明了现代 MBS 市场，在海外销售 MBS 中独领风骚。房地美发明了抵押担保债券（CMO），CMO 是一种本息分离的衍生产品，以至于投资者能买到到期日与回报都因潜在个人相关抵押而各异的债券。证券化允许银行通过出售这些抵押贷款到资本市场来把其从银行账户中移除，从而充实资本金。这使得银行能在产生更多贷款的同时也从收费中获得了更多的收入。在证券化之前，银行持有抵押贷款直至到期才全身而退，银行通过存贷款利差来赚取利润。到了 2007 年，机构 MBS 与借入数达到 5.55 万亿元，占美元未偿还住房按揭贷款的近一半。未偿还的抵押债务仍然还有超过 1/4 被证券私有化，只剩下 25% 是以传统非流动性的方式被银行持有。[1]

房利美和房地美的抵押贷款证券化能够使这些资产在海外销售给更广泛的客户，包括诸多的中央银行。在没有证券化时，国外资金要想进入美国市场，只有国外银行现身于美国市场或美国银行接受汇率风险与离岸拆借才能得以实现。2001 年，外国投资者持有的 MBS 总额达到 1 330 亿美元。到 2007 年，外国投资者持有量超过 1 万亿美元，大部分由外国官方机构，也就是亚洲中央银行持有。[2] 没有一个标准化的产品和流动性的市场，外国人应该不太愿意从美国购买抵押贷款资产，这将让美国更难对它们的贸易赤字融资。2004—2007 年，非机构 MBS 都显得微不足道了。

虽然外资持有证券化机构与私人债务的份额相比美国国债显得相对较低，但绝对数额并不是不相关的，因为在 2007 年年中的整个机构债券总额

① Credit Suisse 2007；Federal National Mortgage Agency 2006；Federal Home Loan Mortgage Corporation 2006；Federal Reserve 2008.
② Department of the Treasury 2007，11.

相当于可售国债的两倍。事实上，直到 2007 年的联邦赤字开支激增后，以机构债券作为代表的债券占据了所有公共和私人销售的美国债务型证券的 1/3，分析师说这成为拥有深度与流动性的美国金融市场的中心。因此，国外的购买力支撑起美国 MBS 的一个大回环：国外购买美国国债，压低了以抵押贷款利率为基准的利率，通过再融资或购买产生了新的抵押贷款，将新的抵押贷款打包成 MBS 然后出售给外国人，他们这种购买欲望让住房抵押贷款利率进一步低迷，使得许多银行为更多抵押贷款债务注入资金。

正如 Mckinnon 所说的，善良的亚洲人提供了这当中很多的现金。日本和中国对 MBS 的持有量占到外国机构 MBS 的持有量的 46%，在 2007 年年中附加了更多的私人 MBS，占到了外国对国债持有量的 51%。传统观点认为，外债累积对美元来说是个难处理的问题。与其相反的事实是：1991—2005 年，美元作为一个最有利的货币，通货紧缩和获得廉价的外国贷款加强了美国的顶级货币地位，使得美国平均增长高于 OECD 的水平。住房是这种增长过程的核心，但是住房所运用的增长方式对其他较小的行业来说却一直是很困难的。

5.2　住房金融市场结构的差别效应

在 1989 年，有一种预测认为欧洲货币或是日元很可能取代美元，虽然现在已是一个模糊的记忆了。[1] 美元在 1978 年占据了各国官方储备的近 75%，而到 1989 年，随着诸多中央银行推进德国马克与日元多元化的进程，美元的占比已跌破了 50%。[2] 各种欧洲货币在 1990 年达到高峰时占所持份额的 40%，日元则占 10%。然而到 2001 年，美元又返回到占官方持有的 70%，而欧元则下降到 25%。美元对私人的吸引力——作为顶级货币的真实度量——要追溯到美元相对于其他货币相同的优势度量模式，这是为什么呢？

---

[1]　Bergsten 1991.
[2]　Wooldridge 2006.

1990 年人们目睹了意义深远的通货紧缩。在 OECD 的每一个地方长期名义利率都在下降，尤其是在欧洲。欧元区的长期名义利率从 1990 年的 11.2% 降到 2005 年的 3.5%。美国长期利率的下降较少，从 1990 年的 8.7% 降至 2003 年的 4.0%。① 较低的名义借款成本会刺激各处的增长。事实上，美国和它的 OECD 竞争对手都经历了供应链革命、互联网以及移动通信带来的积极影响，但是，美国以及与美国相似国家的住房金融结构很可能将通货紧缩转化为增加的总需求，从而使其经济增长超越欧元区核心国家。20 世纪 90 年代长期的情形是，美国住房金融市场的增长在 OECD 平均水平之上（这里的观点不是指房地产市场占据了美国增长的全部，也不是指美国和欧元区核心国家的区别）。通货紧缩和美国在全球资本市场的套利刺激了国内住房市场，市场提供给那些有意愿对抵押贷款再融资的有房户以相对低的银行利率，当然也会提供给那些有意愿且能够竞逐高房价的新购房者。美国经济相对较快的增长使得作为 OECD 的顶级货币——美元重新生效。

也许有人会说，一个强大的美元仅仅只是把经济活动转移进入了非贸易部门，提升非贸易部门的回报，并就此来抬高房价。然而，相对于美元，斯堪的纳维亚货币与荷兰货币都跟着欧元疲软。逻辑上看，这应该导致了房地产价格疲软，如同在德国、奥地利和意大利一样。和我们所看到的不同，荷兰、斯堪的纳维亚以及美国在住房市场的金融机构却产生了同一类型的繁荣。

美国房地产市场机构通过标准凯恩斯乘数机制将 20 世纪 90 年代的通货紧缩转化为总需求与就业的增加。与美国住房金融市场机构南辕北辙的国家通过抑制工资来抑制总需求，体验了较少的增长。在通货紧缩的环境下，金融抑制妨碍了增长，而不是促进增长。美国住房金融市场有四个关键性特征：

1. 私人、个体的住宅拥有率相对较高；

2. 与 GDP 相关的抵押债务水平相对较高；

---

① *OECD Factbook*，2005，http：//www. sourceOECD. org.

3. 抵押贷款非常便捷且相对便宜，与家庭产权的现金支出一样；

4. 抵押贷款证券化处于较高的水平。

这些特点使得抵押贷款利率偶然得到了税收补贴的帮助，20 世纪 90 年代启用了一个相对简单的凯恩斯方法，通过需求拉动经济的发展，到了 21 世纪更加如此。随着名义利率下降，抵押贷款再融资的房主将相当大的购买力转移到有更高倾向的个人消费，个人以此来消费商品、服务和住房。这种消费通过标准的凯恩斯乘数效应依次创造新的就业。这种新就业通过使联邦预算转变为盈余的方式来支撑扩张性增长，从而使美联储能继续降低利率。这与产权市场所发生的大致相同。但对一般人来说房地产市场是消费动力的一个更重要来源，因为拥有房子的人多于拥有产权的人，普通人拥有的房产比拥有的股票多，并且房屋理财的消费倾向也更高。回溯性的分析证实，1996—2006 年，在 OECD 国家中，日益扩张的股权市场与家庭产权释放相比较，前者与个人真实消费的净值增加的相关性更强。[①]

就如在意大利一样，没有抵押债务的普通所有权意味着消费者不可能降低他们的住房费用并释放购买力。在法国，高成本且融资困难的房主不能把名义利率的下降转变为一个较小的利率负担。在德国，弱势的房主和困难的再融资意味着收租者的利益胜过债务人的消费，无论怎样降低利率，房价都在下降。截至 2004 年，对大多数欧洲国家而言，各种形式的证券化抵押贷款债务的总额不到国内生产总值的 20%。[②]

在流动性住房市场中，利率下降也创造了虚拟资本，这种资本也产生了就业与增长。名义利率与资产评估相关。名义利率的下降意味着同样的名义货币收益能服务于更多的抵押贷款。人们进入房地产市场来竞逐房价，因为他们每月以同样的抵押价格却能享受到更多的"住房"。另外，主事者可以以较低的利率对抵押贷款再融资，享受更低的月供，并且节省开支。美国全

---

① Federal Reserve Bulletin, *Recent Changes in U. S. Family Finances*, 2006, A8; Ludwig and Slok 2002; Bank for International Settlements 2003, 130; Borio 1995; Case, Quigley, and Shiller 2001.
② European Commission 2005, pp. 125–26; European Mortgage Federation 2005, p. 116.

部房地产的名义价值从 1991 年的 65 000 亿美元增加到 2005 年的 205 000 亿美元。① 抵押贷款的证券化通过让银行确认、定价和释放房屋的虚拟资本使得价值提升进程加速。消费者通过资产增值抵押贷款（MEW）来发掘他们房屋净值的增长，而 MEW 为消费水平和总需求做出了极大的贡献。像 MBS 那样重新包装，MEW 和新的流向海外的抵押贷款都作为美国日益增长的贸易赤字的相关部分。

美联储估计在 20 世纪 90 年代增加的美国抵押债务中 80% 能够被 MEW 解释，1991—2000 年，MEW 每年大概达到 3 000 亿美元，2001—2005 年每年大概在 1 万亿美元。② MEW 通过三种不同的渠道流动，大约 1/3 的房屋产权被用来支付较高利率的消费债务，这为未来的消费腾出了更多的现金，另外有 1/3 用作房屋的改善，房屋改善有劳动密集的特点，也能立刻产生就业的效应。还有 1/4 直接流入消费。③

这一切都是为了支持美元。对顶级货币的支持是一个相对绩效的问题，而不是绝对绩效，因为市场参与者总是想要超过了平均值。不成比例的货币流入能获取超过平均数回报的美元计价资产。在 20 世纪 90 年代，长期以美元标价的资产似乎超过平均水平，因为在那几年受房产驱动的美国经济超过了 OECD 的平均水平。图 5.1 反映了 17 个 OECD 经济体绝对就业的相对增长和 1991—2005 年单位资本下的 GDP（虽然下面的分析还包括 19 个富有的 OECD 经济体）。它用百分比来显示一个国家或优于或落后于 GDP 与就业平均水平的程度。GDP 增长记录了产量以及利润额增长的潜能。就业的增长，作为新的就业机会数量的衡量尺度，它记录了新创造的购买力、增加财政收入的可能性以及相关福利开支的减少。更多的人有工作的打算意味着更少的人打算去领取救济金。

图 5.1 是由 OECD 的 GDP 增长率的加权平均数以及这些国家实际就业人数的平均增长率来构建的，调整了人口方面的变化，然后测算单个国家平

① Greenspan and Kennedy 2007，26.
② Ibid. ，9，17.
③ Ibid. ，8.

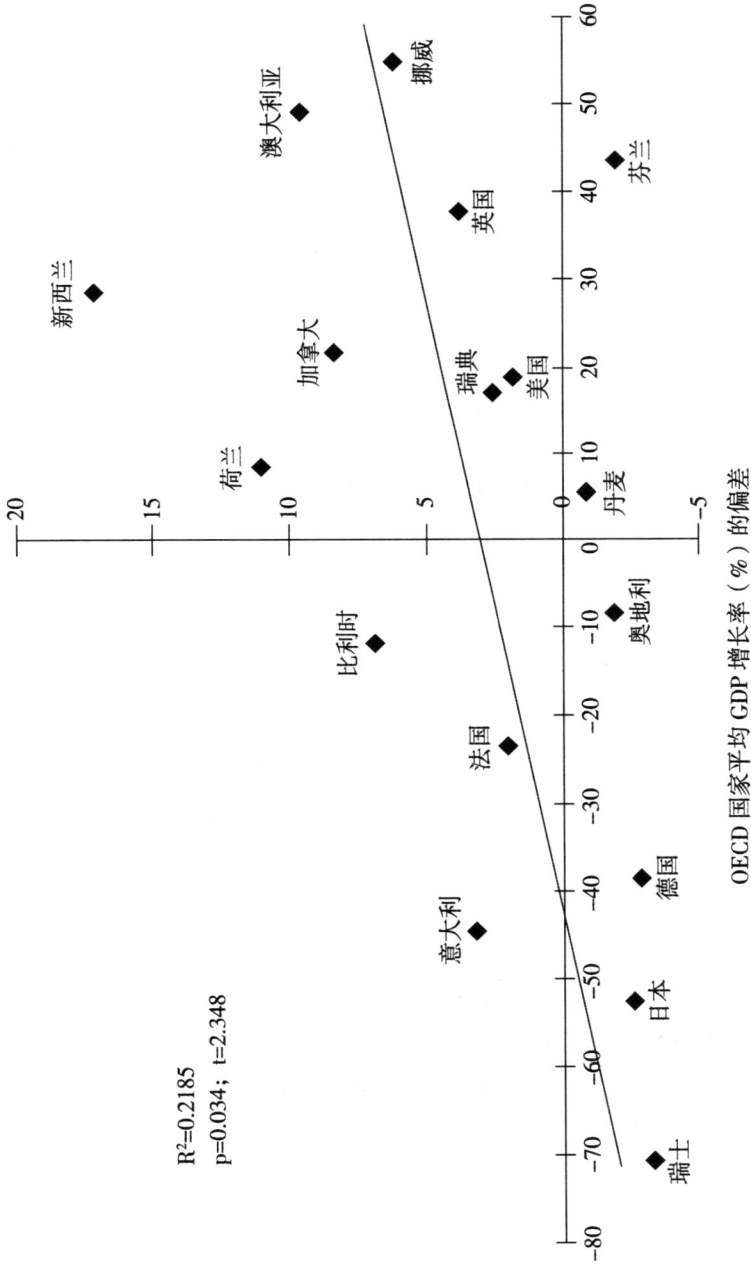

图 5.1 1991—2005 年 17 个 OECD 国家平均 GDP 增长率（%）与就业增长率（%）的偏差

均数的百分比偏差。我调整了人口来控制有些差别很大国家的人口增长比率，因为上升的人口数能够单独对就业数量或 GDP 的增长做出解释。实际就业采用在职工作人口（不是失业率）来记录提供的就业机会。我认为这些不同于加权增长率，因为它更精确地记录 OECD 利润与损失的分布。图 5.1 展示了就业与 GDP 绩效之间令人吃惊但又有效的相关性（$R^2 = 0.2185$，$p = 0.034$）。结合 1991—2005 年人口调整后平均就业人数的偏差与 GDP 所得，表 5.2 用图 5.1 的数据构建了一个逆向的不幸或"幸福"指数。图 5.1 提出了两个问题。如同一些评论家争论的，制造业的增长是否是被房屋为主导的增长挤占，以及增长是否真正与住房金融市场相关联。

表 5.2　　　　　　OECD **经济表现比较：1991—2005 年，**

依照人口变动做出调整，并以幸福指数来排行

实质上的相对变化	澳大利亚	英国	加拿大	美国	荷兰	法国	意大利	德国	日本
增加总值（%）	52	49	19	21	5	−23	−46	−30	−48
制造业总增加值（%）	−68	−79	24	71	−35	−35	−99	−79	−47
固定资本形成总额（%）	119	33	18	66	−32	−52	−70	−94	−128
金属和机械固定资本形成总额（%）	297	−28	4	60	−5	−62	−86	−81	−77
住房固定资本形成总额（%）	−9	1	−3	90	−32	−69	−90	−96	−159
就业人数（%）	10	4	8	2	11	2	3	−3	−3
国内生产总值（%）	49	38	22	19	8	−24	−44	−38	−53
幸福指数	5.9	4.1	3.0	2.1	1.9	−2.2	−4.1	−4.1	−5.5

　　表 5.2 和表 5.3 提供了回答这些问题的参考数据。表 5.2 的数据反驳了美国繁荣仅仅是关于 Harold James 耗油越野车和豪宅的神话。美国和其他"赢家"的经济体相较于停滞的经济体而言，在经济总增加值、制造业总增加值、固定资本形成总值（GFCF）以及金属与制造业的 GFCF 等方面都有高于平均水平的增长。GDP 和就业增长不单单只和房屋建设有关。几乎所有的赢家在住房 GFCF 绝对水平上的变化要小于总体 GFCF 的增长。此外，对于大部分的赢家来说，住房与建设 GFCF 的份额在下降，例如，在美国，

GFCF 从 1991 年的 65% 降低到 2005 年的 48%。尽管美国的住房投资在 2006—2007 年迅速增长，但却解释不了先前 15 年的情况。相反，"空洞化" 的美国经济经历了一个金属与机械制造的双倍投资，而 "制造业强国" 德国和日本在整个 15 年内，这项投资都只增长了 1/5。

住房金融市场与发展的关系如何呢？表 5.3 显示出表征住房金融市场显著特征的数据。我运用这些数据创造了一个综合房屋指数来尝试记录既定住房金融市场促使下降的名义利率转移购买力增加的程度。这个指数结合了住房所有率、抵押贷款与 GDP 的比率、房屋产权赎回的可得性抵押再融资的交易成本，以及抵押贷款证券化的可能性。

表 5.3 　　　　　　　　　　住房金融市场的特点比较，
选择 OECD 国家，以综合住房指数排行

	英国	澳大利亚	美国	加拿大	美式的富裕平均数	所有国家的平均数	受约束的富裕平均数	日本	德国	意大利	法国
财产取得的交易成本占总成本的比例（%）	4.8	3.8	0.6	2.8	3.3	0.0	-4.1	1.2	-1.9	-7.7	-6.9
贷款抵押证券化有可能吗？（10 = 有和普遍；0 =没有或很少）	10.0	10.0	10.0	10.0	6.0	4.4	0.7	0.0	4.0	0.0	0.0
资产增值抵押借款 1990—2002（占 10 倍国内生产总值的%）	7.0	7.0	5.0	2.0	4.7	3.2	0.3	1.0	0.0	1.0	0.0
1992 年抵押贷款债务占国内生产总值的比例（%）	64.3	50.8	58.0	43.1	53.4	44.7	32.2	36.8	54.0	11.4	22.8
2002 年业主自用住房（%）	68.0	70.0	69.0	66.0	64.7	64.6	63.9	60.0	42.0	80.0	55.0
综合住房指数	7.00	6.59	5.65	5.13	4.9	3.2	0.9	2.37	2.34	0.49	0.17

图 5.2 将从表 5.2 和表 5.3 得到的 "幸福" 数据与住房指数数据联系起来表明了住房市场特征是如何与相对就业、GDP 所得相关联的。图 5.2 显示了美国式住房金融体系与高于平均水平的就业、GDP 增长之间的一个重要关系（$R^2 = 0.355$，显著性 P 值 = 0.0088）。在 20 世纪 90 年代形成了一个良性（但不是永恒）周期：房价上涨、消费增加、收入和就业增加、外资持有以美元标价的有价证券的收益增加。大量的投资涌入国库券和机构证

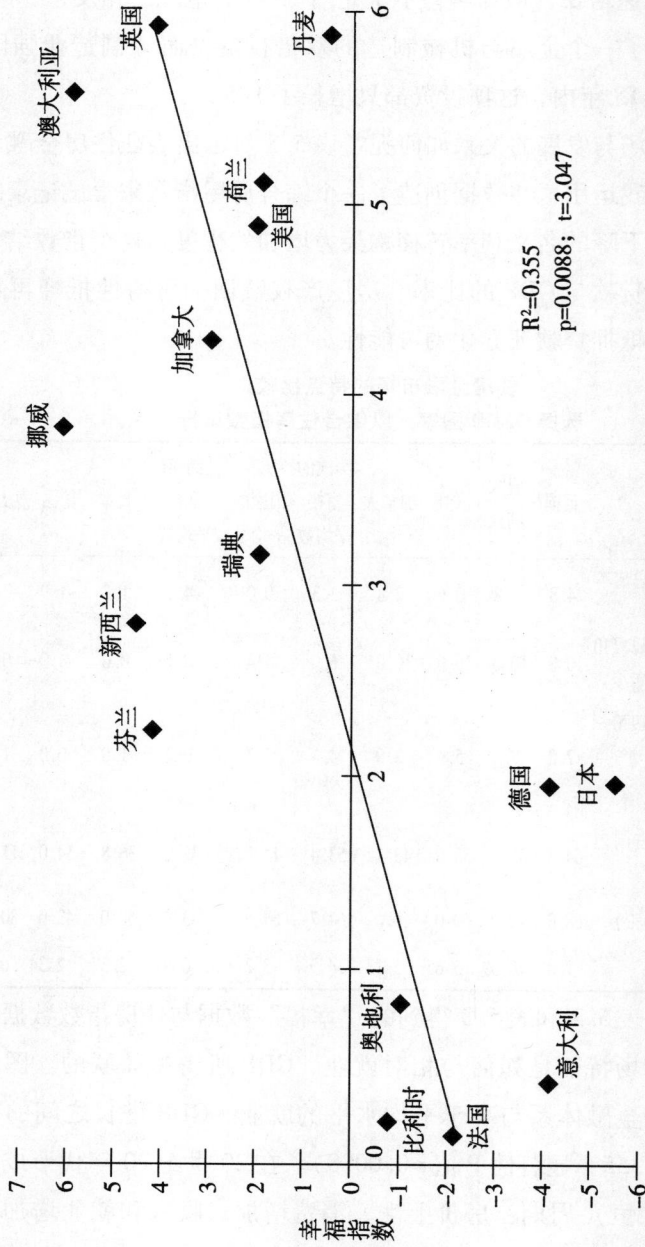

图 5.2　综合住房指数与幸福指数的比较

券，降低了利率，也使得总需求与房价进一步增加。这也依次强化了资本从相对低增长的 OECD 经济体转向住房兴盛的经济体，尤其是美国经济体。这让美元计价的证券在市场上极具吸引力。在混乱的 20 世纪 80 年代后期，这加强了美元的价值并恢复了其顶级货币的地位。到了 2000 年，私人资本流入占美国海外借款的比率超过了 80%。[①]

住房帮助美元恢复了顶级货币的地位。如果美国的经济增长仅仅只是平均水平或低于平均水平，市场主体应该会继续选择其他的货币。但我们仍然无法解释货币利益和诸多政治活动是如何交互影响的。房屋和美元的交互作用是否创造了一个将美元的地位提升到顶级或协议货币的微型政治呢？

5.3　住宅政治学与 2008 年危机的关联与超越

随着市场主体与那些承受了危机损失的群体几度冲突，美国房产的繁荣与萧条以及最近超越往常的房贷金融危机产生了两股超越通胀与流动性平衡的政治压力。[②] 潜在的损失是非常大的：在 2007 年早期，作为危机中心的次级与 Alt-A 贷款名义上已达到 15 600 亿美元。[③] 通过压低房价，它们也威胁着大量初级抵押贷款。2009 年早期，比次级贷款更多的初级贷款都丧失了抵押品赎回权。[④] 这些压力从两方面对美元的地位产生直接影响。首先，它们创造了一个典型债权人—债务人在通货膨胀时期获益的不寻常逆转，这与创造更高名义利率和更高税金间的情势异曲同工。其次，在清楚地证明了“协议货币”的实际意义后，对美元标价证券构成的威胁给美国的外国债权人在 2008 年夏季因不断扩大的金融危机而引发的应对政策产生了实质性影响。

对住房经典的论据暗示着私人住房对全体福利制造了一种政治敌意，因

① U. S. Treasury Department 2008, 13.
② See Schwartz and Seabrooke 2009.
③ Credit Suisse, *Mortgage Liquidity du Jour*, March 12, 2007, 28.
④ Dina ElBoghdady and Sarah Cohen, "The Growing Foreclosure Crisis," *Washington Post* January 17, 2009.

为在早期房主的生活周期中抵押贷款挤占了税金。Jim Kemeny 和 Francis Castles 都在争论用分期付款来支撑抵押贷款的需要将使私房屋主反对公共服务业更高的公众税金。① 大部分经典的论据出现在第二次世界大战后的早期。我们必须用一个突出反映当前实际的事实来对经典的论据予以补充：如果房价下跌，将会失去大量的财富和货币。在 2007 年年末，未偿付的美国抵押债务总计 11 万亿美元，而那时的市价意味着私房屋主对他们的房子拥有大约 11 万亿美元的名义产权。② 丧失抵押品赎回权的恐惧和产权的消失在通货膨胀和利息周围产生了压力。通过允许未支付次级贷款的买主把他们的房子出售给信誉较好的买家来降低利率将有助于维持房价，确认债权人的资产。但如果中央银行提供必要的流动性来保持低利率，长期通货膨胀的风险就会被抬高。让我们先来研究私房屋主的利益。

为什么债务人的短期利益是围绕通货膨胀来逆转的？简而言之，在价格激增时，很多基本收入水平的家庭陷入了有害抵押贷款的泥淖。这让他们的少量现金流入激增的实物和燃料的价格中。这些激增明显增加了他们个人丧失抵押品赎回权的风险。一旦抵押贷款利率重置，利率上升后，那些使用可调整利率抵押贷款（ARMS，比如，可变利率的抵押贷款）的人就特别容易受到通货膨胀的威胁。2007 年 8 月，接近 1 万亿美元的次级贷款和 Alt-A ARMs 会被重置。③ 丧失抵押品赎回权来自于利率重置，也会影响到那些早前与现在的借贷者，因为他们的房屋净值贷款的利率是变动的。

现在来考虑典型的次级房贷者。标准次级借款人具有不良贷款记录，他们的收入与债务相比相对较低。这些家庭成员在 30 岁出头时拥有大概37 000 美元的税后可支配收入，这也解释了 1994—2005 年美国住宅所有率超过 5% 的上升。作为住房市场后来的加入者，平均来看，这些家庭通常支付一个与

---

① Kemeny 1980；Castles 1998；Kemeny 2005. A recent study of Australian public opinion suggeststhat homeowners with mortgages are 50% more likely to express tax resistance than free and clear homeowners or renters；Wilson 2006，530.

② Greenspan and Kennedy 2007，26；Freddie Mac，2005 *Annual Report*，2；FRB data at http：// www. federalreserve. gov/pubs/oss/oss2/2004/bulletin. tables. int. xls. For comparison, home equity represented 40% of British household wealth：Aoki，Proudman，and Vlieghe 2004，415. The country case chapters in Schwartz and Seabrooke 2009 suggest patterns similar to those in the United States.

③ Data from Calculated Risk website at http：//calculatedrisk. blogspot. com.

收入相比较高的价格——他们的平均借款为 200 000 美元——房价的上升已超越了收入的增长。这个高债务收益比率意味着大部分的抵押贷款将会被作为 ARMs 处理。ARMs 占 20 世纪 90 年代抵押贷款的 20%。但是在房贷泡沫期间次级贷款和 Alt-A 抵押贷款从 2002 年的 2% 激增到 2006 年的 20%，增长部分的 92% 是 ARMs。Alt-A 的典型买家拥有良好的信誉和与收入相联系的大量贷款，也是在大致相同的阶段，这些贷款的 68% 是 ARMs。2007 年，标准次级 ARM 利率从 7% 或 8% 的年利率重置到接近10% ~10.5%。①

在更早的时期，当期借款人容易在利率重置时被伤害。年纪在 45 ~54 岁的房主平均税后收入大约在 50 000 美元或 55 000 美元，这要比年龄在 25 ~34 岁的人的收入高出 1/3。这些家庭通常对自己的房子享有一些权益，并且有一个固定利率贷款。但是，恰恰是这一群体，他们借助房屋净值信贷（HELOC）和封闭的产权贷款，使用抵押贷款权益收回来提取现金。HELOCs 是对屋主现有产权的一个第二抵押权，经常被用在改造住宅，购买耐用品，或是偿还更多昂贵的信用卡债务。大约有 1/4 的美国房主拥有一个 HELOC 或是相似的房屋关联债务，总计超过 1 万亿美元，占总体抵押债务的 10% 还要多。HELOCs 和其他形式的资产增值抵押贷款在 2001 年之前占可支配收入的 2%，在 2001—2007 年，却已经占到 6%。这是美国的超前消费和贸易逆差的一个主要促成因素。②

通货膨胀和税收对这些债务人家庭有更大的威胁。虽然通货膨胀抵消了抵押贷款的长期成本，但这只对那些长期供房者有益。在不久的将来，由于 ARM 的名义利率重置，通货膨胀几乎立刻增加了抵押贷款的支付。2006 年，在食物和燃料价格快速增长之前，处在社会收入分配金字塔底部的 20% 的屋主在住房上的花费已经超过了其总收入的一半。另有 19% 的屋主在住房上的花费占收入30% ~50%。整体上看，在住房上花费超过收入 30% 的群体包括

---

① Credit Suisse, *Mortgage Liquidity du Jour*, March 12, 2007, 4-5, 19, 21, 26; see also Freddie Mac, 2005 Annual Report, 12.
② Greenspan and Kennedy 2007, 11, 43.

30%的屋主和20%的家庭，其中也包括租房者。[1]

由于利率上升，通货膨胀也间接地减少了屋主的资产。上升的利率使房屋价格低迷。这影响了负资产的新购房者。他们在住房上的负担要比市场上住房的价值大。因为潜在购房者面临更多的月供，所以利率上升影响了房屋价格。到2008年6月，房价已经从峰值跌落了18%，使大约1 300万屋主产生负资产，而且使2005年和2006年次级与Alt-A抵押贷款的实际资产贬值。要达到传统的价格与收入比例或价格与房租比例，需要在2006年的价格水平上降低30%~35%，这将使30%美国屋主或2 300万家庭产生负资产。[2]

房屋资产贬值关系重大，不仅仅因为负资产的家庭更可能面临抵押品赎回权的丧失，而且房屋资产贬值影响了普通家庭的收支。房屋资产占普通美国家庭资产的1/3。但是在底层家庭中，60%屋主净收入的中位数只有38 000美元，这几乎只是房屋资产了。这些家庭只拥有6%的美国股票，在底层70%~80%的家庭也只拥有11%。相反，收入最高的10%在2006年拥有了58%的股票。[3] 底层收入不超过十万美元的家庭在2006年净资产是一万美元，房屋价格的降低几乎使一万亿美元灰飞烟灭。

最后，房价的上涨或许已经使所有团体对税收的上涨充斥不满而且容易受影响。较高的房屋价格意味着较高的财产税（也就是，"比率"），这将压缩其他的收入来源。在美国，财产税基本上是一个地方用以支付教育、警察和一些社会服务费用的收入来源。财产税大概占地方政府收入的70%和各方面总收入的10%，2000—2005年，随着税率增长两倍，这些财产税也逐步增加。[4] 2001—2004年，美国财产税平均上升了21%。到2007年，财产税占个人总收入的3.4%。[5] 因为住房价格上升经过上升估价已经进入比较

① Harvard University Joint Center on Housing Studies 2008; Credit Suisse, *Mortgage Liquidity du Jour*, March 12, 2007, 26.
② Calculated Risk, "Homeowners with Negative Equity," September 30, 2008, http: //calculated risk. blogspot. com/2008/09/homeowners-with-negative-equity. html.
③ Calculated from Federal Reserve Bank, *Survey of Consumer Finance*, 2001 and 2004, based on online data at http: //www. federalreserve. gov/pubs/oss/oss2/2004/bulletin. tables. int. xls; Federal Reserve Bulletin, 2006, Recent Changes in U. S. Family Finances, A8.
④ OECD revenue database at http: //www. sourceOECD. org.
⑤ Tax Foundation at http: //www. taxfoundation. org/taxdata/show/1775. html, and http: //www. taxfoundation. org/taxdata/show/1913. html.

高的财产税范围之内，出于国家目的，例如广泛的社会项目，想要再增加其他的税负已经变得比较困难。在美国20个州，民众的反抗已经迫使财产税增长的水平与比率发生一些改变。①

这一系列变化逆转了普通债务人对通货膨胀的偏好。在20世纪60年代和70年代，房屋市场的参与者通常偏爱通货膨胀，因为通货膨胀快速而明显地减少了他们的真实债务负担，并且使得房屋的名义价值增加。但是在20世纪60年代与70年代，住房购买者使用了固定比率，长期地分期偿还（30年）抵押贷款并且没有HELOCs。他们普遍拥有长期稳定的工作，也有工资随通货膨胀调整的预期。这些条件使通货膨胀成为一个对债务人有益的注码。一个加州居民在1960年以1.75%的官方住房固定利率贷款购买一栋价值20 000美元统一建设的住宅区的房子。甚至今天我们可以想象，在亚洲金融危机与"9·11"事件之后，那些以固定低利率再融资的屋主可能偏爱一点通货膨胀，前提是只要他们的收入能跟得上。但是那是个很大的假设，考虑到2008年金融和不动产部门的高收入工作已经蒸发，而且大多数的收入不再是根据通货膨胀调整。如果收入没有在21世纪的相对良性经济环境中上升，在之后的时间里它们为什么还会上升？

总结一下，大量拥有ARM或紧预算的债务人短期将偏好低通胀。现在的危机只是直接地转移了那些最容易受利率上升和房屋资产贬值影响的屋主的偏爱。但只有5%～10%选民的偏爱变化可能对选举有决定性，而且次级和Alt-A抵押贷款也集中在重要的选举州，像加州、弗吉尼亚州、佛罗里达州和得克萨斯州。其中的前三个州城市住房价格相对较高。人们可能认为财政援助能够缓解贷款屋主的困难。考虑到2008年10月之前的金融灾难问题的严重程度，紧急援助的规模仍然会通货膨胀似地增长。

尽管短期内有高通货膨胀的风险，财团和美国的债权人却在流动性方面有较多的兴趣。商业银行和投资银行创建在MBS上的CDO以及信用违约互

① Patrick Jonsson, "High Property Taxes Driving a New Revolt," *Christian Science Monitor*, March 28, 2006, and Ron Scherer, "States Try to Ease Property Tax Rise," *Christian Science Monitor*, June 5, 2005.

换上有着巨大风险。穆迪推测，2007 年全球充满了各种不同的"特别的投资工具"——银行为逃脱巴塞尔 II 资本适用规则创造了资产负债表的实体，规模大约有 1.2 万亿美元，考虑到 2008 年中期银行业的经营失败，这一数字似乎低了点。无论怎样，房价降低和增多的不良行为向金融公司提出了一个严峻的问题。① 如果金融公司将这些贬值资产推向市场，它们会减少它们的资产而进入明显或隐蔽的破产，像 Lehman、Bear Stearns、Wachovia 与美国国际集团（AIG）。如果它们没有将贬值资产在市场上销售而是作为抵押资产持有，将没有人会借款给它们。它们为了稳定资产价格和它们的资本基础会寻求来自美联储和财政部庞大的现金注入。2008 年 9 月之前 1.6 万亿美元的紧急援助极大增加了资金的补给。

金融机构希望，增强的流动性能使它们坚持足够长时间以便使较高的通货膨胀带来的名义收入和名义房价得以回归，也能让它们将隐形债务以与票面价值比较靠近的价格在市场上销售。当这依旧不能解决危机的时候，美国部分州在 2008 年 10 月通过购买价值 1 250 亿的股份以及对 1.5 万亿美元银行债务提供担保让九个核心金融公司国有化。

在 20 世纪 80 年代与 90 年代，财团和精英收入阶层构成了极低通货膨胀和推动中央银行独立发展的社会基础，但却经常是以就业水平为代价的。金融追求的是一种市场解禁与财政抑制的平衡政治。个别的金融公司为了消除利率风险，发展了可调整利率的抵押贷款业务。但是在目前的关节点上，它们需要数年 4% ~5% 的通货膨胀使名义房价与以房子抵押获得贷款的名义价值相接近。这将确认它们不良的抵押贷款，将它们资产负债表复归到较少坏账勾销与新资本金的平衡。

在对什么是协议货币的清晰论证中，外国的债权人明显影响了紧急援助的时间安排和目标选择。国外持有的美元证券在少数国家与公共部门的集中增加不断地为这些国家注入市场的力量，中国的表现尤为明显。到 2008 年，中国或许持有超过 1/8 的美国国债。中国政府在 2008 年夏拒绝吸收更多的

---

① Peter Thal Larsen and Paul J. Davies, "Trouble Off Balance Sheet Raises Concerns," *Financial Times*, August 23, 2007.

机构 MBS 是房利美与房地美再次国有化的最直接因素。直到 2008 年 6 月，外国政府投资者每月吸收的代理债务大约 200 亿美元。但是在 7 月和 8 月，中国实际上卖出债券 46 亿美元，而其他的外国人卖了 101 亿美元。2008 年 9 月，由于担心外国对房利美与房地美再融资 2 000 亿美元袖手旁观，财政部对两房公司予以保护。然而，外国的债权人却无处投资了。他们售出代理债券，转而只购买了 710 亿美元的国库券。类似地，美国国际集团 3 000 亿美元的未偿还贷款债务掉期交易（比如不偿还债券）明显对欧洲银行有利，这迫使美国财政部让美国国际集团国有化。[1] 美国国际集团持有破产的雷曼兄弟公司债券而且在不良贷款上付出了 250 亿美元，这些都使它的资本基础损失殆尽。美国国际集团的破产是无法控制的，它的破产将严重危害欧洲主要银行，迫使它们增加监管资本或寻求贷款。[2]

即使是一个低的通货膨胀，低利率和直接救助制度也会影响美元的国际地位。低利率制度将阻止投资者向美国转移额外现金，除非美国继续保持同其他发达国家的增长差距。而一般的低利率将较之于日本或欧元区更能刺激美国经济。但是，很难看到建立一个足够大的消费者权益群体能够以利率较低的固定利率抵押贷款再融资并将为增长差异作出贡献，事实上，增长差异最终来自增加支出，而不是增加储蓄。此外，紧急救助会加剧财政赤字。这也有可能对进入美国及美元计价证券的资金流量产生不利影响。在不久的将来，房地产泡沫的破灭毫无疑问会对美元产生负面效应。尽管从长远来看，更加广泛的抗通胀措施将有助于确保美元的地位。

5.4　房地产金融危机和美元的未来

在这一章，我认为房地产金融体系在发展美元成为 OECD 的硬通货以及 1991—2005 年亚洲发展协议货币过程中扮演着重要角色。美国金融市

---

① Saskia Scholtes and James Politi, "Bank of China Flees Fannie-Freddie," *Financial Times*, August 28, 2008, http://www.ft.com/cms/s/0/74c5cf58 - 7535 - 11dd-ab30-0000779fd18c.html.
② Daniel Gros and Stefano Micossi, "The Beginning of the End Game...," September 20, 2008, http://www.voxeu.org/index.php? q=node/1669.

场的深度和流动性必定会影响着成员国对储备货币的选择。然而，这些市场并不独立于美国房地产金融体系，后者通过房利美和房地美向市场提供了高流动性抵押担保证券。不过美国住房信贷体系也促进着日本与欧元区经济的差异化增长。但是财政紧缩、从亚洲进口货物的价格下降以及短期低息贷款都压低了美国信贷市场抵押贷款的名义利率。由于美国房地产市场是那种准入门槛低、廉价抵押的家庭购买融资制度，所以就导致了利率下降造成总需求上升的现状。这种以住房为主导的凯恩斯需求刺激了美国和一些高于 OECD 的 GDP 和就业率增长平均水平的国家，并且引导自我维持的资本流入。这样高于平均水平的增长确保了资金流动，使得美元能够成为"顶级货币"。

虽然有丰富的资金从 OECD 中流出，但却无法转化为增加总需求并且控制通货膨胀的动力，也无法从根本上进入美国的投资领域。同时，由于美元汇率高于平均水平的增长使得亚洲的发展中国家对美国出口商品的需求日趋增加，在此番大趋势的推动下，美元汇率增长超出一般水平，进而巩固美元在国际贸易中协议货币的地位。

值得着重关注的是，因为通货紧缩的加剧和住房价格的泡沫，使得这样的过程成为了一个危险的存在，就和其他任何资产泡沫不可能毫无限期持续下去一样。因此，我并不认为在任何时候任何情况下美国式房地产市场更有机会去引领美元高于平均水平的增长。的确，反面的事实与实践表明：在20 世纪 70 年代到 80 年代间，通货膨胀很可能通过各种不同的方式渗透到美国的房地产市场，并且使许多借贷者在 2006—2008 年间丧失抵押品赎回权，加速了全球性金融危机的扩大。我的分析正好解释了美国式的住房制度会深受通货膨胀毒害的原因。通货膨胀导致了房屋贷款名义利率的上升，抵押贷款债务相对于 GDP 与住房普及已经处于一个很高的位置，此时，需求已经远远超过了经济的承受能力。在 20 世纪 70 年代和 80 年代前期，美国通货膨胀率和名义利率比日本和欧元区的核心国家还要高。这引起了 GDP和就业率增长相互背离。这种现象在 70 年代末到 90 年代初（1990—1992），从日本和欧盟国家的高就业率和有些时候的 GDP 表现可以看出。① 正如上文指出，作为 20 世纪 80 年代储备货币的美元已经逐渐失去吸引力，直到 20 世纪 90 年代，通货紧缩才扭转这种趋势。

与此同时，值得注意的是，美国式的住宅信贷并不是推动经济的永动机。庞大的现金流激化了美国的内部矛盾，最终扼杀了经济的周期性增长。首先，美国和亚洲间增长的循环需要靠连续不断的通货膨胀（或通货紧缩）释放更多的美国购买力。从 1991—2007 年 7 月，亚洲发展中国家出口到美国的商品价格下降了 27%，提高了美国消费者的购买力和对亚洲的贸易盈余。② 涌入的美国国债与机构债券与膨胀的亚洲贸易盈余降低了利率。但是，中国的出口成功也暗示着中国经济正在迅速增长，这增加了中国对全球原材料和中国自身半熟练劳动力的需求。原材料价格从 2004 年开始上涨，中国人均工资从 2007 年开始上涨。就这样，中国开始输出通货膨胀而不是通货紧缩。这促使了美国利率上升，打破了一直主导美国增长的反通货膨胀机制。

其次，住房永久性增长的限制是住房市场中潜在新进者或升级者的资金枯竭。随着借贷市场追逐越来越少的信誉买者以及住宅拥有率提高到超越历史水平 5 个百分点，资金变得枯竭。在市场的底部，收入的增加已经不再出现，当房价经历了 10 年上涨后，新房主发现想要支付一套房子时，他们已经捉襟见肘。而如果再也没有新的参与者进入底部市场，那么那些在中部市场的投资者将连一套房子也卖不出去，也没有可实现的产权去为他们向财富阶梯移动来融资。但因为 20 世纪 90 年代反通货膨胀增长模式依赖于亚洲商品日益增长的进口，在收入分配最底部的人面临工资下降的压力。日益贫困的人买不起越来越贵的房子，除非买方和贷款人想要使用欺诈手段，但事实证明，直到 2007 年这个市场崩溃前，他们做到了，他们将次级贷款重新包装为 "toxic waste" 担保债权凭证出售给投资者。努力恢复美国的经济增长，差别对待欧盟和日本，这样就保住了美元顶级货币的地位，也顺理成章地改

① Kenworthy 2002.
② U. S. Bureau of Labor Statistics website, http：//data. bls. gov/PDQ/outside. jsp? survey＝ei.

善了底部群体的收入状况。

通货紧缩的压力减少和信誉良好的买家在 2005 年将美元顶级货币的地位推到最高点，正如它在 20 世纪 70 年代和 80 年代所做的一样。那时，比 OECD 平均水平高的美国通胀率导致了美国低于 OECD 平均水平的增长。2008 年，出于对美国高通货膨胀率和美国经济的增长放缓的畏惧，在可预见的未来中美元可能更多是作为一种协议储备货币。从布雷顿森林体系 II 和地缘政治来考虑，美元依赖亚洲和石油出口国的概率最大。美元是否能再次吸引市场的支持，从而恢复其作为一个顶级货币的地位还有待观察。住房金融是否作为将在这个围绕美元重建金融平衡的大背景下起到关键作用的要素尚不清楚。但是，美元当然不可能在其中不扮演任何角色，因为它能够有庞大规模的优良资产，而且其对宏观经济有巨大影响。

在这期间，美国所要面对的中心问题是：欧洲、日本和亚洲发展中国家的经济是否会同美国经济脱钩。如果这些地区能够获得超越美国经济增长率，那么美元将会面临相当大的困难。如果欧洲核心国家的经济增长接近或超过美国的水平，困难将尤其明显。目前一些分析表明，若戳破美国房市泡沫，这将导致美国在未来几年的经济增长率至少降低 2%，甚至 4%。[①] 因为后者的数字意味着一个严重的衰退，这无疑使美国相对于欧元区处于一个不利地位。

在此，虽然我不会赌上我的房子，但我的感觉告诉我美元将会蒙混过关，原因有两个：

首先，与政治变化相一致的需要，即欧元区核心国家的增长率超过 OECD 平均水平是很困难的，所以欧元将不会超越其目前的区域地位。而且，欧元区不可能摆脱美国的住房金融危机影响而毫发无损。在 2008 年和 2009 年，欧洲和日本经济降速比美国更快。欧洲的银行也遇到了与美国在 2008 年发生过的临时干预和国有化相类似的困难。在 2008—2009 年冬季，

---

① Reinhardt and Rogoff 2008.

比利时、英国、法国、德国、荷兰和瑞士的银行出现了完全或部分国有化的现象。① 虽然美国和欧洲经济增长速度的差距会比 20 世纪 90 年代大部分时间小，但差距会持续下去，这有利于美元。

其次，调整所需要的时间意味着外国人要么必须积累更多美国资产要么直接购买美国商品。鉴于美国也能提供出口的商品，中国及其他亚洲出口商将不得不缩减国内产业提升计划，从中期看，美元可能更多的是一种协议货币而不是顶级货币，中央银行与主权财富基金要比私人投资者更有影响力。协议的条件将由外国人对美国资产与美国商品的相对偏爱所设定，也会由富裕美国人减少对进口商品的偏好所设定。

---

① Stephen Castle and Katrin Bennhold, "European Offcials Debate Need for a Bailout Package," *New York Times*, October 2, 2008; http：//www. nytimes. com/2008/10/02/business/worldbusiness/02regulate. html.

第 6 章

从垄断走向寡头垄断：源自 1914 年以前的经验教训

Marcello de Cecco

我们正处于世界经济和货币历史的转折点。这会不会是一个突然的、非线性的转折点？世界货币和金融事态的发展趋势如何？这种转折会如 Eric Helleiner 在这本书中所述，像 1914 年一样，被政治力量所控制吗？我们能逃脱相似的严峻结局吗？

我的论文是比较系统动力学下的一种非正式化文献尝试。最近几十年的国际货币历程与 1914 年之前的 15 年相比肯定有一些共同的特点：一个面临经济衰退的超级大国——当时的英国，现在的美国，如今都面临着大的新来者的挑战，当时是德国和美国，如今却是那些经济超速增长的所谓金砖四国（巴西、俄罗斯、印度、中国）。日显颓势的超级大国发行着国际货币，但它的地位却受到另一种货币的挑战。在我们这个时代，挑战者似乎是欧元，而在 1914 年以前的时期却是黄金——国际金本位的唯一基础，并逐步降低英镑的地位，使其只能主要在大英帝国范围内发挥作用。

但是，为什么不强调现行体系和其他时期体系的相似性？例如，在两次世界大战期间，确实诞生过一个多国共享的国际货币体系（Benjamin Cohen，第 7 章）。由于 20 世纪 20 年代和 30 年代国际金融体系的私有空间变得越来越小且受到政府法规的约束，这也越来越多地限制了国际金融中介在国际贸易中所发挥的作用。战时管制从未消失，反而被报复性地再次采用，这一现象在 20 世纪 30 年代几乎无处不在。在战争期间，中央银行严格执行政府的政策，而且再也不会回到 1914 年以前它们所享有有效独立的时代。换言之，国家和市场之间的关系，在两次世界大战之间的 20 年间更倾向于国家。相反，货币与金融关系的发展从 20 世纪 80 年代初以来就呈现出了远离国家、亲近市场的趋势，这一点很像金本位制实行的年代。虽然国家在 1914 年之前的十年占有优势，但私人间国际金融市场发展如此之快，以至于至少延续到 1907 年的危机。两种影响力的关联只有在大战爆发或在交战国对战略上的相关经济部分采取计划经济时才倾向于国家。无论是在 1914 年以前的国家还是现阶段，都不会导致金融对弥漫在两次世界大战之间政治的辅助性产生迷恋。国家和市场间的力量对比显得更加均衡，并嵌入在国际金本位时期和最后 20 年间的经济全球化中。然而，令人担忧的是 1914 年之前的 15 年间世界所接纳的重商主义和保护主义今天又有死灰复燃的趋势。

此外，我们这个时代的国家货币多元化似乎与两次世界大战时主导的有所不同，没有货币展现在台前，也没有严格的国家主权表现。尽管现在处于世界经济地平线上的新星肯定是中国，它有比任何国家都要多的贸易盈余，累积储备也比其他任何国家都要快，但在国际货币地平线上冉冉升起的明星至少在一段时期内还不会是中国的人民币，当然也不会是巴西、俄罗斯和印度的货币，而是欧元，一种奇特的超国家货币，它的央行类似于美联储，不会通过干涉而是让市场自由设定汇率来积累储备。欧元是否更多地类似于黄金而非一种国家货币？像黄金一样，它不是国家主权的表现形式，它的市场价值完全由供给和需求决定。像黄金而不像国家货币，它没有财政的作用，因为它不能被用来支持其成员国的公共债务。不同于黄金的是，欧元已没有内在价值，且由中央银行发行，虽然欧洲中央银行本质上是欧洲联盟的附属机构，但它与欧洲议会是处于同一级别的，是完全独立的政治力量、国家形式（尽管它是对欧洲议会负责的）。

我们的印象是，欧元将与美元长期共处，或许美元会慢慢地发挥白银在许多世纪以来所扮演的角色，它的用户将越来越多地关注其汇率和交易功能，其次才是它的存储功能，而这些最后可能都会成为欧元的典型特权。如果欧元能够与两千年来的黄金取得一些相关的特征，它将像黄金一样被用来指导储蓄工具和资本交易，如房屋和土地的买卖，甚至可能是国际商品交易。我们正在进入一个类似于复本位制的长期阶段。这区别于一些当代经济学家的看法，他们认为国际上只能存在一个单一的货币标准。而 Leon Walras 给出了一个令人满意的理论证明。他认为，如果黄金和白银的相对价格可以调整，且合理地固定，那么它们是能够作为互补的金属货币而共存的。

但是，首先，我们必须等待，看看美元的贬值在超过历史最高点时是否还能持续。其次，由于欧元国的货币相对美元有所波动，因此当美元贬值时，欧元国会失去世界贸易的市场份额。欧元国对美元贬值是如何反应的呢？一个相关的问题是，在美元溃败之前，其贬值进程还需要多长时间？正如在 19 世纪最后十年的白银，作为金属货币，它的应用究竟何时能使所有的发达国家一致放弃这一坚挺的铸币，并把其降级到印度等贫穷的国家？美国金融部门如何才能用极速贬值的货币来开展业务？对于英国来说，英国金融界已决定将英镑保持较高的国际价值，即使这意味着一部分良好的英国工业结构将被牺牲（Kirshner，第 9 章和 McKinnon，第 3 章）。而如今，美国货币当局也能对美元采取同样的措施吗？毕竟曾在 1965 年约占世界货币储备 20% 的英镑已减少到十年后的微乎其微。但是，30 年后，我们看到作为储备货币的回报是它取代了在 20 世纪 70 年代和 80 年代发挥同等作用的日元（对日元在 20 世纪 70 年代和 80 年代面临升值压力的困境，在 McKinnon

第 3 章中提到且被强调）。

6.1 作为储备货币的欧元

欧元是一种非常特殊的货币，它不再是某一国家的货币，而是由获得欧洲中央银行体系许可并拥有货币发行权的国家集团构思而成的。它通过切断公共债务和货币创造的联系，从而放弃了货币主权。欧洲中央银行法令禁止从一级市场中购买任何欧洲货币联盟（EMU）成员国的国债和公共债务。财政政策因此与货币政策相互独立。欧洲中央银行所谓的"公开市场操作"也因此在欧洲货币联盟和商业银行间得以运作，正如 2007 年 8 月所表现的那样。货币主义在后期获得了胜利，并通过明确的任务分配得到了进一步增强。在价格稳定、对货币供应的控制等方面，欧洲中央银行（ECB）在确保欧洲货币联盟国内的物价稳定方面被赋予了独特的职责。然而，最近欧洲中央银行似乎通过默认采用通货膨胀目标制而服从于理性预期学派，这也悄悄地将货币供给降级为主要的财政工具以便于利率的控制。

结果是，欧元作为储备货币的最佳候选人崭露头角。其未来的价值由欧洲中央银行必须依法遵循的稳健政策来保证。只是那时有一个结构性的原因在为德国马克发挥着稳定的国际性作用，而现在是欧元。从 1870 年开始，德国经济已经形成了一个为全世界生产投资品的出口经济体系。它有一个内置的倾向去积累储备，而不是为整个世界创造储备。因为有着大型投资—商品—生产等额外的部门，德国无法产生与完全就业相匹配的需求增长率。而近年来，德国的财政失衡、公共债务的提升和对整个欧洲经济产生的需求再次结合，暂时性地削弱了重商主义者的偏见，就像德国对它在 1989 年收购的东部土地进行现代化一样。但是，德国工业经历了严重的转型，紧随其后，公司把低价的产品、零部件和生产线搬迁到东欧，而仅保留高附加值的公司，再加上研发和德国公司的治理，这造成德国大量失业（高失业补偿）、工资下降和内部需求紧缩的压力。在完成基础设施现代化建设的早期阶段之后，其财政平衡才缓慢地恢复。通过这一战略德国重新获得出口能力。通过重建、投资和搬迁，一个综合的生产体系就像 1914 年以前已在那里建立的一样矗立在欧洲中部。当亚洲和其他新兴经济体（特别是中国）在新世纪的初期开始迅速发展时，德国已经做好了为它们提供先进投资品的准备。从宏观经济的视角来看，欧洲还没有达到自给自足，它仍然需要从外部进口所需要的商品来实现充分就业率下的增长。假使德国和欧洲中部的生产一体化得以实现，需求问题可能会更大。

自欧洲货币联盟运行以来，为世界经济提供足够需求的任务已经由美国执行，美国吸收了世界进口份额的 15%，却只输出世界出口份额的 7%。由于贸易和收支失衡，以及发生在美国的大幅减少美国金融机构信贷供给限制这一重大的金融改革，美国货币体系因此而产生的流动性加剧了世界的繁荣。相反，欧元的管理更加保守。在同一时期，中国占世界进口的份额也出现了前所未有的增长，并且始终表现出对世界其他地区，尤其是对美国的出口盈余（在这里，我的分析与 Calleo 在第 8 章中的观点完全一致）。

欧元经历了一个初始阶段，在 20 世纪 90 年代末，当时的美元汇率非常高，美联储不得不与信息、通信和技术（ICT）泡沫进行斗争，而新生的欧洲货币经过一个非常良好的开头之后，成功地保持了与美元的平价关系。信息、通信和技术泡沫的最终爆发，终于使美国的经济陷入了严重的衰退，这一切迫使美联储收回脚步，甚至将利率下降到了几十年来前所未有的极低水平。外交政策和军事开支的增加也需要宽松的货币政策。结果，美国的货币政策极其宽松，甚至在美联储开始调高利率之后也一直如此。原因是美元开始疲软，同时也由于在目前的美国金融体系中，私人金融机构的竞争行为与中央银行都决定着货币政策。

在这个美国货币政策的新阶段，欧元开始升值，并获得了作为储备货币的信誉。德意志银行经济学家的最新评估指出：目前，欧元在工业化国家储备中的份额已超出了总数的 50%，这还不包括日本持有的份额，尽管在日本的外汇储备中依然是美元占支配地位。这就意味着在这些国家中欧元储备现在已经超过了美元储备。

近年来，世界整体外汇储备的增长速度非常快，美元占总数的 2/3，而欧元仍是不到 1/3，英镑却意外地得到了恢复，现在的世界外汇储备中仍有 5% 是英镑。这意味着，经过短暂的初始不确定，欧元在央行的储备中已大受欢迎，尽管美元储备的速度仍在加快，但欧元占总储备的比例已经接近美元。

近年来，新兴市场国家也开始积聚储备，特别是亚洲的新兴市场国家，最显著的就是中国。而当石油价格上涨后，石油生产国，包括俄罗斯和中东国家也开始积聚外汇储备。俄罗斯目前主要持有欧元，而中东石油生产国仍偏爱美元。

中国的情况是最重要的，因为中国现在独自拥有的外汇储备就已超出了 1 万亿美元。2002 年后，美元汇率开始下跌，中国人选择了有利于本国外汇储备多样化的欧元。从 2004 年开始，他们已经保持了一个稳定的投资组合，尽管就货币种类而言，在中国投资组合中，美元依然处于支配地位。相较于他们已转出的短期美元资产，中国人和其他大型储备持有人更多地将动用外汇资源投资于一些国外的实体资产。这给东道国带来了微妙的主权问题。随着这一现象的发展，这个问题将更加凸显。

如果事情并非以上所说的，这将是奇怪的。很明显，由中国和其他同类新兴市场国家持有的外汇储备之所以被大量积聚是基于货币干预的结果，即它们试图阻止自身货币对美元的升值。新兴市场国家对美元储备的快速积聚，导致一些经济学家倡导一个新布雷顿森林体系。一个直接的参考系就是在 20 世纪 50 年代与 60 年代德国和日本对美元的储备积累政策。这些国家想出口商品到美国，以加快其发展步伐，为使美国用保持不贬值的美元购买它们的出口产品，它们不得不积累美元外汇。现在轮到中国、印度、巴西和韩国等国家，就连日本也这样做。它们在其商品在美国获得开放市场的可得性与其货币相比美元购买力所形成竞争性汇率这两方面相互权衡。

因此，这种观念认为，尽管欧元地位上升将使其在不久的将来极有可能取代美元，但这种可能性很低。因为美国市场对新兴国家而言，仍将是一个至关重要的市场。新布雷顿森林理论的提出者也认为，世界贸易和支付体系不可能是一个多元货币的标准。他们认为，由于网络的外部性，每个时段只能有一个世界货币标准。而提供标准的货币有可能会改变，在过去是英镑，而后被美元取代了。该体系的两极分化是不可避免的。根据这种观点，在任何时候都不可能同时有一种以上的货币作为标准。

我认为，现在的情况是不能与布雷顿森林体系的黄金时代，即光辉三十年（法语）相提并论的，毕竟现在没有适合于中国等超大储备持有者的战略性贸易，它仅适用于布雷顿森林体系几十年中的德国和日本等国家。苏联的解体解除了威胁，或者至多变为俄罗斯的威胁，世界并没有两极化，一个权力的寡头垄断正在形成。到目前为止，我们已经看到了寡头垄断的串通阶段，更确切地说，或许我们可以将苏联解体后的世界分类设定为 Stackelberg 模型，而美国处于领先地位。随着中国的崛起与欧元的上扬，也许我们现在正过渡到寡头竞争，这是一种更加危险的状态。国家开始再次走向单元个体，而不是作为两极世界的成员，通过独立的意识形态将两部分紧缚在一起，一直持续到苏联解体和中国与欧盟的崛起之前。布雷顿森林体系根植于其超级大国的观念和有限的主权。布雷顿森林体系中所有有关黄金交易标准的历史例子都牵涉到持有母国货币作为储备的殖民地国家。凯恩斯在《印度的货币和金融》中对金汇兑本位制的概论进行了分析，其他的学者也特别提到了这一观点。意大利一位著名的经济学家，Gustavo del Vecchio 就曾品评过这本书。其他一些当代经济学家都认为一个主权国家必须用黄金来做储备，这是一种中性的，也是唯一能在战争中保持流动性的储备工具。①

6.2　更合适的历史比较

第一次世界大战之前几十年的世界经济展现出的几个特征强烈地提醒了今天的我们。突出表现在：首先，美国耸人听闻的快速增长，一个在世界经济中从相对次要的角色发展成为主角的国家。美国在世界舞台初来乍到，但

---

① 　Von Lumm 1912.

通过大规模移民获得的人口接近世界数一数二的水平，通过后续的横征暴敛（主要以墨西哥为代价），它变得像一个洲那么大。然而，美国地位提升的真正革命性特点是其在现代农业和工业上的生产力增长，在某种程度上，美国的崛起甚至比我们这个时期的中国崛起更加具有革命性的意义。相对于旧世界国家，美国起步初期几乎没有任何工业或农业基础，并且其工业的增长并没有经历一个长期的"原始积累"阶段，即一个建立在对贫困群众和工人进行剥削的阶段（仅有南部的经济涉及奴隶制，而工业化主要发生在东北），尽管它肯定得到了森严的贸易保护制度的庇护。美国产品质量较欧洲而言明显低劣，但它的工资却一直高于欧洲的主流。它不需要填补严重的技术差距。一段时间之后，美国的工农业是处于技术顶峰的（尤其是节省劳动力方面）。南北战争结束后，美国就图谋瓜分世界，从殖民地大量吸收资本出口和移民以建立自己的基础设施以及工农业结构。

同样在这几十年里，另一个欧洲国家的发展举世瞩目。众所周知，几十年间，德国发展成为世界上的投资品工业强国，并保持到了现在。它可能还构不成对美国的挑战，因为它没有美国所拥有的广阔地域，但它成功地组织了生产系统，它向欧洲大陆的所有发展中国家，包括奥匈帝国和中欧其他地区、意大利、俄罗斯提供投资品，吸收工农业产品及其原材料，并因其"中部体系"的首创而闻名于世。

6.2.1　新兴力量、英国和金本位

随着美国和德国的崛起，意大利和日本的经济恢复、俄罗斯的快速现代化以及普法战争中战败国法国的重返舞台，英国的世界霸主地位受到严峻的挑战。几十年来的世界政治与经济版图发生了天翻地覆的变化。相比较而言，近几十年来英国工业和农业的下降是众所周知的，但鲜为人知的是大多数发达与发展中国家采用金本位体系的挑战是针对英国的。尽管多数货币历史学家将它视为一个走向世界货币均衡的积极步骤。它是不是真正有助于世界或英国？答案是喜忧参半的。

在前几十年里，尽管皮尔法令导致了一些意想不到的后果，英国的金融

企业家和官僚创立了集中式的黄金储备，并委托给英格兰银行，且发展了世界上规模最大、功能最全的银行体系。这使他们的金融体系拥有了显著的弹性，但也暴露了它隐藏的一个突然并有破坏性的信任危机。一个潜在的、不稳定信用关系的巨大倒金字塔建立在一个极度缺乏储备和灵活性的纸币之上。

英格兰银行持有庞大英国金融体系中的黄金储备，只要英国保持了虚拟垄断的金本位，它将通过提高利率来阻止黄金外流，同时，在这一过程中也吸引来了世界各地的黄金。在法国，黄金作为铸币连同白银一起流通，当英国的银行利率上升，黄金主要由法国运出（尽管它源于英国城市短期资金外流，甚至吸引了几十个其他国家的黄金）。巴黎与伦敦间的联系完全依赖于 Rothschild 家族在两国贸易中控制的金银。但是，至关重要的还是英国城市能对大部分的国际贸易提供融资的能力，尤其是原材料和初级产品。此外，伦敦也资助了世界上的大量长期投资，长期贷款的收益被短期国外债务人和拥有浮动贷款的英国银行进行再投资。最后，是伦敦的公司在经营最大的市场，尤其是新开采的黄金直接从矿区被拍卖或出售给私人的市场。而良好收益的一部分则作为短期贷款由伦敦的中介商保管。基于上述理由，英格兰银行利率的上升导致了大量的英国金融投资商把他们的存款留存在伦敦以赚取更大的利益，银行的黄金储备也不再流失。这是一个部分市场参与者纯粹的商业性决定，完全由一部分经营者对利润最大化的渴求所致。

当越来越多的国家决定采取金本位制并创建中央银行来管理新的货币制度时，这个简单的机制受到了严峻的挑战。这些国家的银行不可能通过依靠一个深度而有弹性的货币市场来帮助它们避免新体制下更多的通货紧缩特征。它们不可能像英格兰银行那样容易地从市场上借入黄金，而只能提升利率。当它们这样做了之后，黄金却没有流入，因为对国际金融市场交易而言，它们是净债务国而非净债权国。结果，这些执行新金本位的国家对它们储备中的黄金外流现象始终持有非常悲观的看法。它们知道自己没有像银行利率一样有效的工具来吸引黄金。它们不得不通过遵守兑换规则来积聚储备。与此同时，基于对黄金自由运行的恐慌，在本国政府的帮助下，它们发明了一种限制黄金外流的方式来尽量减少其对实体经济的冲击。

随着金本位制的采用，越来越多的国家开始遇到黄金出口的瓶颈。令英格兰银行懊恼的是，当它提升银行利率时，黄金并没有像仅有英国和法国具有重要的中央银行时期那样容易流动。法国宁愿失去黄金也不提升利率，并动用其巨大的黄金储备和庞大的金融流通市场，以此作为一个巨大的缓冲资本，从而维持利率稳定。英法两国之间的双向行动行之有效，并仍在持续发挥作用。英国对黄金的中央集中显得微弱，这增加了其金融体系的效用成本，且要更加频繁地支付提升利率后的价格加息。而法国，其传统农业仍提供了 40% 以上的就业，它不可能像英国那样高效地发展银行存款体系。它的黄金储备由国民分散持有，当银行利率上升使它们方便汇出黄金时，法国和英国的套利者将获得这些分散的黄金，并将其运往伦敦获利。正如我已经指出的，Rothschild 家族存在于巴黎和伦敦的两个主要支行并使套利操作更加顺畅、便宜。直到 19 世纪 80 年代，法国依然执行复本位制标准。因此，当黄金被运送到伦敦时，白银则取代了其在流通领域和法兰西银行款项的地位。这也帮助 Rothschild 家族成员拥有了在英国央行和法兰西央行的董事职位。

越来越多的国家创建了中央银行，当黄金发生流失时，它们并没有采取法国央行的严谨态度，而仅是努力使它们金库中的黄金与自由市场隔离，这导致了这种不太稳定但有效的机制开始动摇。在黄金停止流出伦敦或开始回流之前，英格兰银行的贴现率不得不高于其以往的水平，这对经济的影响很大，并且开始为公众和金融政治集团所关注。

同一时期发生于英国的银行存款巩固运动也于事无补。它是如此激烈以至于在世纪之交，英国发现自己已经成为迄今为止世界上最大的存款银行。为了提高利润，新的大银行开始对伦敦区专业金融中介的传统禁区进行扫荡，它们中的部分所有者同时也是英格兰银行的董事，负责制定英国的货币政策。英国伦敦历史性地依赖借入的资金，而其专业中介机构也转变为国际贸易和融资的机构。其中的一些资金来自国外，但大部分来自银行存款。这些银行在习惯上以英系国家为基础。合并后所出现的银行巨头有伦敦总部和大量的分行网点（每个银行多达 700 个分行），在英国的每一个角落吸收存款，用它们的存款来执行迄今由其他中介机构所执行的任务——例如，为证券交易所提供融资，甚至服务于国家贸易。因此，不论从国外还是从其他地区，提升银行利率来停止资金吸收和以前一样容易。

传统的英国金融范围变得越来越窄，因为英国其他地区和世界的金融系统是以一种它们从未见过的方式组织在一起。德国、美国、奥地利、匈牙利和意大利的金融系统分别沿不同的路线而建构。而所谓的全能银行正在扮演着英国专门机构中最重要的角色。每到一处，大量的存款银行只存放十分稀少的黄金储备，而当它们需要黄金时，则求救于中央银行。但与持有和其自身规模法定匹配的黄金储备的法兰西银行相比，随着德国大银行规模的增长，德帝国银行的黄金储备则相形见绌了，其不能持有足够与德国银行体系规模相匹配的储备。美国没有中央银行，其 6 500 家国家银行都可以发行钞票，但法律规定它们必须持有联邦债券作为发钞的后备资源。只要它们发行钞票它们就不得不将黄金兑换成财政部发行的国债，正如许多同时代的人所观察到的，美国财政部将黄金放在金库中，而这些黄金只有在国内或国际爆发金融危机时才会被投放到市场。

美国、德国、俄罗斯和意大利的银行纷纷进入了比英国银行更持久的民族工业和金融经济，并经常购买和持有工业股票。此外，其资产的流动性较低，但负债却有很高的流动性，从而暴露了这些国家金融体系结构的脆弱性，并要求央行持续和大量的干预来维持稳定。直到 1913 年美国还没有这样的机构，而德帝国银行从 1907—1912 年之间的几次危机中发现，它并没有足够的黄金以遏止资金外流并保持货币和金融的稳定。

现代化世界中其他地区金融组织的崛起如此巨大以至于削弱了英国"引领国际乐队"的能力。随着世界其他地区的大力发展为快速工业化提供积极协助的金融体系，英国的金融中介机构将在一个非友好的环境下运行。可以预见，那些从属于大英帝国和英联邦自治区域的国家，尽管它们仍然过着安逸的生活，但它们的金融体系已经完全由母国垄断了。它们在美国的活动是非常有利可图的，但有可能给英国金融监管机构带来严重的政策问题。

6.2.2　失衡的力量

　　美国的金融事务仍然保持着十分奇特的组织形式，直到第一次世界大战爆发，美国仍没有中央银行，而是由联邦财政拥有黄金储备。随着国民收入不断增长而激增的财政收入，以及为了支持其票据发行而从国家银行购买的债券，形成了战前 15 年的一座巨大金山。美国财政部是既不能也不愿像中央银行那样经常且灵活地将黄金回收到金融体系内。在 19 世纪 70 年代末，国家相继采取金本位制以后，就不仅仅是联邦财政部在囤积黄金了。美国平原和西部各州大量的农业人口确实正以一个庞大的规模吸收黄金。夏天，他们卖出庄稼，获取金币，留置家中，且非常不信任银行（他们有充分的理由）。直到时机成熟，在随后的几个月里，购买种子、农业机械和消费品。此时，金币又回流到拥有美国最先进银行系统的东部海岸。

　　当农民储备黄金时，东部就成为黄金最稀缺的地区，此时，纽约的利率上升，则黄金就从伦敦这仅有的一个黄金自由市场流出。反过来，英格兰银行也会调高本国利率以阻止黄金外流，甚至有时还会吸引黄金流向伦敦。在布尔战争发动时，即使银行利率上调也吸引不到黄金。[①] 随着大西洋彼岸农产品贸易额的增长，出现类似的情况变得更加频繁，特别是从 19 世纪 90 年代中期开始直到英国由于恶劣天气和来自美洲廉价谷物的冲击并造成其农产品产量的最终下降而不得不更依赖于农产品进口之后。

　　因此，英国的金融机构是因美国的企业而富足的，美国的一些银行尽管成长很快，但法律禁止银行拥有跨国支行，只保持着现有的格局，美国金融体系这种特殊的结构使得英国金融机构倍感安全，它们不得不发明一个庞大的银行同业存款网络来建立彼此之间的关系，但这是一个非常脆弱的体系，很容易因信心的丧失而动荡不安。类似于伦敦，美国银行也对纽

---

　　①　Clapham 1944，vol. 2.

约证券交易所经纪人发放短期贷款，并认可这些短期贷款是现金储备。当纽约出现信贷紧缩时，银行网络或中央银行的缺失诱导短期利率上升到一个显著的水平，英国伦敦货币当局出手救援，以一个良好的收益来借贷短期资金。

但是，当英格兰银行和英国财政部着手管理它的国际金本位时，它们并没有因美国黄金积累或美国金融体系的特殊结构而获得任何帮助。美国受益于英国的金融体系，并依靠它获得长期和短期的资金供应，当美国国内不需要资金时，就会存放在伦敦，而当它需要时又悄无声息地撤回，如同它每年秋季转移作物出口点一样。这就是著名的"秋季流失"，它造成了纽约短期利率上升到惊人的高度。因此，资金撤离伦敦消耗了英国银行的黄金储备，并促使其上调银行利率，从而使这种乱象首先传递到英国金融体系，随后迅速蔓延到其他与伦敦金融体系挂钩的国家。截至 1914 年，仍没有足够的套利货币来阻止每年秋季的黄金流失。

在 19 世纪即将结束时，越来越多的国家所采取的金本位制举措变得更加集约，此时英国金融体系具有高杠杆性以及倾向于拥有尽可能少的现金，英国发现当自己急需现金时能够更方便地从没有供应准备的国际市场借入。这与现在的银行体系有着显著相似点，即储备大部分都从市场中借得。

德国、意大利和俄罗斯等国家虽然继续采用金本位，但很快就发现它们不能遵守一个真正可兑换货币的游戏规则。它们的全能银行是通过对用来资助固定投资的工业性放款来创造存款的。因此这些银行经常处于流动性不足的状态。此时，央行不得不来救援，因为其知道本国银行根本没有交易活跃而有弹性的货币市场可以求助。

这一切给英国国际金本位非官方经理人带来了经常性的难题。只有通过幸运的巧合，财政部和英格兰银行才可以借助于抵消的力量来平衡国际账户，以维持英镑的自由兑换。南非大量金矿的发现也是这些抵消力量之一。它不久将成为一笔巨额的黄金流入伦敦并在那里被出售，而所得收入被"临时"存放在英国银行。世界黄金存量在 1914 年之前的 20 年间翻了一番。

配合英国需要的印度经济组织是这些力量中的另一支。尽管它的关键作用在很长一段时间内甚至连专家也大都忽略了，但它也许是最重要的。自从被置于"金汇兑本位制"名下，印度的金融体系始终通过技术安排与英国保持一致。长期以来，印度不允许拥有黄金货币，它保持了银汇兑本位制，不久，银汇兑本位制就被最现代化的国家抛弃了，而比价也在急剧下降。拥有含金量的印度卢比使印度的原材料出口在 19 世纪 90 年代后期和新世纪的第一个十年异常繁荣。印度也因此获得了真实的贸易平衡，并正式提出金本位制。作为其出口激增的结果，它不得不以英国的政府债券和伦敦金融机构存款的形式积累储备。这个系统也被其他殖民地国家模仿，以此来处理与它们的殖民地之间的货币关系。但是，由于它的模式，仅有印度经济起到了平衡国际金本位账户的重要作用，许多采用金本位制国家的储备积累依旧倾向于不均衡，尤其是美国财政部毫无意义地累积黄金储备以及美国许多农牧州所形成的黄金季节性流出更是加剧了这种不平衡。

人们普遍表示，1914 年以前的金本位事实上是英镑本位。尽管如此，这不应该被视为一个积极或稳定的事件形态。直到第一次世界大战，英镑作为一种国际货币仍没有挑战者。但是，有不断增加的理由怀疑英镑本位是否仍然存在，也就是英镑之所以能保持其黄金价值涉及南非金矿巧合地被发现这一事实，而印度政府与统治阶层对印度经济与金融资源的滥用却无助于对英国国际账户的管理。

6.2.3　1914 年以前国际金融危机的时代

在第一次世界大战前的 15 年中，在很短的间隙里爆发了几个国际金融危机。布尔战争拉开了这一系列危机的序幕。在总统 Paul Kruger 的统领下，波尔当局颁布了矿藏禁运令，当德兰士瓦于 1899 年 10 月宣布对英国发动战争时，运往伦敦的黄金被全部停运。当时，德兰士瓦生产了世界上所有黄金的 25%，并且都在伦敦市场出售，所得款项至少被暂时地存入英国银行。英格兰银行有一个优先拒绝黄金以及优先回填不足存货的非官方特权。1900 年 4 月至 1901 年 4 月德兰士瓦黄金未被开采，中央银行开始投标黄金。1899 年 12 月，伦敦的银行利率是 6%，一个自 1890 年的恐慌以来从未达到的高度，德帝国银行的利率是 7%，创历史最高纪录。布尔战争还表明了美国银行体系的极度脆弱性。1899 年 12 月 18 日，华尔街的拆借利率攀升至 186%。虽然没有黄金来自南非，伦敦也能获得重组，并从其他地方进口黄金，并且放弃了以英国政府债券形式存在的印度金本位储备。直到布尔战争期间，银行利率一直都很低，并允许英国政府以一个合理的成本借款。

然而，布尔战争也表明了美国在世界金融体系中变得多么强大。农产品出口有大幅度增长，并积累了大量的贸易盈余。美国投资者动用其中的一部分来购买英国发行公共债务中相当大的份额，他们还购买了大量的德国公共债务。此外，欧洲金融界有人认为，美国投资者在欧洲货币市场中约保持了 2 亿美元的短期投资。因此，美国已成为金融巨人，并且在第一次世界大战之前开始大展拳脚。存在于其金融巨头和国内货币机构之间日益增长的差异只是在世界战争爆发之前暂时不存在，其依旧会成为世界金融和货币稳定最危险的威胁，它破坏了英格兰银行通往"指挥国际乐团"的努力。

始于美国并最终形成的庞大的工业和金融泡沫已经蔓延到多数世界经济实体和金融市场，这在 1907 年的危机中异常明显。作为它的中心，1914 年夏季，伦敦证券交易所也产生了泡沫。这是因为无论是在美国还是英国，甚至在那些爆发危机的外围国家，股票交易投机活动是由国内外商业银行通过短期贷款的形式来供给资金，这被认为是危险的，例如流动性贷款。而在它们保持的储备中，相当大的一部分是用来应对存款以及已发行的钞票。

对爆发于 1907 年的系列危机进行回顾是有益的。在 1907 年事件之前的 1906 年下半年动荡波及了世界市场，包括伦敦、美国证券交易所的投机行为由于缺乏新的金融资源而险些到了崩溃的边缘。而美国银行家们在伦敦发现了新资源，并烧旺了这把火。伦敦银行的投资和不低于 3 500 万美元价值的黄金（等于 700 万英镑）从英国银行转移到美国银行，使英国的黄金资本减少到了它 1893 年曾拥有的水平。英国人愤怒地回应，威胁将银行利率调升到前所未有的高度，以制止伦敦银行家们对华尔街的热情，这在一年后被证明是有益的。黄金流回伦敦，有效地制止了爆发于纽约并迅速蔓延到整个美国的囤积恐慌。

1906 年秋季的货币市场危机缓慢而无情地震荡着世界金融市场的外围，它紧随在一个在纽约由外币而引发原材料的繁荣景象之后。在纽约，大量的铁路股被美国铁路战争中的金融巨头——这一铁路股投机追随者所持有。而1907 年春天铁路股的崩盘引发了华尔街的股票交易危机（一些同时代的人认为联交所危机是由西奥多·罗斯福总统反垄断立法的通过诱导的）。

由于国外资金匆忙撤离周边市场，华尔街可能崩盘的后果引起了它们多数人的恐慌。1907 年 4 月，埃及的市场第一个崩溃，它已经被英国和当地的金融界控制了，因此，只能任由英国银行家撤回它们的资金。当时，黄金是从伦敦被送往埃及国家银行，但崩溃一直持续到了这年夏天，并伴随着银行挤兑、货币囤积和一般性商业活动的中断。与此同时，恐慌也袭击了日本的证券交易所——一个日俄战争的胜利结束给其带来了金融兴奋的地方。经过一个夏天的平静，动荡又恢复了。1907 年 10 月 17 日，汉堡，一个与伦敦市场有历史关联的金融中心，发生恐慌。利率攀升至 60%，许多银行破产倒闭，并迅速蔓延到德国的其他城市。这被认为是自 1857 年以来影响汉堡的最严重的危机。

类似的震荡也在同样的月份发生在与伦敦联系密切的丹麦和荷兰的金融市场。葡萄牙市场也受到了美国危机的震荡，并增加了当地的政治问题。当然，南美洲也不能因欧洲基金的提款而幸免。智利受到的影响最为严重。跟随金融危机之后的是汇率的下跌。而银行挤兑仅源于银行短期国库券的问题。

华尔街金融的崩溃和实体泡沫的破灭使其他恐慌显得微不足道。它发明了当时最具创意的金融机构，即著名的"信托基金"，有点类似于近年来创造的对冲基金和私人股本。"信托基金"能够利用监管漏洞，既从投资银行，也从商业银行获取业务，将存款收入和投机主义混合在一起，伴随着大量公司频繁和突然地被合并与收购，形成了市场垄断和卡特尔制度。这是一个令整个世界都注视着的爆炸性混合。因为规模和脆弱性不断增长，"信托基金"被严格限制。正如我们已经说过的，英格兰银行已经设法把最重要的英国银行从国外撤回，这很有可能让证券交易所在 4 月份发生崩溃。1907年 10 月，美国谷物生产州季节性外流加剧了国外的消耗，而货币和银行危机的爆发，致使它的基准利率上升到一个令人难以置信的高度，银行出现挤兑，货币出现囤积，金融危机的阴谋一一呈现。英格兰银行的银行利率也不得不提高到危机时的水平。这确实使伦敦从 24 个国家得到了黄金，而南非和印度更是当时事件的关键。

然而，战前国际不稳定最有说服力的事件也随着 1914 年初夏的国际政治危机而来，甚至在英国宣战之前，国际金融体系就已经崩溃了。英国曾在纽约有巨大的短期贷款，而伦敦对世界各个国家和地区而言，是一个长期的净债权国和短期的净债务国。灾难开始于 7 月 24 日的北美许多证券交易所，并于第二天蔓延到了伦敦，而这天恰好是股票交易的结算日。伦敦议院成功地从纽约召回了它们的存款。但是，英国的商业银行巨头不断从伦敦的贴现市场和证券交易所撤回它们的贷款，这导致了流动性不足的危险状态。钱从纽约证券交易所被召回，美国证券经纪人必须首先回应伦敦贷款人的呼吁。然而，随着短期资金需求的增加和战争一触即发，纽约的金融机构却决定结束游戏并宣布延期偿付。它们这样做了，伦敦只能选择跟随。金本位制从而在战争爆发之前结束，即使没有被官方宣布，但决定延迟支付就相当于一个可兑换的中止了。

很显然，是英国的商业银行巨头加速了危机的爆发。它们有一个数额庞大的存款，但其储量中的很大一部分是在非常短的时间内被投放到伦敦证券交易所并贷款给那些急需资金来资助国际商品贸易的承兑机构。伦敦大银行知道德国全能银行将巨额资金放置在伦敦货币市场，而且这些资金很有可能会被尽快撤回，这将创造一个"先来先被服务"这一唯一运作的流动性原则。因此，英国商业银行决定撤回对货币市场的贷款，先发制人。

它们认为，这种悲观的看法可以通过最近的一些国际事件得到证明。1911 年的摩洛哥危机，法国将资金撤离柏林，而柏林资金外流事件于 1912

年的巴尔干战争之际再次发生。因此，德国银行决定加强其黄金储备并在世界战争爆发前的最后两年里从伦敦购入黄金，伦敦大银行从这些事件中推断出这有可能是1914年夏天经济周期萧条阶段的开端。它们采取的行动加速了危机的爆发，但它们的辩护是：那场危机无论如何都不可避免，而且它们一方在和平时期的行为不足以让伦敦市场开放。

这种观点具有很大的意义。法国在阿加迪尔事件中的行为已遭到国际银行界的严厉批评，而且英国的金融精英也认为他们应该尊重债权人资金的权利，即使他们是敌国的公民。这奠定了伦敦金融市场的信誉基础，它允许英国人从国外为战争融资。大卫·体谟和康德等英国和国外的观察家都一致认为英国的公共债务是一个重要的战略武器。它允许英国用借来的钱发动战争，而其他国家则必须持有只在战争时期才动用的战争资金。英国将借来的资金资助其在欧洲大陆的盟军军队，使它们降低了常备军的成本。因此，它们可以保持和增加一个庞大的舰队来封锁陆地以便保卫帝国，包括代表着美国（长期以来只拥有一个小舰队）的利益来捍卫门罗主义。

第一次世界大战结束了这一战略。盟军决定打一场文明对野蛮的战争，同时这也是出于对诸如私人财产和储户的权利神圣不可侵犯等观念的维护。英国大银行显然相信所有的一切都将发生，并采取相应的措施来维护它们的利益，这破坏了和平时期的金融体系以及迫使战时财政的通过。

在出版于1913年并出现了许多版本和译本的《大错觉》这本小册子中，英国政论家Norman Angell一夜成名。因为他坚持认为，由于世界经济和金融一体化的发展进程，使战争和领土征服对经济优势毫无用处。国际金融在欧洲战争一开始就会崩溃，和平时期的世界经济发展也会停滞。1911年德国与法国在阿加迪尔对抗中，德国由于其本国股票交易崩溃和本国大银行的反抗而不得不从边境撤军。Angell推断，一个大型战争的经济成本对于贸易国来说过大，如德国，它的投资超过了储蓄，要靠英国和法国的资本来消耗它的出口。他希望他的这本书可以说服德国的政治集团，在这个由其他因素才能使国家富强的时代，放弃徒劳的领土征服和军

备竞赛。

作者甚至在宣告战争之前就断言世界金融崩溃。1914年夏发生的事件就证明了这一点。而他对有关储备积累和海军建设比赛的疑虑还不是很有道理。其他的自由主义作家，如John Clapham也自问，为什么大陆国家会像它们在1914年的前十年进行海军建设比赛那样开展黄金积累竞赛，尤其是1907年以后。[1] 大国的黄金储备和进口需求相比显得微不足道，如果可以尝试，也许这种行为的合理化应该考虑到1870年德国闪电战（一场由铁路和机动部队发动的简短攻击战）的成功。它可以通过削减以前积累的黄金储备、武器、弹药，并在其被耗尽之前取得胜利。此外，摧毁敌人工业能力和公路、铁路等基础设施的轰炸还尚未实施。

6.2.4　政治与国际货币关系

这是否证明了新布雷顿森林体系理论家的正确性？表面上看是这样的，因为金本位正式被一个世界政治和军事危机的爆发摧毁了。如果一个反向事实存在，我们可能会问，还需多久才能让英国在印度贸易与金融资源以及经由伦敦市场的南非黄金上竭尽所能。这些人只需片刻的思考就足够了，能够用来处置贸易和自由放任经济的解决方案已经很少了。事实上，第一个全球化下的世界经济格局是非常民族主义和重商主义的：中央银行的建立是为了阻碍而非加强对黄金市场的自由运作。为了稳定国内利率和信贷环境，国际金本位仿佛"置沙于轮"。英帝国行政机构往往被动员去寻求足够的资源，以便允许伦敦继续实行金本位。仅伦敦存在一个自由黄金市场并加以运作，而这一切只是因为在此期间产量急剧增加的南非和澳大利亚的黄金被运往伦敦出售，并且销售收入都被暂时存放在英国银行。而在其他金融中心，黄金并不能在市场上自由出售，各国政府和中央银行都干预黄金流动以稳定本国货币币值和维持其黄金兑换。[2]

在战争爆发前的最后15年里，存在一个名副其实的黄金争夺，仅仅由

---

① Clapham 1944.
② von Lumm 1912.

于南非和澳大利亚也提供了丰富的黄金供应才没有使其变得更加明显。各国政府和中央银行进行黄金积累是出于战略性原因，除伦敦和巴黎以外，其他国家的黄金移动只有唯一的方向。引用比利时金融家和经济学家 Baron Ansiaux 的话，黄金成为了一个名副其实的"战俘"。一旦它进入了中央银行的金库，中央银行将不惜一切代价将黄金留存下来，俨然不管利率可能在世界金融市场上占上风。

此外，许多中央银行在黄金储备的周围树立了一个厚实的外汇储备屏障，一旦出现世界利率上升或收支不平衡，就将促使它们保持黄金储备。一旦外汇被掌控在政府或非政府主导的中央银行手中，就很难看清它的政治面貌，并可能以此作为外交政策的工具。外汇有时存入国外银行是为了实现其直接的外交政策目标。这个实例就是日本政府于 1905 年与英国共同签署了一项对抗俄罗斯的同盟条约，日本通过横滨正金银行在英国银行交存了巨额款项。但是外汇储备不仅可以用来剥夺当地银行来之不易的黄金，而且可以防止通货紧缩和经济衰退带来的信贷限制。荷兰银行行长在一份递交给股东的报告中自夸，通过他在伦敦的票据投资组合能完全阻止资本的径自外流，从而使黄金价值保持不变。

与国际经济和金融相联系的重商主义、保护主义模式显然是盛行于最发达国家战争经济经验的先驱者，从而于 1914 年前的 15 年里开始运作，这一期间被称为"金本位全盛时期"。当它被许多现代化国家采用时，这个所谓的游戏规则起作用了，并且英国是通过改变银行利率来指挥国际金融乐团。如果我们排除英格兰银行和法兰西银行及其他零散银行间相互帮助的关系（至于这个问题，见 Nogaro 1912），国际金融合作特别是各国中央银行之间的合作并不是常见的做法。金本位应该由独立的中央银行管理，但这种方式变得越来越少。以至于一旦政治危机爆发，就会导致一国货币当局将其外汇储备突然从另一国的金融中心退出，这有时还取决于个别中央银行的性质。

6.3 回到现在

1914 年以前的国际货币经验肯定与目前存在一些共同的特征。经济衰退的超级大国，如今正处于被大量的、迅速成长新星挑战的中心。新星是中国和大型新兴市场国家，被挑战者是德国，尤其是美国。它们在第一次世界大战前的 20 年中对世界经济的影响是应该被恰当地强调出来的。

衰退的超级大国发行了国际货币，但它的地位被另一种货币所挑战。在我们这个时代，这似乎是欧元，而在 1914 年以前的时代是黄金，黄金曾扬言要成为国际金本位的唯一基础。因此，似乎注定了没有任何一个国家的货币能够在短期内取代英镑在国际货币和金融体系的中心地位。在此期间，法国法郎、德国马克和美元虽然都取得了迅速的成长，但黄金取代英镑的程度却与日俱增，因为世界变得越来越动荡不安，一些局部战争的爆发以及一个一触即发的巨大战争在逼近。伦敦仍然是国际支付体系的中心，但管理庞大的跨越世界的金融网络对英国金融精英和英国经济越来越多的失衡而言显得更加困难。35 个世界主要的商业银行在伦敦设立了分公司，而当它们需要现金和交存证券交易所或极短期货币市场的备付金时，就通过支行支取。使英国最兴奋也最不安的是德国和美国的银行，它们作为长期债务人和短期债权人与世界首要金融中心存在一种复杂的关系。由于大国在为战争经济做准备，这就使黄金成为军备的经济干涉要素。随着私人公共债务和纸币取代了黄金在国内的流通，使用黄金被认为是世界经济的战时国际支付手段。

毫无疑问，目前的全球化进程正以一个深度重商主义和民族主义的模式发生着，金砖四国，即预计将在本场比赛取得最后胜利的国家，从它们开始实施本国现代化政策的十年前就坦然地采取重商主义经济增长和贸易政策，并正在根据自身条件积极参与全球化。一场军备竞赛也再次开始了：布什总统放弃反导条约，普金总统紧随其后。中国、俄罗斯、日本、印度、巴基斯坦和巴西正在加强它们的传统军事装备，并进军军事航天和核能领域。美国希望能在俄罗斯的邻国设立反弹道导弹网络，但是这些新的发展不会类似于冷战时期两极的军事平衡。它们提醒我们，正如新的军备竞赛是在纯粹国家主义的基础上进行的，1914 年之前的军备竞赛也未呈现出太多的思想意识形态。

除了中东欧和非洲等地区因传统的矛盾而爆发的战争之外，最近，公开的战争再次在欧洲、巴尔干地区打响。如果我们还记得 1914 年之前的 15 年里战争的快速更迭，就会发现两个开战国在全球化进程中的很多相似之处。美西战争、布尔战争、日俄战争、两个巴尔干战争、伊塔洛土战争，加上秀达、阿加迪尔和其他事件都发生在全球化第一个阶段和金本位成型的全盛时期。欧洲的保护主义和民族主义兴起正好处在全球化进程中。欧盟扩大进程已经包括如波兰和波罗的海国家，那里的民族主义已被镇压 50 年之久，显然孕育了久被压抑的需求。伴随着发生于 1989 年后戏剧性的政治事件，如果我们在这些被激发的金融危机和在 1898 年和 1914 年经常充斥于这个世界金融体系的事件之间发现显著的相似之处，那也是不足为奇的。

已经被标志为当前全球化进程的金融创新的快速发展对我们来说已经太熟悉了，所以这里不作详细分析。而这次引人注目的是，迅猛而深刻的金融创新也发生在第一次世界大战之前的 20 年里。除了技术创新之外，还有大西洋的电话电缆和无线电（一旦它们成为可用的就会被国际金融采用）。就连最大的进口项目也进行金融创新，这包括了欧洲银行一般业务的上升，以及存在于美国的特殊版本和产生了世界上最大银行的英国银行合并运动。巨大的证券交易所也闯进人们的视野，而在纽约、伦敦、巴黎和柏林，新的发行者成为国际客户，二级市场变得广泛、深入和有效率。远期及期货合约被经常使用，尤其是在大宗商品交易中，当然也会在金融领域内，特别是在有不可转换的俄罗斯卢布与奥地利克朗之间的交易参与时。国际票据市场规模也变得庞大起来，它过去是由英国所管制的，但法国、德国，特别是美国金融公司也都表明了在该领域大展拳脚的愿望。35 家国外大银行的分行在 1914 年之前的十年里积极地活跃于伦敦市场，帮助但也阻碍了英国当局对本国市场的控制。

　　在过去的几十年里，国际金融骚乱起源于大的新兴国家。有时它们是外国金融投资者对当地政府措施和当地私营经济困难作出反应的结果。国家间的蔓延经常被快速传递。1914年以前的金融全球化，从一个金融中心蔓延到另一个中心也很快速。同样，中心国家的货币政策也通过整体国际金融体系贯穿于多个时期。

　　但是发生在盛行于世界大战前期的多极环境下的新金融中心的事件又再次在过去的20年中发生，甚至可以和前霸权金融体系相提并论。发生在那里的事件完全可以扰乱中心国家的金融体系并削弱其管理活动能力。例如，阿加迪尔事件就足以证明德帝国银行没有足够的储备来应对短期资金撤离柏林，这比法国提款的政治动机更加危险。在这次会议上，德帝国银行得益于庞大的美国银行，它通过买入德国债券和其他私人短期票据替代了法国银行的退出。惊吓之后，德帝国银行匆匆制定黄金储备政策，这当然也是出于战略上的当务之急。英国央行和英国银行巨头很担忧，因为它们感觉到德国黄金进口对伦敦黄金市场的重要性。美国大银行也绕开伦敦市场而直接从南非收购黄金，前所未有地展现它们的实力，巴黎和纽约也在其他场合展示了它们的金融实力。

　　在已经过去的20年里，已经有许多相似的事件显示了国际金融体系的失衡特征，国际金融体系已经从垄断过渡到寡头垄断，私人市场成长迅猛，足以让一些意欲控制它的诸如中央银行、财政部、一些国际金融机构等公共部门汗颜。由于世界金融体系无缝对接，任何规模稍大的国家或私人金融机构都可以通过其自身的失误或困难将动荡传递到整个金融体系。这是1914年之前的时代与目前全球化进程的另一个相似点。一个巨大的市场已经来临，但是非常大的参与者，包括公共和私人部门，造成涟漪效应的行动足以将其变成大波浪并振荡整个大海。

　　美元最终能从爆发于2007年的巨大金融危机中毫发无损地走出来吗？对此，经济学界观点不一。也许不能，但世界各地的官方美元持有者尝试竭尽全力抵抗美元汇率急速大幅下降。美国证券的海外持有人拥有不少于94 000亿美元价值，相当于美国的全部公共债务，约是2007年美国国民生产总值的 37%。主要的央行已采取大量的防御行动以防止美元在 2007 年和 2008 年之间的浮动，这也让我们注意到，美元相对于欧元，2008 年 9 月 11 日的汇价又处于它一年前的同一水平——1.38。

外汇市场最后一个受到危机的影响，因为当短期流动资金来源枯竭时，美国的金融机构试图尽可能多地持有现金。这是它们以放弃在世界各个金融市场中所有的投资为代价的。它们这样做有助于保持美元的浮动，2008 年 9 月 1 美元兑 0.68 欧元，而在 1985 年为 1.6 欧元；对于日元，同等数值美元价值约为 100 日元（2008），而过去则为 250 日元（1985）。没有理由认为这个长期走跌趋势将不会在未来的道路上持续，虽然相对短的美元升值周期暂时性反转是可能的。如果中央银行设法扭转美元疲软的形式，美国的货币和金融霸权将体面地渐行渐远。

然而，20 世纪的历史充满了以突然衰退为特征的创伤性事件。英国是首当其冲的例子。第一次世界大战后，它不再是世界的金融中心，英镑一直由半强制平衡控制来保持浮动。但是，存在两次非常严重的贬值，最终这一切让英国货币霸权消失了。英国人找到了著名的温布尔登比喻来作为对他们损失的安慰，是否美国人也将其作为哲学并且这也开始适用于他们？

第 7 章

货币体系走向群龙无首

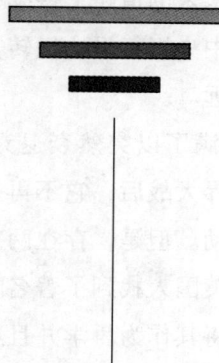

Benjamin J. Cohen

目前的美元作为国际货币显得至高无上。它的主导地位会受到挑战吗？许多观察者预测，美元全球货币主导地位的重要竞争对手有崛起的欧元，也可能有复苏的日元；从长远来看，甚至还有人民币。我写这篇文章的目的是评估美元主要竞争对手的前景，以及一个更为广泛的货币体系内涵。

美元的任何一个潜在竞争对手是否意味着一个真实而又严峻的挑战呢？和这本书的其他编著者（Calleo，de Cecco，Kirshner）一样，我承认美元的全球地位正在弱化。直到现在，在货币的价值与功用方面，支撑美元的主导力量有着一个广泛而持久的信念。美国坚持以增加外债来支付迫在眉睫的长期赤字，然而，美元的信心迟早会被这种慢性支付的赤字所拖累。但是，这也并不能保证其他替代者会成功。一种货币地位的下跌并不能自动提升另一种货币的优势。事实上，潜在的竞争者自身有着相当多的不足之处，这可能也会影响它们的吸引力。目前，全球货币体系并没有明显的新领导者，候选货币只是在蓄势待发。

那么，我们应该期待什么呢？我们预想这有可能类似于第二次世界大战中的过渡时期，在这段时间里，英镑的地位下降了，而美元的地位上升了，但是两者都没有成为主导力量。几种货币在竞争，但美元不是明确的领导者，未来几年里我们将看到一个类似分裂的货币体系出现——群龙无首的货币体系日益混乱。我们知道，两次世界大战过渡期间固定的货币领导是促成20世纪30年代金融危机和大萧条的一个因素。在21世纪，群龙无首的货币制度所产生的政治经济影响也是巨大的。

我从对美元前景的简要回顾开始，制定了后续阶段的分析。与观察者们更乐观的意见相反，如 Harold James（第2章）或 Ronald McKinnon（第3章），我并不认为美国持续的外债积累是可以长期坚持的。除非华盛顿进行重大的政策改革，否则美国经济对外国资本的依赖迟早会侵蚀美元在历史上所享有的优势，并为潜在的挑战者创造机会。

欧元、日元和人民币是最经常提到的影响美元霸主地位的潜在竞争者。这三种货币都很有前景。然而，依据评估，我却对此表示疑虑。这三种候选货币似乎都没有能力对美元发起严峻的挑战，当然更没有可能在可预见的未来超越美元。确切地说，一个更为合理的结果是美元的霸主地位将被削弱，但绝不会出现单一货币来代替它的情况。用 Jonathan Kirshner 的说法（第9章）：在没有主导者的分裂货币制度下，美元将成为数个"同等地位的竞争者"之一。

最后，我想谈一谈一个分裂的货币体系对国际货币稳定的影响。主导地位的斗争似乎有可能加剧，同时加剧了诸多货币事务的紧张局势。但是，这在很大程度上将取决于激进的决策者在提升各自的货币地位方面如何大胆选择。最可能的货币战场是中东和亚洲。在中东，美元和欧元将在此争夺霸权；在亚洲，美元期望能代替日元和人民币并起着决定性的作用。在这两个地区，最可能的结果是竞争加剧但却不直接冲突。

7.1　假设

　　我专注于美元及其潜在挑战者的市场地位，也就是说，替代货币在何种范围内会成为市场的主体且用于国际交易媒介、记账单位或价值储备。因此，在这里货币领导权的竞争主要被视作探讨货币对经济的约束和激励功能。在这方面，政治活动只有通过 Eric Helleiner（第4章）所说的"间接"政治影响渠道起作用：公共政策可能用于形成经济的约束和激励机制，从而帮助替代货币在私人市场中形成相对的吸引力。我只在最后一节介绍 Helleiner 所说的"直接"政治影响渠道——这部分政治活动可能试图影响政治家们对货币体系的采取行动。

　　我的分析框架：由四个设想构成，并在实践中有很好的记录。首先回应 Helleiner 的观点：

　　一是国际货币市场主体的选择是由三重基本属性决定的假设。第一，至少在跨界使用的最初阶段，对货币未来价值的广泛信心是以货币原产地的经济政治稳定为前提。没有人会倾心于一种不能提供对货币购买力合理承诺的货币。第二，"交易的便利性"和"资本的确定性"——货币高度的流动性和资产价格的可预测性——二者都是最大限度地减少交易成本的必要条件。这两个特性的关键是有广泛而有效的金融市场，它展示了深度和弹性。第三，货币必须保证有广泛的交易网络，因为货币的前景没有比增强其可承兑性更能让他人接受。从历史上看，这一因素也往往意味着经济有着绝对的规模以及能良好地融入世界市场。本国货币在经济交易方面的量越大，货币使用带来的经济规模也越大。

　　二是全球货币趋向于分布在哪个层次的假设，在其他地方我称之为货币金字塔。[①] 这个假设的核心是货币地理学，即货币关系的空间组织问题。推

---

　　①　Cohen 1998，2004.

动货币地理学的就是货币竞争力——约束或激励货币国内外市场需求的形成。在竞争力的作用下，货币世界被层次化了，假设出现一个庞大的金字塔：狭窄的顶部以最强的货币为主，而越来越宽的底层则反映了不同程度的竞争劣势。19 世纪，英镑站在货币金字塔的高峰。如今，站在最高峰的货币当然是美元。

三是货币"黏性"的偏好假设，尤其是路径的依赖和明显趋于惯性的特点。货币流通的普及程度部分来自于规模经济，专家称之为网络外部性。网络外部性可能会被理解为在同一网络内相互依存互动的形式，任何一个参与者的选择从战略上取决于其他人。同样规模的经济鼓励货币的使用首先也是由于"滞后现象"或"棘轮效应"——显性的阻力反映了从一种货币转换到另一种货币的高成本。黏性偏好形成了主导货币功能的天然优势。这并不意味着领导层结构的变化是不可能的，但它暗示着真正发生变化时，进程也很可能会相对缓慢。美元花了几十年来取代货币金字塔顶层的英镑。

四是在任何特定的时刻，一种以上的货币可广泛用于国际用途的假设。最近的评论有一个共同的看法，"在任何一个时间点上，往往趋向于单一货币主导着金融世界，而不是两个或更多……货币市场的胜利者独自得到战利品，而不是共享"。[1] 但这一局面显然是不准确的。在两次世界大战过渡期间，美元逐渐侵蚀英镑的地位，货币情形并非急转直下。特别是在第一次世界大战前几十年里，甚至没有一种货币有着很明显的优势。虽然当时英镑是世界最重要的货币，但是法郎和德国马克也享有广泛的知名度，这在欧洲大陆显得尤为突出。同样，尽管美元在近期占主导地位，但相当大的市场活动份额已经被德国马克（现为欧元）和日元所占领。在货币金字塔的顶层和底部，竞争往往同样激烈。Barry Eichengreen 写道，"货币储备地位的竞争是一个赢家通吃的游戏，而这一论点无论从分析视角或历史视角都是站不住脚的"。[2]

① Persaud 2004, 1.
② Eichengreen 2006, 145.

7.2 美元

美元至今仍然高居于金字塔的顶端，在如今，没人会质疑这一点。美元是国际市场上使用最多的货币，并持续占据着主导地位。在外汇交易中，美元仍是最受欢迎的交易工具，这表现在它占所有外汇兑换交易的 86%。美元也是最受欢迎的世界贸易货品计价工具，超过一半的出口，2/5 的国际债券市场，将近一半的国际银行债券市场，2/3 的世界央行储备都与美元有着千丝万缕的联系。如今没有其他货币能够匹敌美元在全球的影响力。

然而，美元主导地位所受到的威胁也是显而易见的。从短期来看，这是由于美国 2007 年巨大的次贷危机已经引发了整个美国对金融结构安全性的质疑。较长远来说，这种威胁来自于美国前所未有的长期国际收支逆差。作为衡量收支平衡的经常项目，近年来凸显的差距明显扩大，在 2006 年，这一差额已经超过 8 500 亿美元，相当于国内生产总值（GDP）的 6.5%。每年，美国的花费都大大超过其收入的资金，仅依靠外国资本来弥补差额。实际上，美国人的储蓄流泻到全世界各地了。尽管现在缩小了一点，但缺口仍然靠外债弥补，这个国家吸收了高达 2/3 的世界储蓄余额。美国对外负债总额已经超过 20 万亿美元。美国自身的国外资产与负债净额在 2007 年底达 2.5 万亿美元，相当于国内生产总值的 1/5。

这个过程会持续吗？许多人试图乐观地为其可持续性来提供理由。一个流行的观点指出，美国经济是吸纳各类商品的市场，这正是其经济吸引力的所在。也就是说，美国的赤字是政府在东亚和其他地区推动以出口为导向发展战略的直接结果，而且这一战略任何时候都不可能很快被放弃。另一种观点则强调美国作为投资避风港的经济吸引力。债务的增长被认为是不断增长的"全球储蓄过剩"寻求一个高回报安全环境的直接结果，这一长期趋势被经济学家称之为"伟大的节约转变"。[①] 这种观点强调美国的赤字不是一

---

① Economist 2005.

种失衡迹象，而是一种均衡的形式，我们期望它在很长的时间里能得以持续。James（第 2 章）走得更远，他提出美元在全球事务中形成的新的卓越环境也能在这些模式中找到蛛丝马迹。

然而，这种乐观几乎是没有道理的。由于在整个体系内潜藏着美国持续入不敷出的因素，James 显然低估了市场信心的重要性。戴高乐记起几年前他提到美国的"嚣张特权"。当怀疑最终占主导之前，美国还能有多长时间继续建立如山高般的债务？当然，做一些改良是有可能的。汇率变化刺激了出口也抑制了进口，也正是因为这个结果，美国净负债增长率自 2006 年以来已经有所减缓。而进一步调整汇率，无疑会给美国经济增加弹性。但即使是最乐观的观察家看到美国的赤字消失时，也希望这完全是由于市场本身的影响力。如果没有重大的政策改革来提高国内储蓄率，支出将继续超过收入，这迟早将侵蚀世界对美元的信任。嚣张的特权显然不能永远持续下去。

总之，对于可持续性的情况，远非如 James 这样的乐观主义者希望我们相信的那样具有说服力。事实上，美元能够长久避免重大损失的可能性非常低。Kirshner（第 9 章）认为失宠是不可能突然发生的，，Kirshner 严重低估了货币的黏性偏好。更大的可能是美元将迎接其他可能的挑战，影响力逐渐被侵蚀。那么，其他货币能够抓住机遇吗？

7.3　欧元

最明显的候选者当然是 1999 年欧盟（EMU）建立的联合货币——欧元。很多人预测了欧元作为国际货币的美好前景。在产出和贸易方面，欧洲和美国的地位平等。为什么不能在货币问题上也与美国平等呢？代表人物是热情开朗的 de Cecco（第 6 章），他提出我们正处在世界货币历史的转折点，欧洲的新货币是"后起之秀"，注定要在 21 世纪发挥黄金在 19 世纪的作用。

但实际上，这种热情似乎有些错位。de Cecco 断言，欧洲的新货币将很具吸引力——尤其是作为价值储备——因为此时黄金已经不是一个国家主权的表现，但这完全是错误的。如 de Cecco 所说，欧洲各国政府都没有放弃货币主权。相反，货币主权已经集中——这凸显了一个重要的特征。欧元是联合政府主权的表现，因此几乎可以被视为欧盟隐含的政治协议，这是学者称之为"主权交易"的很好例子。[①] 由于欧元缺乏与传统相伴的单一国家管理自身货币的清晰界定，它将总是在全球市场中处于结构性劣势。James（第 2 章）是正确的，他声称欧元的未来比美元有更多的不确定性。

简要地纠正先前的分析，[②] 我认为只有在与欧盟（EU）贸易和金融关系特别密切的近邻地区，即欧盟本来的内地贸易区（Charles Wyplosz 称之为"欧元的势力范围"），[③] 欧元才享有所有特殊的优势。然而在其他地方，联合货币之星缺乏光泽。

7.3.1 致命的缺陷

诚然，欧元拥有的诸多竞争优势，其中包括庞大的经济基础、稳定的政治和令人羡慕的低通货膨胀率，是联合货币当局的后盾，同时欧洲中央银行也有维持对货币未来价值的信心。因此，欧元确实存在很大的上升空间。但由于是基于主权的交易，欧元也被自身结构特征里的几个关键性缺点所妨碍，影响了其作为美元竞争对手的吸引力。这些缺陷包括相对较高的交易成本，与严重的逆增长偏差，最重要的是货币联盟核心治理结构的模糊。

1. 交易成本

首先是欧元的交易成本。货币作为外汇交易或国际贸易工具，交易成本直接影响货币的吸引力。很明显，如果欧元的交易成本未有改观，即不能从相比美元较高的阶段降低至一个更具有竞争力的水平，那么美元从一开始就占尽天时。反过来，这也将直接反映出怎样才能提高欧洲金融市场效率的问题。具体而言，欧元在整合分割的国内市场上已取得巨大成就，市场收益很

---

① Litfin 1997.
② Cohen 2003.
③ Wyplosz 1999, 89.

可观。然而，对欧元的所有努力，美元仍守住了成本优势，阻碍了欧元的更广泛使用。

欧元的核心问题是显而易见的。美国国库券能为国际投资者带来投资的流动性和便利性，如果欧盟无法提供能与之匹敌的通用金融工具，欧元注定要处于不利地位。如果欧元区及其独立的国家政府缺少一个和华盛顿相当的联邦政府，这将是一个无法修复的缺陷。欧洲人最希望的是为公共债务市场建立优等的基准证券。三种欧洲基准证券已经出现了：10 年前的德国证券，5 年前的法国证券，3 年前的意大利证券。但这种零敲碎打的办法远远不足以创造一个像美国政府债券市场那么大且流动性强的单一市场。更深入且更便利的美国国库券市场将继续支撑起美元的优势。

2. 逆增长偏差

其次是根植于欧盟体制结构的严重逆增长偏差。通过对欧元计价资产收益率产生消极作用，这种偏差将直接影响欧元作为一项长期投资的吸引力。

欧盟第一次形成时，人们预测：全球储蓄的分配与以往欧洲持有的资产相比将发生大规模的转变，同时欧元区域内的外汇风险将被消除。但欧洲央行遗憾地指出，实际上国际投资组合经理相当缓慢地调配欧洲的新货币，尽管在 2007 年一些欧元区经济增长呈周期性上扬。[1] 当有一个短期的汇率升值前景，流动资金将被吸引。但是，潜在投资者的偏好几乎没有变化，这在很大程度上是因为几十年来欧盟国家的经济一直呈下降的趋势，人们仍然质疑其长期增长前景。据我们所知，存在许多因素使得欧洲经济增长率的扩张趋势放缓。如人口老龄化限制了劳动力的增长并加重了养老保险制度的负担，弱化的劳动力市场阻碍了经济的适应能力，以及广泛的政府管制限制了创新和企业家精神。令人遗憾的是，欧盟的经济在增长路径上变得雪上加霜了。

众所周知，此时核心问题是欧盟的财政政策和货币治理机构的制度，这是宏观经济运行的两个关键因素。两个占据主导的要素都没有优先考虑促进

---

[1] ECB 2008.

产出。然而，在所有因素中，主要强调的是其他方面的因素，这些因素倾向于克制政策，并导致整个欧元区逆增长偏差更加明显。在货币政策方面，欧洲央行的专有任务是集中打击通货膨胀，即使这可能是以长久的经济增长迟缓为代价。同样，在财政政策方面，欧元区各国政府已正式携手处理《稳定和增长公约》中的争议，其中规定设立 GDP 的 3% 为国家预算赤字的严格上限，以抑制反经济周期的刺激。经验证据表明，虽然该协定绝不是无懈可击的，但总的来说它其实是一项重大纪律，特别是对欧盟一些规模较小的成员而言。[①] 以此看来，全球储蓄转变的预测原本就是虚幻的，那又有什么奇怪呢？

3. 管理

最后，欧盟的管理结构可能是欧元作为国际货币的最大障碍。但根本的问题是：谁负责呢？很遗憾，答案显得雾里看花。众所周知，不确定性从一开始就弥漫在各国政府及欧盟的有关货币当局代表团中。

例如，谁控制货币政策？实际运作控制掌握在由行长、副行长和其他 4 名董事组成的欧洲央行执行董事会的手中。但是，全部管理权已正式递交理事会，除了 6 名执行委员会成员，还包括了所有成员国的中央银行主管，每一个人充分参与讨论，并享有投票权。大规模混合的理事会代表显然与有效或透明的管理理念相矛盾。没有人真正知道关键决策是怎么形成的。

在考虑金融稳定的问题上，谁最终负责危机预防或金融冲击的管理工作？根据欧盟的创始文件《马斯特里赫特条约》，没有给欧洲央行分配具体的任务来协助预防危机。虽然各国金融市场联系增强，但是要打击日益蔓延的风险，执政的原则仍然是权力分散，而其他方面是次要的——管理的最低水平是能够有效地履行这项职责的观念。正式权力部门的审慎监管和调控一直处在国家水平，就像在欧盟形成之前一样。欧盟每个成员国的中央银行都负责本国境内的金融机构。没有人肯定并可以指望这种分权化安排能确保整个体系的顺利运作。若各央行意见不一致，挑起或加剧危机也不是不可能的。

最后，还有对外代表权的问题。谁为欧元区更广泛的宏观经济问题发言

---

①   Annett 2006.

呢，如政策协调、危机管理或国际金融架构的改革？《马斯特里赫特条约》根本没有回答，这给欧盟的权力核心留下真空。至少，该条约的沉默加重了谁该为此负责的混乱局面。最坏的情况是欧元区长久屈居第二，从而限制了欧盟在货币事务中扩张的能力。

7.3.2　区域的命运

集中所有的这些原因，可以发现作为国际货币，欧元的经历迄今已给人留下深刻印象（甚至允许货币的黏性偏好）不足为怪。为了适应欧盟内部交易性淘汰，相对于欧盟成立以前国际市场上使用最多的"遗留"货币的总额，欧元已设法控制自己的货币。欧洲的共同货币已顺利地取代德国马克而成为继任者，国际货币排名也仅次于美元。但是，这差不多也就是欧元所有的成就了。从欧洲央行的诸多数据表明，在新货币最初冲刺的热情过后，欧元在大部分细分市场上的使用量已趋于稳定，甚至在最近几年有所下降。[1] 此外，欧元诞生以来唯一一持久的收益来源是欧盟的内地贸易区，这包括了加入欧盟之前和与其他实际的或潜在的候选国一样的最新成员。除了欧洲地区，欧元仍然处在美元的阴影中。

因此，所有这一切都不能给美元带来严峻挑战。美元的吸引力可能会被美国持续的收支逆差所侵蚀。但是，只要新货币自身的缺点仍未纠正，就不能确保欧元的成功。显然欧元作为国际货币是有前途的，但它的吸引力不是绝对的，而且更糟糕的是，它似乎主要局限于欧盟的内部。欧元的命运似乎是地域性的，而不是全球性的。

7.4　日元

日元曾一度被认为是美元的继承者，但现在看来更像是一个褪色的落选者。在 20 世纪 70～80 年代，日本经济的快速增长似乎注定了其超级大国的

---

① ECB 2008.

地位，在国际上日元的使用量大大增加。但在 20 世纪 80 年代末，随着日本"泡沫经济"的破灭，日元的上升趋势戛然而止。尽管东京政府促进日元国际化的企图非常明显，但多年的国内经济停滞驱散了外国对日元的兴趣。如今，日元似乎面临着市场地位的逐渐侵蚀，正像早期英镑地位的长期下降。

日元在其鼎盛时期的吸引力是显而易见的。战后复苏使日本转化为世界第二大经济体，成为出口强国，在世界的每个角落都拥有广泛的贸易关系。外部经济的潜力是可观的。此外，该国没有遭受政治上的不稳定，也没有高通货膨胀，而且它的金融市场在任何地方都跻身最强之列。成功的大部分因素都出现了。

然而，货币的热情是有限的，即使是在它流行的高峰。在银行业和证券市场中日元的国际化最强，看似无休止的汇率升值使以日元标价的债权对投资者有特别的吸引力。但是作为贸易货品计价或外汇交易工具，日元从来没有赶上过美元，甚至是德国马克。日本在金融市场的开放性或效率方面长期落后于美国甚至许多欧洲市场，这可以在其金融体系中找到核心问题。直到 20 世纪 90 年代，日本资本市场仍对工业界实行最严格的管理和保护，阻碍了日元更广泛的使用。在国内外资金流动方面，也都坚持严格的管制，日本企业依赖银行贷款投资的历史阻碍了国内证券业的发展，金融机构严格分割，交易的便利性和合理的资本确定性都不能得到保证。

更糟糕的是，自"泡沫经济"结束后，日元实际的外资使用相对而言是下降而不是增加。货币的吸引力明显减弱，这反映了日本更广泛的经济困难。日本的挑战不仅包括经济衰退和人口迅速老龄化，还有脆弱的银行体系和公共债务水平，这些要素相对 GDP 的规模而言，是目前所有工业国中最高的。日本政府债券为信用（证券）等级评定机构所不屑，这阻碍了投资者的热情，抑制了日元在信贷市场的使用。在外汇市场，涉及日元的交易比例从 1989 年高达全球的 27% 已缩减至 2004 年的低于 20%。总体而言，相对于欧元和美元，日元货币金字塔顶峰的地位大幅下滑。

日元的吸引力如何起死回生？日本政府促进日元国际化的迟来努力在很大程度上是徒劳的。如今，即使是最热切的货币支持者似乎也已经失去了他们的奋斗热情。日元仍可能切实渴望像欧元一样的区域命运。但在亚洲以外的地区，日元不会对美元构成严重威胁。

具有讽刺意味的是，直到日元的受欢迎程度开始减弱之后，政府国际化的坚定决心才出现。早在 70 年代中期，间歇性的讨论就开始了，但多年来日元使用在国外被广泛抵制的理由是：这可能会动摇日元汇率或危及国内的货币管理。日元的官方政策正如 C. H. Kwan 描述的"如果不是被动，那就是中立的"那样。① 当经济急剧下滑，当局才开始更注重国际货币的潜在优势。日元发挥更大的作用可能有助于快速启动国内停滞的增长，也可能提高日本在全球的政治地位。一位知情人士说："日元国际化的成功就等于实现更大的政治声望……（也就是扩大日本在全球的政治影响）。"② 日元的国际化政策从被动转向主动。

在实务方面，早在 20 世纪 70 年代，在美国的压力下，日本已投入最大的努力来实现金融系统的现代化并适度地加快贸易自由化。金融市场的资本管制已经放松，新的手段和市场已经发展，机构分割的趋势已经缓和。最引人注目的是 1996 年日本宣布的长期计划，"宇宙大爆炸"被称为模仿十年前英国金融市场迅速放松的管制。根据"宇宙大爆炸"的描述，所有剩余资本的控制措施被取消，其他各种雄心勃勃的措施都列于议案以提升日元作为外汇交易或国际投资工具的总体吸引力。日本进一步的改革始于 1998—1999 年。

在地缘方面，日本采取了明显的区域政策。日元在全球范围内可能挑战美元的任何假设已明显地被放弃。但是，日本官员们希望仍有可能在东亚培养自己的邻国作为日元的天然势力范围。欧盟必将支配欧洲腹地的金融关系。那么日元为什么不提出亚洲战略进行反击以巩固自身的区域？特别的推动力来自 1997—1998 年东亚金融危机，这似乎为扩大日元在该区域的作用创造了机会。某个评论说"金融危机后，日元的国际化已经成为日本实力集

---

① Kwan 2001，110.
② Castellano 1999，5.

团的民族事业。"[1] 最引人注目的是东京新亚洲货币基金（AMF）的提议，区域金融设施将大力促进日本支配亚洲货币关系的制度化。AMF 的倡议被否决了，这主要是由于来自美国的反对，日本很快采取进一步的行动提出其他区域计划，以互惠信贷协议网络的建立而告终，后来在进行谈判的泰国城市被称为《清迈倡议》。

然而，实际的结果令人沮丧。亚洲各国政府宁愿采取对冲策略，因为它们看到了中国的区域经济优势，日本的竞争对手出现了。Saori Katada 观察指出，"亚洲国家仍然试图避免日本任何可能导致这些国家受困于权力关系的企图"。[2] 目前，甚至日本自己的政策精英们似乎也顺从了日元地位下降的未来。现在日本人的愿望似乎仅限于抓住一片区域的领导权。

7.5 人民币

随着日元地位的下降，人民币的地位会上升吗？人民币可能有一天会成为亚洲主要的货币，这是普遍认同的观念。但这是否合理呢？人民币肯定在尽力争取并做好了准备开始走上世界舞台。然而，人民币的国际使用充其量仍是初步的，它的障碍甚至比欧元或日元更严重。随着时间的推移，货币的缺陷很可能会被克服。但所需要的时间可能不是用几年来衡量，而是几十年，甚至是几代人。在可预见的将来，人民币不会对美元构成威胁。

当然，威胁的可能性也是存在的。在购买力方面，两位数字的增长使中国经济排名世界第二，仅次于美国；作为一个出口国，现在中国的排名领先于美国和德国。有了这样一个庞大和关系良好的经济基础，似乎很少有观察者怀疑国际上人民币的使用终将来临。正如金融时报所说的那样，"人民币作为国际货币出现将是……中国经济蓬勃发展的自然结果"。[3]

但是，人民币国际化依旧没有货币跨境使用必不可少的其他特性，尤其

① Green 2001，260.
② Katada 2002，105.
③ *Financial Times*，June 2，2003，2.

是对货币的实用性显得如此关键的交易便利性和资本确定性。中国的金融业仍处于发展的最初阶段，投资机会有限。透明度和效率水平远远落后于其他发展成熟的金融强国，市场较薄弱，流动资产很少。更糟糕的是，人民币本身仍然受到严格监管，不便于国际交易。商品和服务贸易只是在 1996 年才推出。繁琐的资本管制依旧普遍存在。

因此毫不奇怪，人民币的国际化至今仍微不足道。作为跨境贸易和中国公民旅游日益增长的结果，一定数量的中国纸币已经开始在邻近国家出现。但总额仍然很小，根据最近的一项估计，截至 2004 年底不超过 20 亿～30 亿美元，大约相当于中国全部流通现金的 1%。① 相比之下，多达 2/3 的联邦储备券在美国以外的其他地方持续地流通。中国境外的人民币也很少作为贸易货品计价或投资工具使用。

值得称道的是，中国政府承认本国货币的局限性，并似乎决心为此做些什么。不像 20 世纪 90 年代前的日本，中国一直表示欢迎未来人民币的国际化，中国作为一个经济超级大国，国家复兴是合乎逻辑的必然结果。正如一位著名的学者在权威的人民日报宣称："中国已经成为世界经济强国，人民币要国际化。"但是，经济的原因和政治上的原因共存又共生，不像日本曾经酝酿的大爆炸。他们通常态度谨慎，当局也只愿逐步地来推动和扩大人民币的使用。

例如，2005 年多边机构——亚洲开发银行和国际金融公司（世界银行的一个附属公司）被授权首次在中国境内发行人民币债券。所谓的熊猫债券，是希望人民币作为借贷工具的更多使用。两年后，国内借款人获准在香港发行人民币债券，目的也是为了扩大潜在购买者的范围。如果要使人民币不断引起国际的重大兴趣，像这样的步骤是必不可少的。但是，按目前的步伐，人民币要对美元发起严峻的挑战，仍需要很多年。

---

① Zhang 2007.

7.6 分裂

简而言之，美元的前景可能会令人失望（除非美国推行重大的政策改革），但是主要竞争对手的前景似乎也不是很好。无论是欧洲的欧元还是亚洲的日元或人民币，似乎随时准备夺取美元的地位。确实，竞争激烈和没有明确主导货币且更为分散的体系似乎正在酝酿中。今后几年，世界必须学会生活在领导真空的货币金字塔峰上。

7.6.1 合作

分裂的危险是明显的。如果没有某些形式的领导来保证国家政策之间最低程度的兼容性，全球货币体系不稳定的风险将持续或者更糟。各公共机构之间没有"看不见的手"来保证互利成果。而且各主权政府的分权决策没有协调的方式，这将是一个潜在的灾难。

可以肯定的是，一个无领导的货币体系并不一定是坏事。有人甚至认为它可以转变成一种进步。如今博识的观察者很少去怀疑货币稳定的最大威胁在于美国庞大的收支逆差。作为世界上最受欢迎的货币供应商，美国处于垄断地位，得意地滥用其"嚣张特权"。但是，一旦美元的霸主地位被新兴挑战者侵蚀，美国终将被迫遏止其想以降低风险与危机而吸收国外储蓄的欲望。像 C. H. Kwan 所说的那样，"与美元竞争的国际货币的出现，可以通过不宽容美元失误的方式对美国经济政策施加约束"。[①]

但是，这在很大程度上取决于竞争对手之间的关系。上一次全世界不得不忍受群龙无首的货币制度是在两次世界大战期间，其结果至少可以说是令人沮丧的。英国与美国缺乏合作，这是 1929 年股市崩盘之后金融灾难的关键原因。正如 Charles Kindleberger 在他的经典之作《萧条的世界》中所说，"英国无力培育国际经济体系，美国不愿承担起稳定国际经济体系的重

---

① Kwan 2001，7.

任。"① 这一次，我们可以期待更好的结果吗？

乐观主义者可能会强调战争时期过后有多少条件已经变化。相对于第一次世界大战后的几年，从国际货币基金组织到七国集团，一系列的多边组织和论坛已经发展到制度化的合作业务。关于盲目竞争成本，过去的经验提供了深刻的教训。各国政府更好地感觉到其开明的自身利益所在。因此，如果货币体系缺乏一个主要领导者，但主角们为了共同利益能学会合作，也许就不会缺乏有效的领导。

如我先前所说，金融合作难以维持是众所周知的。② 货币自主权问题的重要性极大地为各国政府国内经济管理部门所重视。在危急时刻，当协调的利益优先时，各国政府可能在一段时间内愿意加入重大的政策妥协。但是，一旦威胁感消退，它们往往反复主张维持对国内货币环境的控制，并鼓励背叛。尽管有历史的教训，但主权国家之间的合作充其量是间断性的，承诺往往像潮水流动般消退。

此外，货币领导地位的争夺不像第一次世界大战后只涉及两个主要角色，这一次有四个之多。更糟的是，其中之一的欧盟至今仍未解决外部代表权问题；而其他两个，日本和中国则公开争夺在其附近区域的货币影响力。在这种情况下，成功地发展有效且联合领导的可能性似乎相当低。

7.6.2　领导地位的斗争

更大可能是领导地位斗争的加剧。理性的决策者了解货币在国际上广泛使用的好处。可以预期美国将抵制任何对美元历史优势的妥协。也可以预见欧洲和亚洲的竞争者将尽一切努力维护或提高自身货币的地位。处在货币金字塔顶峰的生活无疑是紧张忙碌的。

但这样做是否危险？这取决于决策者如何积极选择以提升各自货币的地位。正如我在其他地方指出，必须明确两种不同领导愿望的关键区别：正式

① Kindleberger 1973，292.
② Cohen 1993.

和非正式。两者之间差别很大。①

非正式领导涉及市场主体之间的优势地位——基于私人市场用途的货币使用范围。现阶段，激烈的竞争可以说已经存在，并通过 Helleiner（第 4 章）所谓的"间接"政治影响渠道起作用。作为美元的竞争对手，欧盟以及两个亚洲竞争者的国家政策已积极致力于提升自身货币的吸引力，特别是通过金融市场改革；美国的防御反应是将尽其所能维持美元的声望。但是，非正式领导地位斗争的后果在很大程度上往往是良性的，因为各国政府能轻松地处理这类竞争。提高或维持各种货币竞争力的竞赛，被视为主要基于市场原则的分散货币体系的自然特征。如果竞争的结果是更低的交易成本和更有效率的资本市场，那么全世界甚至都有可能受惠。

但如果参与者选择更进一步去试图改变政治家们的行为呢？我称之为正式的领导。这个选择更确切地符合 Helleiner 描述的"直接"渠道影响力。本文的目的是改变官方的货币选择：促使各国政府转换到不同的储备货币，甚至采用外币以替代本国货币（"美元化"）。最终，其结果将是形成有组织的货币集团，而不像在两次世界大战过渡期间联合在英镑周围的旧英镑区。David Calleo（第 8 章）预测，世界将面对"各种各样的区域系统"的"新地缘政治的现实"。

正如各国的关系一般，货币事务正式领导地位的斗争战术可能包括强迫或说服，这视情况而定。货币可能以 Susan Strange "主货币"② 的方式被直接强加给附庸国。用 Jonathan Kirshner 的话来说，如果不调整自己的货币政策，各国可能受到强制执行或驱逐的威胁。例如，国际制裁措施可以撤回商业或金融特权。此外，经济或政治的性质可能会展现重塑政策偏好的吸引力，类似 Strange 对"协议货币"概念的归类，Kirshner 称之为"诱捕"。③

不管用什么战术，对全球货币体系来说后果都是危险的。顾名思义，在正式领导地位的斗争中，竞争变得更加公开政治化，因而不容易控制。在经

---

① Cohen 2004.
② Strange 1971b.
③ Kirshner 1995.

济上，日益敌对的关系可能导致集团之间的相互排斥，推翻数十年贸易和金融市场的多边自由化。在政治上，货币竞争可能转化为严重的地缘政治冲突。

许多观察者低估了正式领导斗争的可能性，并未指出其中的显性危害。在国家层级上任何改变货币选择的努力都意味着对美元积累的削减，反过来可能导致美元急剧贬值，并对现有的外汇储备造成巨大损失。各国政府真的会冒着这种自残的风险吗？为了避免世界末日的场景，政治家们支持美元会更有意义，或者不管他们喜欢与否，至少不破坏它。乐观主义者认为这只是为了自身利益。

另一些人则认为，这更像是冷战时期核大国之间臭名昭著的恐怖平衡——前财政部长萨默斯形容为"金融恐怖平衡"。[①] 对相互确保能够摧毁的恐惧确实有力地震慑了公然破坏稳定的行为。但恐惧并不能排除错误估计的可能，甚至包括重要参与者的恶作剧。Kirshner（第9章）指出，不像前几年，如今货币霸权的挑战者并非都是由于冷战联合起来的美国政治盟友。事实上，金融恐怖平衡涉及全球货币体系内在的不稳定性，可以想象它会在任何时候被打破。

7.6.3 战场

平衡将会被打破吗？预测的结果是危险的（特别是当涉及未来的问题时），末日场景也难以排除。但我比一些观察员如 Kirshner 更难说服，狼确实在门口准备进行系统性破坏。当然，对正式领导的对抗基础已经具备，表明在某些地方某个时候威胁是可能存在的。在西半球，人们似乎没有理由怀疑美元集团已经有力地存在了一段时间。在那里，美元很大程度上仍然未受质疑。在欧盟的欧洲腹地以及非洲许多地方，欧元日益增长的优势也未受到质疑。但在其他地方确实存在严重的冲突，然而我的期望是最终大多数的危险将受到更广泛的地缘政治因素的抑制。最大的危险是在中东和东亚。

---

① Summers 2004.

1. 中东

在中东，美元长期以来一直占主导地位，欧洲则为欧元寻求更大的作用。[①] 凭借富裕石油出口国的集中优势，该区域似乎值得争取。目前，美元不仅是世界能源市场商品计价和付款的标准，它也占到中东国家央行储备和政府持有投资的绝大多数。不过，总的来说，该地区的商业联系更为倾向欧洲——许多欧洲人认为这两种现象所形成的悖论是反常的，甚至是非理性的导向。这个问题多次被问到：倘若欧洲与它最大的贸易伙伴用欧元做生意而不是美元，这样不是更理智吗？如果是的话，是不是改用欧元作为储备货币也是理智的？欧洲正很好地将中东地区置于货币战场之中。

当然，从欧洲的角度来看，转换到欧元的可能性是诱人的。美元的移位在一定程度上可能使欧元恢复在该地区历史上的特权地位。可以说，为了健全的经济以及遏制美国目前唯我独尊的战略影响力，从中东国家政府的角度来看这样的前景可能也是很诱人的。众所周知，石油出口国不时地积极探索美元的替代货币，但因缺乏一个合适的替代品而受到阻碍。现在随着欧元的到来，它们看到一个真正有力的竞争者。近来不断提及向欧元转换（或一篮子货币对欧元加权），是由于美元最近一轮的疲软所致。欧洲应该充分利用美元的阵痛，直接推动欧元在地方政府的使用，它可能会发现自己推动了门户开放。

但是，这些愿望的任何努力一定会激起美国的坚决反对，因为美国把美元在该地区的使用与地区安全相互联系起来。对华盛顿来说，在能源丰富的中东如今没有比大博弈更高的政治策略更能发挥作用了。美国需要中东地区的石油和对美元的持续支持；反过来，当地政府需要从内到外防范敌人，根据 20 世纪 70 年代第一次石油危机达成的一系列不成文协议，华盛顿已对此做出承诺。在如此严峻的形势下，美国容忍来自欧元的正式挑战的程度将相应地降低，地缘政治冲突已实际确定了。

的确，一些观察者认为斗争已经开始。2003 年美国攻打伊拉克，是在

---

① Cohen 2006.

萨达姆·侯赛因决定在伊拉克出口石油要求以欧元支付款项后不久，美国的动机是希望维持美元在该地区的作用。Kirshner（第 9 章）指出，人们不必以一个感觉论者去认识真理的来源，虽然这个观点没有可信的证据证明。在中东货币战争可能会变得糟糕。

欧洲会冒这样的风险吗？最后，无论诱惑是多么诱人，欧洲人宁愿继续抑制他们的雄心，避免与美国直接对抗。当布什政府推动伊拉克"政权变更"的决定，人们就欧洲顶着过去与美国长期的政治与安全关系从事冒险行为的做法一直都没有共识。此外欧元的大本营在欧洲的近邻，因此，他们很可能会保持克制。美元在中东地区的机动优势无疑将持续下去。无论如何，对于欧元的挑战，美国是不可能允许其脱离控制的。

2. 东亚

日本和中国是东亚地区的经济大国，我们很容易想象，美元与它的两个区域竞争者日元和人民币的三方争夺现在仍然是主要矛盾。在这里，美元占东亚等国中央银行储备和政府持有投资的绝大多数。因此，东京或北京也有很大的空间来积极活动，以牺牲美元为代价促进货币发挥更大的作用。日本最近饱受挫折但也绝不放弃日元的亚洲战略，而中国以长远的眼光，显然已经致力于人民币逐步国际化的政策。这些国家使它们的邻国也成为货币战场。

因为该地区有美国的长期安全利益，来自美国的坚决反对也在预料之中。东亚也处在危急关头。华盛顿早就在广泛的军事基地网络和联盟以及深厚的商业和金融关系的基础上，扩张在东亚地区的势力。几十年来美国有效地扮演了该地区的州长角色，让不友好甚至敌对邻国保持一定程度的稳定。最近，华盛顿还旨在遏制中国作为一个潜在全球竞争对手的崛起。借助于无可置疑且广泛认可的美元为工具，美国感到为促进其政治的野心，做任何事都是有必要的。华盛顿政府不可能忍受日元或人民币所发起的任何挑战。

就日元来说风险其实相当有限。这是因为华盛顿和东京政府都不希望损害美国与日本数十年来的防御联盟。像欧洲人一样，日本人最有可能宁愿继续抑制他们的野心，避免与美国直接对抗。从第二次世界大战以来，日本的

外交政策就涉及谨慎平衡各方力量的举措，谋求在东亚地区发挥领导作用。

就人民币来说，情况相反，风险更大。中国已经在整个东亚地区取得了很大的影响力，即我们知道的包括人民币更广泛作用等等的战略。由于其局限性，人民币取代美元显然尚未准备就绪。最终的答案取决于中美关系更广泛的趋势，这是无法预测的。

7.7　前景

因此，对挑战者未来的展望，充其量是模糊的。弱势美元是不可能被任何其他单一货币所取代。相反，世界货币体系的前景是一个更支离破碎的货币制度，有三四种货币在世界各地直接竞争。主要参与者之间持续合作是不可能的，除非发生严重的危机事件。更可能的结果是领导地位的长期斗争，特别是在诸如中东和东亚等有争议的地区，虽然在大多数情况下升级为直接的地缘政治冲突的风险似乎很小。这也如同英镑开始下跌之后漫长的空白期，可能要数十年后才能看清最后的结果。

第 *8* 章

21 世纪地缘政治学与美元秩序的侵蚀

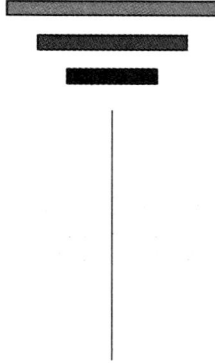

David P. Calleo

自第二次世界大战以来，美国对地缘政治的遐想已经逐渐趋于"单极化"。美国人想当然地认为他们的国家是主导性的世界力量与全球体系的天然领导者。对于这个论断，几代美国人从来未有过任何的歧见。而这个傲慢的观点也预示了美元特殊的国际地位——美元映衬出美国经济与地缘政治的重要性，也成了一种维系经济与政治作用的重要工具。依循这样的推理，美元的疲软迹象被人看作是美国地缘政治的地位相应下降的表现。也正是因为这种联系，美元的周期性"危机"经常会激起外交政策分析家们的兴趣。这在美元汇率极不稳定的 20 世纪 70 年代与 80 年代期间显得尤为真实（见表 8.1）。20 世纪 80 年代末出现的经济问题林林总总（包括变化诡谲的美元），由此产生了一批"衰落主义"学派的历史学家和政治经济学家，他们正受到大众媒体的普遍关注。[①] 他们认为：里根（Reagan）时代的美国遭遇了巨额的军费开支和财力不足所引起的经济"过度扩张"。这种过度扩张体现在该国习惯性的"双赤字"上———一方面体现在财政收支上，另外一方面则体现在对其他外部经济的影响上。财政赤字标示出美国联邦政府的支出远比收入要多，因而增加了国家的债务。外部经济或经常账户的赤字意味着：作为一个经济体的美国，消费和投资超过了其生产和进口的差额。在20世纪80年代的大部分岁月里，美国军费开支居高不下，从历史的基准来观察，这时财政赤字与经常账户赤字已经变得日渐庞大（见表图8.1和表8.2）。而从逻辑上来看，"双赤字"被认为是紧密联系在一起的。[②] 财政赤字记录着政府的赤字性开支，这会加重外部账户赤字，并且也显示出国民经济的整体超支。

每一种赤字都可能倚重借贷抑或印制钞票来筹措资金。每一项措施对美元及整体经济也会产生不同的影响。当货币供给量没有相应增加的情况下，政府举债往往会推高美元的利率，同时也会在资本市场上导致美元币值的上升和"挤出"私人投资者，其结果是减缓了经济增长。人们指出，仅仅依靠印刷更多美元或以其他方式增加信贷供给量来为赤字融通资金的做法加速了通货膨胀和美元的疲软。

与财政赤字不同的是，外部账户赤字是大量商品与服务的进口超过了出口，这种赤字最终是由外国人来"偿还"———主要是允许美国人用美元来支付其进口采购。随着美国对外赤字的持续攀升，世界上其余国家的美元供应量也顺势增加。衰落主义者们担心外国人将对持有越来越多的美元滋生焦虑。投资者将开始进行多样化的选择，与此同时美元汇率还可能下跌，而且这种下跌的趋势还会加速。当一个巨大的外部赤字在持续延伸时，提振美元

[①] 作者注：本文的写作是与约翰霍普金斯大学尼采高级国际研究学院几个研究助理的帮助分不开的，尤其是 david Beffert, kai Behrens, daniil davydoff, necmeddin bilal erdogan。本书这一章所要表达的主题思想在我最新出版的书中也被论述过，《福利斯的力量：美国的单极化幻想》（剑桥：剑桥大学出版社，2009年）。
[②] 当然，财政赤字与经常账户赤字都分别受到不同因素的影响，因此，两者并不一定同步变动。参见图8.1。

表 8.1　　　美元与主要货币的年平均汇率（1971—2007）

年份	DM-Dollar	Dollar-Pound	Franc-Dollar	Yen-Dollar	Dollar-Euro
1971	3.4830	2.4442	5.5100	347.79	
1972	3.1886	2.5034	5.0444	303.12	
1973	2.6715	2.4525	4.4535	271.31	
1974	2.5868	2.3403	4.8107	291.84	
1975	2.4614	2.2217	4.2877	296.78	
1976	2.5185	1.8048	4.7825	296.45	
1977	2.3236	1.7449	4.9161	268.62	
1978	2.0097	1.9184	4.5091	210.39	
1979	1.8343	2.1224	4.2567	219.02	
1980	1.8175	2.3246	4.2251	226.63	
1981	2.2632	2.0243	5.4397	220.63	
1982	2.4281	1.7480	6.5794	249.06	
1983	2.5539	1.5159	7.6204	237.55	
1984	2.8455	1.3368	8.7356	237.46	
1985	2.9420	1.2974	8.9800	238.47	
1986	2.1705	1.4677	6.9257	168.35	
1987	1.7981	1.6398	6.0122	144.60	
1988	1.7570	1.7813	5.9595	128.17	
1989	1.8808	1.6382	6.3802	138.07	
1990	1.6166	1.7841	5.4399	145.00	
1991	1.6610	1.7674	5.6468	134.59	
1992	1.5618	1.7663	5.2935	126.78	
1993	1.6545	1.5016	5.6669	111.08	
1994	1.6216	1.5319	5.5459	102.18	
1995	1.4321	1.5785	4.9864	93.96	
1996	1.5049	1.5607	5.1158	108.78	
1997	1.7348	1.6376	5.8393	121.06	
1998	1.7597	1.6573	5.8995	130.99	
1999		1.6172		113.73	1.0653
2000		1.5156		107.80	0.9232
2001		1.4396		121.57	0.8952
2002		1.5025		125.22	0.8454
2003		1.6347		115.94	1.1321
2004		1.8330		108.15	1.2438
2005		1.8204		110.11	1.2449
2006		1.8434		116.31	1.2563
2007		2.0020		117.76	1.3711
2008a		1.9243		105.30	1.5052

就需要更高的实际利率，高利率可能会吸引更多来自国外的资金，但通常会提高维系债务的价格，因而也会减少投资与经济增长。历史学家们援引了先前那些帝国不幸的金融经验，在一本被认为是衰落主义者最盛行的著作《大国的崛起与衰落》（1989）中，耶鲁大学的 Paul Kennedy 认为 Reagan 政府正沿着西班牙哈布斯堡王朝和法国波旁王朝的足迹肆意挥霍着美国。

表 8.2　国家国防支出，FY 1979 年—FY 2009 年（财政年度）　　单位：十亿美元

年份	流通中的美元	FY 2009 美元	占 GDP 百分比（%）	真实变化率（%）
1979	116.3	296.3	4.7	3.0
1980	134.0	313.7	4.9	5.9
1981	157.5	335.9	5.2	7.1
1982	185.3	369.8	5.8	10.1
1983	209.9	401.2	6.1	8.5
1984	227.4	419.2	5.9	4.5
1985	252.7	451.3	6.1	7.6
1986	273.4	477.0	6.2	5.7
1987	282.0	479.5	6.1	0.5
1988	190.4	478.7	5.8	(0.2)
1989	303.6	481.7	5.6	0.6
1990	299.3	458.0	5.2	(4.9)
1991	273.4	403.2	5.4	(12.0)
1992	298.4	429.2	4.8	6.5
1993	291.1	409.5	4.4	(4.6)
1994	281.6	387.8	4.1	(5.3)
1995	272.1	366.9	3.7	(5.4)
1996	265.8	351.7	3.5	(4.2)
1997	270.5	351.8	3.3	0.0
1998	268.2	344.6	3.1	(2.0)
1999	274.8	348.5	3.0	1.1
2000	294.4	366.0	3.0	5.0
2001	304.8	370.1	3.0	1.1
2002	348.5	415.3	3.4	12.2
2003	404.8	472.8	3.7	13.9
2004	455.8	519.0	3.9	9.8
2005	495.3	546.4	4.0	5.3
2006	521.8	557.2	4.0	2.0
2007	552.6	574.6	4.0	3.1
2008b	607.3	619.5	4.2	7.8
2009	675.1	675.1	4.5	9.0

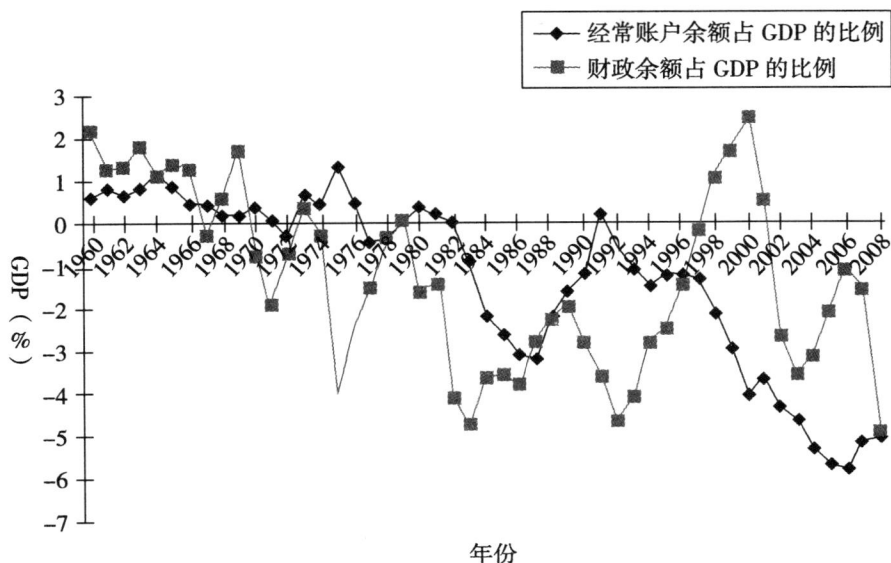

图 8.1 美国财政与经常账户余额（占 GDP 的比例），1960—2008 年
（2008 年的是第二季度数据）美国财政部经济分析署

我自己写了两本关于衰落主义学派的书籍。《超越美国霸权》（1987年）这本书讨论了冷战期间为了在资金融通上支撑美国的重要地位，国际货币体系是如何周期性地被操纵的。《美国破产》（1992 年）分析了我们巨大的双赤字是如何纠结于地缘政治的过度承诺以及又是如何扰乱资本市场并导致经济损失和衰退的。

8.1 从约翰逊到冷战的终结

作为美国冷战的典型，约翰逊（Johnson）发起的越南战争和"伟大社会方案"都印证了美国对外的穷兵黩武。在这段时间里，财政赤字开始扩大，通货膨胀加速，外部账户的结存也在恶化（见图 8.1 和表 8.3）。尽管如此，Johnson 还是竭力维持布雷顿森林体系所建立的固定汇率。直到 1971年，Johnson 的继任者 Richard Nixon 迫不得已放弃布雷顿森林体系并让美元的汇率实行自由浮动，而且这样的自由浮动持续至今。在尼克松（Nixon）

表 8.3　　美国财政赤字、通货膨胀率、GDP 的变化（1960—1975）

年份	预算	CPI	GNP
1960	0.1	1.6	2.2
1961	−0.6	1.0	2.6
1962	−1.3	1.1	5.8
1963	−0.8	1.2	4.0
1964	−0.9	1.3	5.3
1965	−0.2	1.7	6.0
1966	−0.5	2.9	6.0
1967	−1.1	2.9	2.7
1968	−3.0	2.9	4.6
1969	0.3	4.2	2.8
1970	−0.3	5.4	−0.2
1971	−2.2	4.3	3.4
1972	−2.0	3.3	5.7
1973	−1.2	6.2	5.8
1974	−0.4	11.0	−0.6
1975	−3.5	9.1	−1.1

和长特（Carte）总统的任期中，浮动汇率普遍伴随着宽松的货币政策。而相比之下，在 Reagan 总统的时代，浮动汇率通常与银根紧缩的货币政策相伴。事实上，这些冷战时期的政府对于美元的管理表现出了三种截然不同的方案：第一种是固定汇率辅以扩张性的宏观经济政策（Johnson）；第二种是浮动汇率与扩张性的宏观经济政策搭配（Nixon）；第三种是浮动汇率与扩张性的财政政策以及紧缩性的货币政策相结合（Reagan）。以上的每种方案都能为赤字提供资金融通，也能对美元加以管理，但每种方案都有其自身特定的弱点，诸多的弱点让上述这些方案有始无终。在 Nixon 执政的时代，货币政策大体宽松，美国自由地向世界市场输出美元，而此时美元疲软与通货膨胀已经变成了一个严重的问题。货币政策顺势被收紧，经济衰退如影随形。Carte 总统执政的年代里表现了一个类似的模式，这样的模式仍旧以持续的

通货膨胀与货币政策的急促紧缩为结局。在 Reagan 总统时期，银根紧缩的货币政策得到延续，但 Reagan 时代的早期与货币政策相搭配的则是一个异常宽松的财政政策——具体表现在减税以刺激生产力以及增强基础设施建设方面。在巨大的财政赤字与银根紧缩的合力作用下，利率显得异常高涨。美国开始着手引进早期已经输出国外的美元。基于这样的背景，一个"高估"的美元就应运而生了。高估的美元使得经常账户的赤字恶化、损害了国内产业，也让一场普遍性的金融危机雪上加霜。

这一发展进程的关键教训是自由之手始终被赋予美国。从 Johnson 到 Reagan，当一种方案的绩效变得无法容忍的时候，另一种方案则预备上阵。因此，美国在战后数十年都能透支生活，尤其是美国的对外赤字是由其他国家来承担的。在没有援引地缘政治的情形下，这种可能性很难加以解释。世界上其他富裕的资本主义国家严重依赖于美国的军事力量来保护它们不受苏联的欺凌。为了帮助支撑美国国外霸权所形成的重负以及支持美国国内的民主生活方式，美国的赤字其实是一种追加的帝国税收。只要冷战的两极对峙战略得以持续，美国那些富庶的盟国就不会允许美元的破败，因为美元的破败会削弱美国地缘政治的作用。不管采用哪种方式，这些富庶的国家都会为美国外部账户赤字提供必要的融通资金。当然这种做法也极大地帮助了美元成为迄今为止世界上最重要的国际货币。在大多数国家的外汇储备中，美元占了绝大部分，这些国家不希望看到自己的资产贬值。在短期内，至少除了美元，它们别无二法，因为它们找不到能够真正替代美元的货币。

然而，到了 20 世纪 80 年代后期，衰落主义者预测，整个冷战进程正在变得不可持续。他们错了吗？我们将永远无从知晓，因为冷战本身被证明是不可持续的。幸运的是，苏联在全球扩张方面远远落后于美国。但是，假如没有苏联的解体，没有 Gorbachev，倘若冷战对峙仍在继续，衰落主义者所预期的美元恶化还会真的应验吗？

当时，许多货币主义经济学家，包括 Paul Volcker（他为 Reagan 政府服务了很多年，也被认为是最有主见的美联储主席），他相信美国可以解决自身的双赤字和美元自身的不稳定问题，也依旧能并行不悖地延续传统冷战下的外交政策。持续紧缩的货币政策被寄希望于能把我们金融市场的通胀预期挥之而去。实际利率将有所下降，企业便可以更加便宜地筹集到资金，一个稳定而无通胀的增长也会随之而来。真实的增长将缓解政府的财政危机并且更容易使未来的预算得以平衡。稳健的货币政策与真实的增长、财政秩序的严明相匹配，这意味着美元的稳定。

有些衰落主义者，虽然对于 Volcker 的政策表示赞许，但他们不相信，美国在地缘政治地位没有历经重大的调整下会信奉财政与货币均衡的普适观点。我想，地缘政治地位的调整尤其凸显在欧洲，欧洲国家将会被施以压力承担起在抵御苏联过程中领导自我的重责。欧洲内部部队的运作成本远要比海外的美国部队少。我曾在 1970 年提出了这一论点。Reagan 的巨额国防建设，以及随之而来迅速增加的财政赤字不断强化了这一点。可是，冷战的结束从根本上改变了地缘政治的框架。一方面，在冷战之前，美国迫使欧洲与日本支持美元，而冷战的结束极大地削弱了欧洲与日本对美国的军事依赖；另一方面，冷战的结束为美国减少军事开支以及寻求财政政策的再度平衡提供了契机，这也让实行稳健的货币政策与美元措施变得更加游刃有余。许多方面显示，Clinton 执政下的美国抓住了这一契机，国防开支大幅削减引致了财政盈余。尽管外部账户的赤字仍在上升，但美元的汇率终究趋于稳定了。

8.2　克林顿方案

消除财政赤字是克林顿（Clinton）时期的突出政绩。这个过程实际上开始于 Bush 政府，冷战的结束带给美国一个巨大的"和平红利"，同时海湾战争所产生的额外支出也由同盟国的捐助来抵补。Clinton 在他执政的初始，极少表现出像老 Bush 那样的全球地缘政治热情。政治干预与武力介入的行径被"Powell 学说"谨慎地框范着。因此美国地缘政治的野心显得相对中庸。国防支出在这些年份里呈迅速下降的趋势，并且没有发生逆转。与此同时，保守派所控制的国会被证实其对 Clinton 更为详尽慷慨的卫生保健与总体福利扩大计划显得漠不关心。由于没有更好的支出替代品，和平红利被投资用于重建财政的平衡。财政赤字的下降使得政府的举债压力得以缓解，也释放了归属于私人借贷者手中的资金。在这十年中的后续年份里，现实经济中信息技术的迅猛发展为大量的私人投资提供了一个强大的诱因。美国 GDP 随之快速增长，生产率也有着大幅的提高。虽然美国的消费债务和对外借款均达到创纪录的历史水平，但相较 GDP 增长而言，它们在 GDP 中所占的比例是在持续稳定地收缩。

从逻辑上来讲，大量的投资，以及最好的就业与消费记录，这些都很容易转化为工资与物价的上涨，但实际上却几乎没有显示出这样的迹象。对于低通货膨胀有两个相辅相成的解释。而在理解经济的后续前景里，这两个相辅相成的解释仍然被多次用到。拜高额投资与互联网的魅力所赐，生产率的增长与高涨的工资、同比例大幅增加的产量相互匹配。换句话说，新技术意味着更高的生产率，这也让在无通货膨胀的情况下，保证真实工资上涨与更高就业水平成为可能。为了引动更多增加生产力的投资，Greenspan 对延续因时制宜的货币政策乐观其成。

与低通货膨胀相联系的另一种解释就是不断增长的贸易赤字。美国正从那些低工资的国家中购买越来越多的产品，有些来自北美自由贸易协定的墨西哥，当然也逐渐增加了对中国商品的购买。廉价的外国商品在美国市场显得如此光鲜，以至于使得国内生产商无从提高商品价格，工人要求涨工资也恰巧不能兑现。在这样激烈的竞争下，美国的劳动力正从制造业的岗位转移至服务业的岗位。这将使得他们的薪水下降，也少有安全感。Clinton 政府欣然地把这些就业趋势作为一种从高效制造业到服务业的经济转型。对于失业，他更愿意把它看作是劳动力将有更多培训与教育的机会，而不是因为工人失业就要去保护那些缺乏竞争力的产业。由于教育与学术资源的支撑，美国的竞争优势被认为依赖于其先进的制造业和服务业。福利改革也是政府基本战略的一部分，旨在通过制造持续失业的不安来促进劳动力的转型。大量剩余的产业工人被簇拥投身于服务业，收入的不平等远远超出欧洲地区的标准（见表8.4）。不过，美国也避免了出现欧洲那样的高失业率，低失业率使得政府很容易就能平衡财政政策。此外，即使深陷低收入工作的工人也能够从许多低价产品中受益。与此同时，整个国家也受益于 GDP 高水平的增长与生产率的提高。总之，Clinton 的经济政策可以看作是一座容纳经典自由主义美德的庙宇：和平的外交政策与财政节制、福利改革、高效的劳动力市场、贸易的自由化，以及旨在拥有更高生产力的巨额投资交映生辉。这种巧妙的结合显得行之有效，并被证实能使私人消费达到更高、更合理的水平，广大发展中国家，尤其是在亚洲，都因为大量出口而形成了经济的快速增长，Clinton 的经济政策组合恰巧满足了这一点。

表8.4　　　　　　　　2007 年 OECD 高收入国家的基尼系数

国家	基尼系数
United States	40.8
Portugal	38.5
New Zealand	36.2
United Kingdom	36.0
Italy	36.0
Australia	35.2
Spain	34.7
Ireland	34.3
Greece	34.3
Switzerland	33.7
Belgium	33.0
France	32.7
Canada	32.6
Netherlands	30.9
Austria	29.1
Germany	28.3
Finland	26.9
Norway	25.8
Sweden	25.0
Japan	24.9
Denmark	24.7

经常账户赤字从 Reagan 时代就一直得以承袭至今。Clinton 的自由方案消除了财政赤字，但它也有扩大经常账户赤字的倾向。然而，Clinton 的辩护者认为 Clinton 执政时期的外部赤字见证了美国经济的实力而不是弱点。美国蓬勃兴起的高科技产业引动了海外私人部门的直接投资，而大约有85%的经常账户赤字是与这样的直接投资相匹配的。国外私人部门的投资组合也充分解释了美国15%的经常账户赤字。这种资本流入更多地被归类为美国实体经济的生产性资本而不仅仅是被简单地看作一种债务。总之，Clinton 政府似乎创造了一种美国经济，并且这种美国经济明显适应了冷战后的世界经济格局。尽管美国贪婪的消费者助长了不断攀升的经常账户赤字与巨大的外部账户赤字，但国内投资与生产率的增长都处于高水平，美元也相当稳定（见表 8.1、表 8.5 和图 8.1）。区别于冷战早期的方案，强劲的美元所表现的经济内涵远大于其政治意义。人们预期那些新兴产业与服务业在未来的岁月里扮演着重要角色，由此人们也相信国外储蓄之所以蜂拥而至是因为美国在这些行业起着关键性的领导作用。美国这种领导地位不仅取决于国家拥有的高端企业群，而且也取决于重大的教育科研投入。自 20 世纪 60 年代以来，美国第一次设想了一个关于刺激宏观经济的方案，这个方案把平衡的财政政策与有所节制的货币政策结合在一起。相比而言，在 20 世纪 50 年代，美元汇率更多的是依靠中央银行的外部干预而不是美元自身在市场中的表现。但是到了 20 世纪 90 年代，这样的作用机制与 20 世纪 50 年代截然不同，美元汇率表现出适度的平稳。换而言之，从整体上来看，Clinton 的政治经济方案并没有用谋求世界经济体系特权的方式来维持美元的稳定。Clinton 的政策成功之处在于这些政策具有适度节制的特点。一种简约的外交政策不仅让美国的国防开支维持在历史的低水平，而且美国在全球斡旋活动中，不再是广积全球干预的劳力，而是直接获取了新的科学技术。只要 Clinton 政府坚持这种适度自由的范式，新兴的欧元似乎不可能对美元的国际地位形成严重的威胁。

8.3 克林顿政策的局限性

然而，Clinton 的政策也有最终破坏他诸多成就的弱点，稳定的美元也终将不能幸免。他在财政政策上的成功最初主要依靠集约型的国防预算，但是这种节制缺少一种持久的地缘政治基础。"单极化"的世界观念日渐充斥于美国政治精英群体中。"9·11"事件后，这种单极化观念导致了继任的Bush 政府大规模进行全球干预，巨大的财政赤字得以重现。其实这种地缘政治氛围的转变同样也出现在 Clinton 时期。1993 年 Clinton 已经成为一名热切拥护扩大北大西洋公约组织的领导人。随着北大西洋公约组织范围的不断扩大，美国与俄罗斯的关系依旧保持着过去敌对的特点。此外，欧洲政治和军事的弱势也是重要动因。继欧洲在南斯拉夫的拙劣表现之后，美国深切感到在巴尔干半岛进行军事干预的重要性。美国的军事成功与欧洲国家斡旋的失败，这两者协同催生了美国人一种舍我其谁的必胜信念，这种信念横扫了政府在军事领域滞留的地缘政治疑虑。Clinton 在他的第二次就职演说时，引用了"不可或缺的国家"这个短语。[①] 在他的第二任任期末，国防开支一直上升，美国也正重新履行其作为世界和平守护者的天职。

与此同时，Clinton 经济模式中的诸多严重问题也越发明显。过度消费意味着私人储蓄率很低，只能由国外大量的投资来弥补。巨额的投资和消费对于美国 GDP 的增长来说是一种重要的动力（见表 8.5）。在 20 世纪 90 年代末，知名互联网公司在股票市场的繁荣使得投资资产迅速增长。一个异常活跃的金融行业不仅撬动了更多的投资性资本，而且也让那些快速增值的资产更容易地转换为支撑更多消费的可支配收入。但随着时间的推移，资产的增长很明显转变成资产的膨胀。在 Bush 新政府的初始，即 2001 年，广受大众看好的股票市场出现崩盘。美联储迅速使用大量的流动性资金予以抵

---

① Clinton 总统在他第二次就职演说中提到了 4 年前美国的地缘政治地位。Madeline Albright 后来用他的那句话来为在巴尔干地区使用的武力辩护："如果我们不得不使用武力，那是因为我们是美国。我们是不可或缺的国家，我们站在高处。我们进一步看到了未来。"

表 8.5　　　　　生产力、投资与消费增长（1970—2006）

年份	生产力增长率（%）	国内总投资变化率（%）	个人真实消费（%）
1970		−1.9	2.3
1971		12.2	3.8
1972		13.8	6.1
1973		16.4	4.9
1974		4.9	−0.8
1975		−4.1	2.3
1976		22.2	5.5
1977		19.6	4.2
1978		20.1	4.4
1979		12.9	2.4
1980		−0.3	−0.3
1981		17.2	1.4
1982		7.3	1.4
1983		9.2	5.7
1984		27.3	5.3
1985		2.3	5.2
1986		2.8	4.1
1987		5.4	3.3
1988	2.1	4.0	4.1
1989	1.0	6.4	2.8
1990	2.2	0.4	2.0
1991	2.6	5.0	0.2
1992	3.8	6.3	3.3
1993	2.6	7.8	3.3
1994	3.5	12.5	3.7
1995	4.5	4.4	2.7
1996	3.6	7.9	3.4
1997	5.5	10.6	3.8
1998	5.4	7.9	5.0
1999	4.5	8.0	5.1
2000	4.1	6.7	4.7
2001	1.6	−5.0	2.5
2002	6.9	−0.6	2.7
2003	6.2	4.9	2.8
2004	2.2	12.0	3.6
2005	4.9	9.4	3.0
2006	1.1	6.8	3.0

补，Bush 政府也随之采取大幅减税的措施，这被视作对前任总统可预见财政盈余的再度分配。① 消费者支出得到了迅速恢复，所谓的衰退是温和的、短暂的，GDP 恢复了快速增长。随着互联网公司的繁华落尽，资产的增长转移至房地产市场。美国固定资产总投资的大部分进入了住宅建设领域，2003 年的比例是 35%，2004 年的比例是 37%，2005 年的比例是 38%。作为一种廉价的信贷工具，大量抵押贷款替代了储蓄。不动产价格的上升让大量家庭权益性贷款转变为更多的消费信贷支出。

但是，GDP 的增长又进一步与不断攀升的债务相匹配。经济的扩张提高了政府的财政收入，以至于预算赤字接踵而至。当然，尽管预算赤字在许多真实的年份里被扩大了，但其与 GDP 的比值从 2005 年的 2.6% 下降至 2006 年的 1.9%。美国经济俨然成为一种可以把石头变成面包的魔术机器。实质上看，美国人的消费能力要远比生产能力强。美国人从海外各处借入资金，但是美国人消费、投资、借债越多，经济增长得也越快。事实上，美国经济增长的步伐的确要比债务增长快很多，由此，债务相较日益增长的财富净值的比例也在不断收缩。Clinton 政府见证了先进高科技带来的经济增长，这也被认为是劳动与资本优化配置的结果，所有这一切都极大地助推了经济的繁荣。然而，对于一个保守货币主义者而言，这样的模式似乎过于异想天开。保守货币主义者强烈地暗示这仅仅是自鸣得意的中央银行所激起的资产膨胀而不是真实性的增长。2001 年 9 月 11 日之后，由于对经济衰退近似病态般的恐惧，美国的货币政策显得极度松弛。而与之相随的经济现状就像泡沫一样接踵而至，首先是互联网公司迅速成长下的"非理性繁荣"，随之适时相伴的是狂热的房地产市场。就 Hayekian 的观点来看，这一过程很可能要在严重的金融混乱中终结。

不幸的是，后续事件已经证实了保守货币主义者的担忧。在 2007 年的

---

① 2001 年以后，基本贷款利率下降了，并且这一利率持续下降了好几年。在布什上任的第一年里，新布什政府创造的财政盈余占 GDP 的 1.3%。在接下来的几年里，减税和安全支出的措施把财政预算拖回了红色警戒线以内，2004 年的财政赤字一度占 GDP 的 3.6%。由于 GDP 的高度增长和联邦政府财政收入的增加，财政赤字因此有所回升，在 2006 年占 GDP 的 1.9%。而从那以后的趋势却经发生了逆转，预计到 2008 年，赤字至少会占到 GDP 的 5%。

中期，处于历史最高水平的住房价格出现增长停滞，并在全国的大部分地区开始下降。在一个极度扩张的次级抵押市场中掀起了一场丧失抵押品赎回权的风波。风险性的抵押贷款是以膨胀的资产价值与松散金融结构下的"证券化"为基础的，它已经成为世界各地银行资产的重要组成部分。随着过去浮涨的房地产价格的跌落，这些不透明抵押贷款的价值急转直下，银行宣告巨大的损失。由于担心信贷资金出现整体性短缺，所以机构相互囤积现金，造成金融紊乱的诸多要素近在咫尺。泡沫一直在破灭，除了抵押贷款市场，次贷危机所产生的进一步震荡也即将出现：对冲基金可能面临大量赎回，或者是银行体系持有大量消费者的信用卡债务，或者是货币市场基金由于来自不良资产的大量提现而导致破产。焦虑的美国银行界开始寻求大额资金的注入，这些大额的资金大多来自一些外国投资者。

2008 年初秋，当我撰写这篇文章的时候，经济情形已经面临着运行失控的威胁。美国和欧洲的一些大型金融机构正处于风雨飘摇之中。银行界，尤其是对于美国的银行界来说，它们的信誉已经大大受损。短期资本市场的交易极度窘迫。为了防止整体性的金融崩溃，西方中央银行已经给它们的银行系统发放了巨额贷款。最近几周，财政部已经获得美国国会的批准，将提供给政府 7 000 亿美元的资金从举步维艰的金融业那里购买那些"遗留"的资产。政府希望通过实施这个计划让这些金融机构稳定资产负债表和重新建立起它们的信誉。在市场回暖的适当时候，政府也希望能够通过及时出售这些变质资产来获取一定的补偿。欧盟政府承诺用 2.56 万亿美元来支持它们摇摇欲坠的金融部门。这些措施将怎样有效地发挥作用仍然有待于日后的观察。与此同时，Bush 政府已经要求提高国债的最高限额，从 1 万亿美元提高到 11.3 万亿美元，这其中有近一半限额已在 Bush 政府期间得到。

在这一点上，我们很难说对未来事件发展进程有着充足的信心。一些根本性的问题显得前途渺茫。也许最令人担忧的是，如此大规模地发行基金可能最终会使政府自身的信用度受到质疑。但可以肯定的是，对比许多其他的发达国家，美国合规性联邦债务与 GDP 的比值还在安全线之内。联邦政府不断对问题银行追加新的且更为广泛的担保，货币市场基金与保险公司也一并对各种代理机构承担正式的担保（像房利美和房地美），虑及社会保障，尤其是家庭医疗计划，美国承担的各种义务预计增长更为迅速，而上述各类担保可能也是美国联邦政府债务的现实写照。不管怎样，短期财政状况至少在过去 Clinton 执政时期显得井然有序，根据今年年底专业性的估计，去年 Bush 政府的财政赤字高达 1 万亿美元，或者说超过了 GDP 的 7%，二季度末的官方数据也显示这一比例接近 5%。

目前还没有任何迅速缓解的迹象。且不说金融危机造成的前所未有的代价，巨额赤字已经日益凸显在例行的军事与民用开支上。"9·11"事件后，实际的军事支出已经超过"冷战"时期的支出。作为美国政治阶层重要组成部分的共和党与民主党都不愿意弃守全球地缘政治的约定，因此 Bush 政府的高额军费开支将难以扭转。当然，政府对居民的补贴制度形成了更大部分的公共支出。人口老龄化扩大了支出，这也顺势要求政府增加税收，如果当前的金融动荡转化为一个长期的经济缓行，那么由此加总起来的问题会变得更加积重难返。① 考虑到这样紧张的财政状况和可预见的沉重债务，政府将受到诱惑，也可能被胁迫使用通胀的方式来予以缓解。当然，因为住房价格持续下降与国内信贷扩张自行逆转的机制，由于失业率的上升，加之资产的瓦解，工资与物价几乎都没有上涨的迹象。政府对此时严重经济衰退的恐惧显得越发急切。然而，美国在进行信用创造与规模空前地向经济体注入流动性的同时，却也使得财政赤字不断上升，也正因如此，美国长期利率最终将面临沉重压力的事实就不足为奇了。这甚至反映出政府对自身信誉与日俱增地丧失了信心。

8.4　对美元的影响是什么？

这些景象将会怎样影响美元呢？在 2000 年到 2007 年间，美元汇率呈

---

① 据美国国会预算办公室的长期预测，"除非改变当前的政策，否则对资源需求的增长将会引起医疗费用的上涨，同时国家老年人口的增加也将会增加预算的压力"。

现出一种陡然下降的趋势，美元兑欧元的汇率贬值了大约 50%。① 国外投资的数字证实了美元下跌的过程。直到 2003 年，国外资本净流入已下降到 2000 年价值的 1/5。然而，美国的消费仍然很高，其外部赤字也在不断增加。因此，美元大幅下跌与美元兑欧元的汇率下跌就有着充分的逻辑必然性。在这一点上，外国中央银行为了支持美元，提升了干预力度，美元的汇率暂时保持了稳定。到了 2005 年，美国的消费创造了新纪录，房地产热潮形成了一股新的泡沫，而美国正当其中。巨额的国外私人资本流入又重新恢复了。

到目前为止，日本与中国是美国长期国债和机构债最重要的持有人（见表 8.6）②。亚洲国家形成了广泛的共识，认为支持美元就是协助它们自己国家的出口。对日本而言，这是一种旧惯例，这种惯例可以追溯到 20 世纪 70 年代所谓的"肮脏互动汇率制"，那时日本和欧洲共同应对了 Nixon 时期的美元贬值。对于一个富裕发达而经济停滞的国家而言，就像日本，为了提振出口而支持美元的做法也许并非是一种非理性之举。然而，对于中国来说，这样的做法似乎不可持续。尽管中国的快速增长在很大程度上依赖于出口市场，但是中国本身巨大的国内市场需求，迫使中国政府的眼光集中向内，发展本国的基础设施和开拓巨大的国内市场。在这些情势下，期望中国无限制积累大量剩余美元的愿望似乎有一个不明朗的前景。

有报道指出，到了 2008 年秋季，中国庞大而剧增的美元储备已经达到约 2 万亿美元，然而，在 2007 年，针对这些剧增的美元储备，中国政府就已经制定了未来详尽的战略。部分的美元储备被汇集到一个"主权财富基金"里并投资在美国的私营经济领域。需要指出的是，投资于美国私人经济原来一直是日本、欧洲和其他西方大量持有美元储备国家的长期做法。截止到 2007 年年底，日益演变的次贷危机使得西方金融机构的投资不足并出现资金短缺。美国企业的大门一直都敞开着，中国以及其他一些非西方国家

① 从 2000 年到 2007 年，美元兑欧元的汇率下降了 48.6%，美元兑英镑的汇率下降了 32%。
② 几个欧洲国家和其他一些国家在持有美国股票和公司的长期债务方面已经超过了日本和中国，并且超过了中国持有的短期债务。

表 8.6　　　　2007 年 6 月 30 日 外国持有美国证券的价值，

主要投资国家及证券类型　　　　　　单位：十亿美元

国家	总额	股票	长期债券	机构长期债权		公司长期债权		短期债权
				ABS	其他	ABS	其他	
日本	1 197	220	553	103	126	30	89	76
中国	922	29	467	206	170	11	17	23
英国	921	421	43	18	10	142	263	24
开曼群岛	740	279	23	46	6	190	157	38
卢森堡	703	235	45	23	16	81	259	44
加拿大	475	347	18	1	3	23	62	22
比利时	396	25	14	2	31	54	267	3
爱尔兰	342	81	14	20	6	56	80	85
荷兰	321	185	16	20	3	44	40	13
瑞士	262	145	33	4	6	28	37	9
中东石油出口国	308	139	79	12	18	7	10	44
不知名的国家	214	*	*	*	*	1	211	2
世界其余国家	2 094	995	659	113	336	230	325	246
总额	9 775	3 130	1 965	570	735	902	1 835	635
其中：外国官方机构持有	2 823	266	1 452	236	515	44	55	256

开始在美国私营经济领域进行大规模的投资。一些分析家认为：这些满载美元的发展中国家的资本流入预示着一种新的范式正在管理着全球的金融体系。迅速发展的非西方国家正经历着过度储蓄这一过程。这些国家不是选择在国内更多地消费与投资，而是寻求在其他国家的投资机会。特别是，这个极易变动的巨大资金池对于像美国这样储蓄不足的国家是很适用的。非西方的储蓄给美国经济提供了"内生流动性"的需要。① 美国的赤字就这样自我把持着：美国的高消费引发了自身的繁荣与非西方国家的过度储蓄。一般而言，美国的军事开支与有益的过度消费也广泛地维系着世界地缘政治的稳

---

① 他认为新的模式限制了利率变动的影响，并且需要中央银行采取不同的策略。正如 Paul Krugman 所指出的，在 2005 年年初 Ben Bernanke 成为美联储主席之前的讲话中，他列出了引起美国在国际资本市场筹借巨额债务的第三世界国家名单，因为那些国家拥有过多的国家储蓄。Krugman 对于出现不良投资结构的补救办法是"用成熟的监督来克服市场的狂野"。但他同时也指责由于缺乏监管而导致了目前的混乱，目前也许过分强调了中国对储蓄的积极性而低估了美国大量消费和管理的积极性影响。有一种观点认为过多的资金供应是拜中国的过度储蓄所赐。另一种观点指责美国在寻求外部融资的时候存在过多的偏好，对于那些能够满足美国需求的国家，美国总是希望增持的美元能作为它们的储备。

定，这对于国外储蓄来说，也加深了美国作为一个安全和有利可图的避难所形象。只要这种自我强化的格局仍然存在，就能预期美元霸权有着新的延续。这似乎是美国人所熟知的"石头变成面包"范式的一个新版本：经济的魔力体现于在无储蓄的状态下带来了不可思议的经济增长。但在目前的境遇下，这也许显得过于乐观，尤其是对中国行为的预期上。

把过多的美元投资于美国的政策会遇到来自一些国家的阻力，它们希望资金的积累能直接促进国内自身的发展与进步。中国在美国公司的巨额投资，特别是使用主权财富基金的做法将受到美国越来越多的抵制。如果使用一种合规的方式来阻止中国把富余的美元投资在美国，大规模可被接受的美元投资者就不会出乎意料地出现，美元也会合乎逻辑地继续贬值。在不到10 年的时间里，美元的兑换价值已经减半，但正如我所写到的一样，2008年金融危机的肆虐使得这种预测日渐落空。恐慌的投资者显然已经回到他们过去冷战时的习惯，他们在美国政府的义务与责任下寻求安全保障。如今欧元已经明显地作为一种可供选择的资产，但是投资者明显地担心欧元缺少政治架构，以及对这场大众所预料的严重危机回天乏力。因此，从 2008 年 9月至 11 月，也就是银行危机如火如荼的几个星期里，美元已经升值超过了15%。这似乎是对过去冷战模式的再度肯定。在冷战的大多数时间里，美元的汇率严重依赖于国外的支持。但是，尽管在美元偶尔经历下降的时期，外国人仍然愿意把迅速增加的美元盈余作为本国持有的外汇储备，这些外汇储备要么用于国际性交易，要么投资于美国经济。但为什么现在美元的地位相较过去有较少的可持续性呢？作为一种价值储备，贬值的美元被寄望于保留其国际地位的格局究竟能够维持多久呢？

正如我们可以看到的一样，最明显的答案是，美国的货币已经失去了两个关键的结构性支持：苏联的威胁与没有任何其他可选择的储备货币。可以说，这两者在过去支撑了美元的地位。美国所失去的结构性支持反映了新的地缘政治现实——苏联的解体和其他国家的崛起，尤其是拥有强大力量又步调一致的欧盟与欧元。从这个角度来看，货币危机在本质上也是一种地缘政治的危机。没有苏联，美国已失去了以前在世界上的地位。我们从阿富汗和伊拉克的经验可以看出，美国对朋友和敌人的霸权影响都好像已经大大低于我们的政治精英过去已有的状况。后苏联地缘政治的下降和美元的过度扩张是个不争的事实，对我们的全球力量来说，一旦有一个强大的经济补充，就会对我们自己和世界的总体经济造成巨大的威胁。

市场力量似乎并没有提供一条合适的出路。根据经济学的惯性法则，美元的大幅贬值，尤其是在伴随经济衰退的情况下，会改变美国的行为。美国应该减少消费、刺激出口、压缩用于军事干预的资金，这样经常账户相应地就会走向平衡。最终，美元的汇率才会步入平稳。但是当购买便宜美元成为一种颇具吸引力的投机活动时，美元的汇率可能就会出现逆转。

什么可以代表这样的立场呢？政治学家喜欢讲"路径依赖"，否定、惯性、对旧习惯的刻意坚持。美国人似乎已经深深习惯了战后带来的过高特权。政治精英们对管理世界日渐上瘾。他们从没有打算逃避他们信守的历史职责。因此，尽管存在着巨额的财政赤字与弱势的美元，但那些凸显帝国内涵的项目仍然在继续。美国的消费者显得恣意妄为。从美国既有的世界地位看，储蓄似乎显得不合时宜。自由消费的习惯推动了我们自己国家经济的典型增长，这对那些出口商品到美国而又迅速崛起的发展中国家来说是至关重要的。因此，我们高消费的说法也就可以自圆其说。过多的储蓄会降低自己国家的生活标准和导致整个世界的贫穷。总之，由于针对动荡美元和巨额双赤字的普遍性救助方案包括了削减我们在世界上的军事力量与国内财富，因此，我们抵制国家采取的救助方案就显得不足为奇了。我们宁愿输出更多的美元而不是减少消费和增加出口。我们长期把世界看作单极化；我们将不乐见我们仅是一个普通的国家。

当然，我们要在世界角色的扮演上做到两权相害取其轻，这将不仅取决于我们自身的偏好，也决定于世界更加广泛的经济与地缘政治趋势。如果一个更加多元化的地缘政治秩序正在出现，那么与之相称的金融架构也将应运而生。的确，在当前全球金融危机之下，无论何种世界秩序出现，货币政策都被假定扮演着关键的角色。正如布雷顿森林体系一样，它协助美国逾越全球体系中的许多国家并形成了美国的战后霸权，所以，在今日危机之外所涌现的货币秩序也许能反映和帮助组建一个不同的霸权主义抑或更加多元化的世界。

8.5　走向一个新的世界货币架构

美国全球霸权的衰落并不意味着其他国家拥有了霸权。对于习惯持有单极化观点的人来说，那些常存质疑的知识分子可能很少会去想象旧的超级大国会被新的取而代之，正好比过去泛美时代取代了泛大不列颠时代一样。但现在谁可以接替美国作为货币霸主呢？当然，这个问题与地缘政治有关，也与经济有关。如果只论及经济，今天的欧盟似乎是一种理想的全球货币体系。欧元与美元都服务于一个巨大的市场，与美联储不同的是，欧洲央行被禁止为欧盟成员国的财政政策承担经济责任，因为这似乎让欧元在全球货币体系所扮演的角色有被刻意设计的疑虑，尤其是在一个完整而非霸权的货币体系中。实际上，正如 Marcello de Cecco 所指出的那样（第 6 章），今日欧元的功能等同于黄金。虽然从理论上来说，欧盟可能拥有扮演一个全球性霸权角色所必需的资源、共同的文化魅力、诱人的政治方案，但欧洲国家没有或不想要有一个聚集它们力量的联邦结构来打理世界。目前，欧洲国家似乎一直缺乏集体的意愿来充当这样的角色。类似地，尽管中国和印度可能即将成为全球主要的大国，但它们都没有西方国家的勇气，也没有西方国家普遍的自命不凡与野心。美国的地位在削弱，但又不可能有一个新的全球霸权取而代之，现在也许是认真思考全球秩序是多极而不是单极的时间了。这种秩序会更好地适应我们现实生活中多样化的世界。在可预见的未来，美国将无疑是全世界的领导力量。在濒临崩溃的美元让美国的尊严丧失殆尽之前，一个尽职的政府理应能协商出新的国际货币架构，这样的架构能让美元有一个体面的安息之处。很少国家有真实的兴趣来推动美元进一步崩溃。但为了整顿日益多极化的体制，将要求有多边且以规则为基础的机构来寻求共同利益和防止不断失控的纠纷。自第二次世界大战以来，在建立这类机构方面世界上已经取得了巨大的进步。在战后初期，全球主义的体制建设主要是美国冷战霸权主义的产物，美国实践着自我的多边梦想。值得一提的是，这些产物有联合国、世界银行、国际货币基金组织和北大西洋公约组织。

在近几十年的时间里，欧洲国家已经占据了主导的地位，它们建立了欧洲联盟——就它们自身地域来看，这是一个极度整合与务实的多级架构。为了实现一个更加广泛的霸权目标，这个架构拥有一种共同的货币以及由一个专家管理的中央银行，并且这个架构不会被领导性的国家所控制，这些国家的"过高特权"也屈从于货币体系。这种专家治国的架构能适应全球货币体系吗？专家驾驭货币的做法是一种原始的观点，例如，John Maynard Keynes 的 IMF 计划。但从实践来看 IMF 不仅反映了美元的霸权，也反映了整个美国的霸权。在没有了战后美国强大霸权主义的前提下，欧洲的多元化模式能被适用于全球统一的货币体系吗？尽管这样的体系不会被华盛顿单方面来管理，但它可能仍旧保留美元作为一种最重要的全球货币。正如 Ronald McKinnon 的暗示，这可能要求美元与欧元一样都能达成稳定而又不断发展的约定。

欧洲货币的准则有助于在低通胀下保持高增长，美国如果采纳这样的准则，对于持续贬值的美元来说也有异曲同工的效果。如果大幅贬值的美元把经济引入出口导向而偏离了消费，大部分人的生活水平将会下降。经济的损失在很大程度上将会严重影响军事和外交决策。依循这样的逻辑，美国外交政策的目光更多地指向欧洲，确切地说，由于美国财力的匮乏，再加上美国不再需要从广泛的共识中寻求支持，因此美国的外交政策将会受到限制。相反，欧洲的外交政策如果与美国结盟，也许将会变得更加强而有力。一个全新的欧美全球伙伴关系连接着美元和欧元，致力于货币和财政平衡，可以为调节一体化的全球政治经济提供一个有分量的平衡车轮。如在欧洲的法国和德国，使得欧盟和美国都能够好好地一起发挥领导作用，而这种领导作用是不可能单独奏效的。

经过几十年的冒险，单边主义已经卓有成效，然而，如果没有美元衰落的威胁驱使，很难看出美国的政治体制仍然忠实于这样一个协议。2008 年初秋的危机在全世界愈演愈烈，无论拥有什么样的信心，其后果都将无法预见。美国很可能会被迫采取更加平稳发展的宏观经济政策。然而，相较美国采用的办法，欧洲国家更可能去维系好它们的货币纪律。欧洲的团结统一能够在这次危机中获胜吗？

欧洲货币联盟的伟大试验还处于早期阶段。一个货币集团无疑给欧洲国家带来了很多好处。到目前为止，欧洲央行对银行危机已经作出了灵敏的反应。而且最近几个星期，为了结束这些混乱的情况，欧洲的国家仍然在摸索着协调机制与监督管理框架。当然，它们可能遭受失败，事件可能变化得太快。除了货币秩序潜在的弱点外，欧洲已经出现了高失业率、竞争力疲弱、财政过度扩张、人口老龄化和移民压力等严重问题。在欧洲国家无法找到更广泛的政治和经济政策共识的情况下，其货币联盟将陷入困境。正如与其他货币保持高度不稳定一样，欧洲人可能觉得有必要去效仿美国和通过操纵它们的货币来提高自己的商业前景。同时，对环境的关切和原材料短缺可能会减缓用来调整西方富裕国和东方贫穷国一致增长的规模。随着亚洲的竞争日益挤占了西方的工资和利润，保护主义的出现似乎是可能的，但保护主义如何影响未来的贸易格局还不清楚。鉴于美国和欧洲正在为了主导高新技术产业和高附加值服务而竞争，货币与贸易的关系已经横跨大西洋，这很可能出现重商主义。

这些不确定的前景对未来的全球主义视野提出了重新思考。希望世界经济超越或维持一种激烈但又难于相互依赖的水平也许是错误的，当前世界的生产能力令人应接不暇，金融关系已经呈现出混乱无序的报警信号。中国与印度并入到一个全球体系，使美国、欧洲与日本协同降低生活标准，这两者都出现困难，一个更加明确的全球秩序，把世界分为不同的区域体系的想象也许是非常明智的。像欧洲国家能够在一个大的、多样化的地区里共享强有力的集体机构、到目前为止能够协商必要的规则和结构，以及维持紧密的经济一体化（甚至包括共同的货币）一样，也许欧洲的模式将继续鼓舞其他国家来效仿。但是，像欧洲联盟本身，区域试验迟早会发现经济、政治、文化共识的边界，这些都将维持它们的团结和统一。

也许最可能的结果是把一个多元化的世界带入一个或多或少具有连贯性

的综合集团。由于很少有持久的霸权去超越它们，这些利益集团之间突发的不一致性将使得全球政治经济中的子系统松散。然而，当经济子系统变得无法管理之前，它们之间的冲突将要涉及政治谈判。这些谈判应反映更广泛的地缘政治视野，一个全球体系的构建自然是基于讨价还价和相互妥协的，而不是霸权。货币体系也许是体现这样一个好愿景的开始，那里根本不缺乏机构去为集团预计和定期会晤而商谈如何讨价还价。很难找到会相互谦虚、自我克制，并且需要慷慨和平相处在一起的没有霸权主义存在的货币体系。最重要的挑战是要去创造一个多元化和同质性的世界。

第 9 章

（相对）衰退后：美元衰落和对美国权力的影响

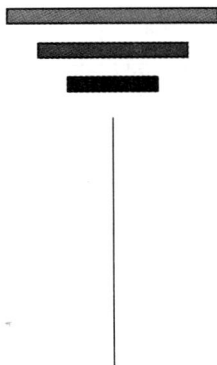

Jonathan Kirshner

从一般意义上看，美元的地位如果衰落为什么对世界政治有着重大的影响？尤其是美元地位为什么与美国的国家实力有着如此密切的联系？本书的每个章节对美元未来的问题，特别是对美元的地位将延续还是将改变的问题都已经讨论了。虽然参与了这一讨论，但我更多地关注地缘政治影响的问题。总的来说，我预期在国际金融危机后，美元国际作用的范围可能会突然缩小。我预期危机的解决不是连续性的，而是变化的——由于国际货币合作前景的脆弱性植根于各国之间尖锐分歧所表现的政治倾向，这些国家因为地位重组而发生变化的这一现状使得它们必须合作。美元贬值将大大影响国际强权政治。①

9.1 美元悲观主义的来龙去脉

我的基本预期是，那样一场严重的金融危机由于牵涉到美元，将引发一些不可预见并且越来越大的冲击，还将引起国际间政治合作的失败，这不仅会导致危机恶化，而且以有条不紊的方式调整和重组国际货币体系运行也将失败。在这个动荡时期过后，美元将不再是无可争议和占统治地位的国际货币，而是将成为几个可以称之为"同行竞争者"的关键货币之一。这样一个未来——在第 7 章提到 Benjamin Cohen 预测的"群龙无首的货币体系"——美元将很可能仍然是世界上使用最广泛的国际货币。但在由 susan strange 和 Eric Helleiner 详细阐述的体系中，其地位将经历一个关键和根本性的转变，从顶级货币到协议货币。

这些预期，与这本书中 Ronald McKinnon 的预期是相反的，特别是 Harold James 的预期，并在很大程度上承认了 Cohen 与 David Calleo 的贡献——特别是那些作者强调的因素：其他国家的野心、美国高消费水平问题、政治发挥的关键作用和将来形成的国际货币关系模式。我部分同意 Calleo 和 Cohen 的观点，预计美元的国际地位是突然而不是缓慢地收缩——但重要的是要强调：或者可能立即显著地减弱，或者正如他们所预期的缓慢地发生变化，两者对美国权力和世界政权的影响都是相似的。我的预期是，美元危机将导致美元的国际地位突然收缩，而不是缓慢渐进地收缩。但是，就算没有这样的危机，我还是希望美元的国际地位缓慢收缩，这样带给其他国家的影响和冲击可能就没有那么显著了。

James 为支持美元地位的延续提供了四个强有力的论据：（1）巨大而复杂的美国经济拥有的持续吸引力，无论体现在规模还是稳定性方面，有证据

---

① 在这里体系指的是国际货币事件所遵循的基本习惯和做法。

显示：外国投资者在美国投资时，他们知道"以低收益率换取安全"。（2）"哭泣和叹息"综合征，即对美元的死亡已多次预先警告（错误地），但是因受到过去美元国际使用数据的支撑，美元往往会反弹。（3）中国有巨大的美元储备，有很大的热情来支持美元，而不是削弱美元。（4）"美国仍然有世界上最集中的政治和军事实力以及经济发展潜力。"

McKinnon 通过加入关于惯性和自然垄断的讨论以及一些对问题有所帮助的复杂变量，支持了可持续发展的情形。他认为根本原因不在于亚洲的重商主义，而是因为美元作为一种货币锚对这些国家起着重要作用。对于McKinnon 来说，为保障它们的经济福利，盈余国家"不得不从储蓄不足的美国购买美元资产"，而且，汇率的调整无论如何解决不了贸易赤字（这是一个重要的论点，我认为是正确的，但低估了经济预期的作用，关键是其有政治意义上的错误，下面我将提及），整个安排是可持续的。

这两个是我与 James 和 McKinnon 的主要分歧点，他们的分析并没有错，但只是静态地分析问题，而且他们对关键性的地缘政治因素未有充分考量。关于第一点，这使得可持续性的这些推论在任何特定时间点上都有了抽象的意义。然而一个重要变量使得对美元的预期应该是动态的——什么是趋势？尽管美国对经济衰退已经做了尽可能的完善——夯实了国内需求，减少了美国的经常性项目赤字规模——但这些赤字是由外国过去长期积累下的美元资产进行抵补的，所以规模依然很大而且将继续增大。一个根本的问题是，如何健全当前的体系？也就是说，如果受到影响，目前的安排有助于自我调整还是自我瓦解？Mckinnon 可能是对的，"只要美国的价格水平保持稳定，就没有准确界定美国可以借入国际资产数额的事先约束。"但即便是少有的约束，也并不意味着没有限制。相反，美元似乎为 Wile E. Coyote 时刻做好了准备——它可以继续被持有直到持有者突然看跌并且意识到美元投资前景渺茫。正如 McKinnon 所指出的，如果由于某种原因，货币锚战略被放弃，"将使得美元价格加速下跌"。

一般来说，在可持续性的一些论点中，专家们呼吁布雷顿森林体系 II 需要提出这样一个令人不安的事实：虽然这个国际货币体系的设想似乎合理，但是布雷顿森林体系 I 已经瓦解。Jeffrey Frankel 等人暗示说，有充分的理由让人们相信，我们当前的情况更接近 1971 年而不是 1944 年——美国在 1971 年的经常账户盈余和资本流动大大低于现在。我们离边缘到底有多近？如果没有一个推力，那就很难说。Lawrence Summers 指出，"固定汇率有着太多的干预，它有巨大的能力去创造一种虚幻的稳定感，而这样的稳定感很快就会破灭"。

那么，这是否隐含着美元国际地位的未来呢？投资者是否愿意持有和信任美元（或任何其他国际货币）取决于三方面的考虑：坚信美元将无限期地保持它的价值和稳定；美元和其潜在替代物在吸引力上的对比评估；其他方面的考虑，即政府当局对国际货币在使用中的政治影响评估。

首先，在这三个基础上，冲击明显在扩大。关于美元未来的预期是显而易见的，同样重要的是其他人关于美元未来价值的猜测。1998 年，美国的贸易赤字达到了 1 660 亿美元这一历史新高，下一年度又增长了 60%，而且在 2000 年到 2006 年间，每年都有创新纪录，到 2006 年年底，已经达到 7 850 亿美元。作为 GDP 的一部分，美国的经常账户赤字达到甚至超过 6.5% 的年均水平——全球 GDP 的 1% 以上——而且它们吸收了全世界所有顺差国经常账户盈余的 2/3。正如 summers 指出的，"这些数字都是史无前例的。"

其次，如上所述，近期美元可能是美国经济严重衰退的"一线希望"，是它控制了外部赤字的规模。然而，赤字规模仍然很大，美国对外账户累积的失衡更符合对美元长期贬值的预期，而不是升值预期。其他的变化也使得人们失去信心。美国的净国民储蓄，在 20 世纪 60 年代平均约为 GDP 的 10%，在 20 世纪 70 年代为 8%，在 20 世纪 80 年代为 4%，最近几年持续下降，接近 1%，这成为美国历史上的最低水平（在这种情况下，美国联邦储备委员会主席 Ben Bernanke 给出的解释却把责任推向"全球储蓄过剩"，这听起来就像一个酒鬼在狂欢酒会上坚持要酒，只是因为其他人都没喝够）。公共部门将没有喘息的机会：尽管 James 适当地指出，其他先进工业国家也面临着类似的问题，但是他强调了美国的财政问题（从 2004 年

4.9%的赤字到2007年1.3%的盈余）"构成了长期威胁"，由于大规模的经济刺激计划，这个威胁将会更大，而美国将需要稳定它动荡的经济。总之，正如Cohen所说的，"对于美元信心的重大损失，能够长期避免的概率相当低"。

尽管美元未来走向的风险信号已经扩散，美元作为一种国际货币仍然有一定的吸引力。政治稳定的美国，巨大和充满活力的经济体系、富有而发达的金融市场和机构——而不是简单、缺乏惯性——给美元提供了超越其潜在竞争对手的优势。而曾经一度成为美元接替者的主要货币——日元，已经被大大削弱；人民币被用于鼎盛时期还要走很长的路，任何一种货币的出现都将使得两国之间的政治竞争变得复杂。虽然欧元承担着政治、经济和体制的重负，但还在寻找自己的道路。然而，它的潜在优势显而易见，无论当前受到什么限制，欧元的确是美元的"第一个真正的竞争对手"，而从长远来看，其他国家一样渴望自己国家的货币在国际上被更多地使用——从而有展示自己的机会。关键的一点是：与过去相比，现在有更多的选择（并有可能越来越多），——而且也不需要因为美元国际地位的相应收缩而取代美元。

最后，关键的是，由于国际货币体系的政治轮廓基本改变，这严重削弱了其他国家对美元的偏好。政治一直并将继续调整金融秩序——美元乐观主义者James提出，如何利用美国的军事压力来支持其货币。然而，Calleo指出，随着苏联解体，欧元的出现，"自从战略上和金融上的冷战结束，强迫他人维持美元的命令已经消失"。另外，这意味着一个潜在的弱点可以在压力下突然显现，而国际货币事件的特点是有周期性的。解决国际货币事件的不平衡需要在如何分配调整后所形成的巨大压力上做一些决定。正如Robert Gilpin曾经辩称，这种"调整机制会起作用而且将反映强权国家和团体的利益"。在最近的重要事件中，单一（1971）和一致（1985）的调整涉及美国、西欧和日本之间使用的美元。根据Helleiner的分析（第4章），在那些年代，追随美元的国家对汇率都有很严谨的政治承诺。在1971年和1985年，所有这些主体都是美国的政治和军事盟友。因此，在冷战期间，宏观经济冲突只发生在盟友间，之后两级世界的高层政治担任了"紧急中断"的角色，给西方盟国之间的货币争吵设定了一个限制。

目前全球宏观经济失衡比1971年和1985年更严重，这表明各国应该做出回应，在面临这样一个迫切需要协调的时候，各国要么洽谈一个责任分担协议，要么选择逃避责任。如果出现货币危机，或者当国际谈判超越国际货币秩序的性质时，不同的政治背景将会有严重的分歧。当然，其他国家将发挥重要作用，这些国家更容易被界定为美国的军事和政治对手，而不是盟国，甚至连欧洲的这位老朋友也乐见欧元能发挥更大的国际作用。它们本能地不会去冲击美元的保护，这样既可以承担很少的费用，又可以从对美元的支持中获取更高的利益。

虽然不能肯定国际金融危机将牵连美元发生危机，但是为防止这样一个危机做准备的确是必需的——这可能没有派对，但是房间已经租了、乐队也聘请了，而且餐饮也已经准备好了，所有的事项都已经就位，就差发出邀请了。奇怪的是，美元的历史性吸引力所遗留下的问题是，它的弱点增强了。由于美元一直担任世界的"关键货币"，在国外也有大量的美元被持有。从表面上看，中国、日本和其他东亚国家持有着万亿高流动性的美元计价资产，还有其他国家，包括沙特阿拉伯，也有着相当大的美元储备。因此，如果某个地方有一个火花，引发美元的金融危机，考虑到关于它未来价值的基本预期状况以及市场上的美钞数量（还有其他美元负债），一股美元的热潮可能涌入市场。在这个更大的危机之后，美国将发现自己突然处于一个非常不同的国际金融地位。

美元的衰落是2008年秋季全球金融危机引起的吗？说这个还为时过早（当我写这篇文章时，事件仍在不断出现），但我觉得不是。应对2008年的危机，这个真正全球性质的危机，应该重新认识这场危机是全球性的而不只是在美国（限制避风港的选择）；突出国际相互依存关系的相关表现；国外持有美元的政府当局采取挤兑美元以获利的可能性很小，而且这样做肯定会加剧已十分严重的全球金融危机。然而，虽然它可能不会在这个时候出现，但是这样的瓦解仍然会发生，这次危机的余震，或发生在随后的危机（更多是美元危机）之后。虽然 2008 年秋美国的金融危机有政府救助（首先就是著名的 7 000 亿美元），但这些都不可能增加人们对美元的信心。相反，当尘埃落定，人们将对美国经济的稳健性提出进一步质疑，并且这些新增加的美国联邦债务，使得人们对美元价值长期稳定性的质疑进一步加深。久而久之，那些行动者计划远离美元并让他们的投资组合多样化，他们可能认为现在的这个策略比以前更明智。

因此，无论从这次危机还是随后危机带来的影响，或是从长远来看，美元的国际地位更可能在未来几年相对收缩，而不是保持稳定（或相对扩张）。事实上，前泰国总理已呼吁东亚持有大量美元的人创建一个亚洲债券，用这些债券的形式持有其外汇储备，"以控制美元疲软带来的后果"。

总之，如果不是这次危机（基于上述原因），未来涉及美元的危机会使美元的国际地位突然转变。由于不同的政治背景，国际政治努力控制着危机，而且将国际货币体系进行重组。特别是，站在亚洲、欧洲和中东的参与者角度看，美元的地位将被重新评估。此外（这里再一次与 Calleo 和 Cohen 一致），即使在没有突发危机的情况下，美元也表现出其国际地位相对收缩的长期性轨迹。

9.2 当代货币合作的政治脆弱性

一般来说，国际货币关系本就不协调，即使各国都承认政策协调将带来好处。不同的国情，还有关于经济吸引力的不同信心将使谈判的各项安排和制度复杂化。即使它们达成共识，也往往是脆弱的，因为最终它们必须分担宏观调控的责任，从而会牵涉关于国内的货币政策、经济增长、稳定与分配制度的关键界定。而由于宏观经济外部的公共性（例如利率变动，对国际经济会有一个总体影响），宏观经济的"弊"往往大于利，而且比较难以遏制。

在这里，虽然提供了最好环境下国际货币关系与未来政治发展的构思，但随着美元的命运被决定，却预示着这种构思绝不是最好的。事实上，当前的制度已经针对冲突做过调整了。但现在这个问题比以前所体现得更微妙，也更加根深蒂固。这种威胁并非来自火力对抗（以战争来保护美元的霸权），而是来自冷战：由于各国的不满带来的货币分歧长期悬而未决和越来越僵硬的国际货币关系，当货币问题和危机发生时，各国想通过合作使问题得到解决将变得越来越不可能。

有些人担心，中国可能会抛售巨大的美元储备，但是这种可能性受到严厉劝阻，因为这样做中国也无利可图。中国并不是因为慈善行为而积累美元，而是基于国家利益的考虑。尽管中国的经济增长有着卓越的成绩，但仍然有着明显的弱点，特别是在金融部门和对美国出口方面。美元的显著贬值对中国经济将会是一个打击；美元的崩溃引起的美国经济衰退和进口融资能力的削弱将是一场灾难。因此，中国可以想象，如果抛售美元，对经济的冲击相当于核的冲击。中国可能已经开始实施美元边缘化政策，在这样一场游戏中，美国可能要比中国更加受伤。然而，简单地说，对美元的削弱这样一个策略的潜在政治优势，是中国选择的应得利益。

然而，在美国和中国之间，接踵而来的汇率冲突很可能会不断出现。从1994年到2005年，人民币与美元交易的固定汇率为8.28元/美元。2005年7月，中国改变了对人民币的管理，从固定盯住美元到不定的一篮子货币，从人民币兑美元汇率为8.11元/美元，到2007年年底，人民币兑美元汇率为7.3元/美元。中国大量购买美元的汇率政策，以及与中国存在巨大并且快速发展的贸易盈余，可能会引起美国的极大不满。

如McKinnon所说，虽然人民币确实被高估（在没有任何干预的情况下，它将升值），但汇率的变化将不会影响美国和中国间的贸易平衡。对此有一些技术上的原因。但总体上看，相对于美国，中国的贸易盈余在一定程度上是正常的——鉴于各经济体的特点和这两国间发展的相对阶段。即使美国的贸易整体来说是平衡的，但对华贸易很可能是赤字。除此之外，中国的贸易盈余，在很大程度上是由于两国间的储蓄和消费差异而导致的。只要这些差异继续存在，美国的对外账户将仍然不平衡，人民币兑美元汇率的戏剧性变化，对中美贸易结构的影响可能比它对整体平衡的影响更大。正如美国国会预算办公室总结的， "中国的汇率政策对整体贸易赤字不会有很大作用"。

然而，为了使人民币升值，美国很可能会施加压力。冷战期间美国和日本的货币关系说明了将会恶化中美汇率政策的问题类型：汇率变动不能解决贸易失衡，而且也没有共同的货币安全愿景用作货币冲突的抑制剂。在冷战的前二十年，美国急于刺激日本经济的发展。在 20 世纪 60 年代末，由于内置压力，低估的日元和被高估的美元在美国产生了较大的持续性贸易盈余。在 20 世纪 70 年代，随着冷战的跌宕起伏，美国一再对日元施压，促使日元升值，之所以这样做是为了阻止进口廉价日本货的狂潮，而日本激烈抵抗，常常干预外汇市场，限制日元升值。虽然在 1971 年到 1978 年间，日元时断时续地升值，从 360 日元/美元到 180 日元/美元，但是贸易仍然不平衡。在 20 世纪 80 年代，随着经济复苏以及冷战的结束，这种模式后来多次重复，贸易摩擦促使美国对日元有升值的要求，而这又没能解决贸易平衡问题（但却导致了 20 世纪 90 年代日本经济的萎靡不振）。

美国将持续要求人民币币值重估，在经济周期的挑战性阶段中，这种要求会越来越尖锐化。但是中国的抵抗将比日本更有利也更成功。此外，关于汇率对贸易平衡的（有限）影响，我同意 McKinnon 的观点，即使人民币升值了，基本问题仍将保持不变，而且很快美国会继续要求人民币升值。但是，作为决策者不仅要预测其具有可持续性也应学会不为汇率发愁，美元与人民币的汇率争议不会消失，而且，汇率的有限影响力将作为中美关系的持续刺激因素。

总之，美国会继续对人民币升值施加压力，而且，因为其对所做的任何努力的结果难免会有失望的时候，所以美国的要求将不是一次性的事情。同时，中国将抵抗美国的施压。当中国面临美国贸易保护主义的重大诚信威胁时，可能勉强会做些调整。货币冲突是长期性的，并在（经济）最糟糕的时候被激化。此外，目前的准备似乎很脆弱——就如 Calleo 指出的，"中国继续无限期地积累大量盈余美元的前景似乎不容乐观"，而且美元持续性地贬值，也会在某些时候影响这些选择。

虽然，美国与其传统盟国和欧洲盟友间的关系，相比其他国家间的关系，更温和、更友好，也更坚固。然而，在国际货币事件上，它们的信誉比第二次世界大战以来的任何时候都要低。美元兑欧元的汇率已经大幅下降了，从 2002 年年底到 2004 年年底，渐渐地从 1.1 美元/欧元上升到 1.3 美元/欧元，接着，在 2005 年恢复到 1.2 美元/欧元，随后两年飞速下跌，达到 1.5 美元/欧元。正如一些学者所指出的，许多国家，它们的货币与美元挂钩，与美元的汇兑是自由浮动汇率，美元的贬值压力将使它们承担过重的负担。

那么，有三个因素可以解释，当有美元问题迫切（或即使是潜在的）需要解决时，美国与欧洲的货币合作已经没有空间，而且前景可能也已经消失。首先，鉴于欧元对美元的升值在一定程度上已经发生，那么就很难想象还会有更多朝货币合作方向努力的希望。其次，随着冷战的结束，特别是在本世纪美国与伊拉克的战争和美国与欧洲在地缘政治愿景上的总体分歧，仅仅依靠国际政治基础下的货币合作要比其他任何时候都难。最后，作为国际货币，欧元相对于美元来说，无论有什么弱点，获得更大的货币结构性权力的欲望肯定是有的，为能使欧元发挥更重要的国际作用的野心也是肯定存在的。因此，美元危机看起来不像是一个可以使美元回升的机会，而更像是欧元夺取更大市场份额的契机。

Cohen 认为，国际货币的使用，东亚和中东可以说是"两个战场"，——他写道，在中东市场，"为欧元寻求更高的国际地位，欧洲受到诱惑是可以理解的"。这也引出了另一个事关美元潜在弱点的来源。然而（Cohen 也注意到），关于美国高层政治方面的观点也很混乱，典型的想法是，美国可能会使用武力强迫他国使用美元。有时候，人们可能会想起（没有根据的）美国向伊拉克发动的战争，认为这是为保障美元的国际地位而发动的。但是，因为这种偏好而决定发动战争，这两者之间似乎没有合理的逻辑可以将它们联系起来。事实上，情况正好相反。虽然可以想象美国通过战争和侵略强迫在其统治下的外国公民使用美元，但是，这些措施只会削弱美元的全球地位，而不会对其有促进作用。首先，最重要的是美元的国际化是由遍布全球的匿名投资者来确定的——对于非政治投资者来说，战争和侵略的消耗，只会减少美元的吸引力，而不会增加。石油生产国为它们的最大利益，做了政治和经济上的考虑，决定以美元计算石油价格——这里再一次表明，除了直接侵略外，美国的战争似乎更有可能推动这些国家远离美元，而不是亲近美元。

忽视不完整的阴谋论并不表示美元的未来没有真正的风险，而且人们已经认识到这些风险：美国更希望石油以美元定价，这是事实——为确保石油一直以美元定价，在卡特执政期间，美国竭力进行了大量秘密的外交。James 指出，"商品价格的面值以美元为单位（美国市场规模的作用），为许多国家继续持有美元储备提供了充分的依据"。因此，面值单位的改变会削弱美元的国际地位。即使拿欧洲与美国相比，中东国家更加注重与欧洲的商业关系，Cohen 不期望欧洲人在这个问题上向美国挑起争论。但是，他并不认为，"在中东地区发生货币斗争一定是糟糕的"。这样的预测是没有必要的——欧洲国家认为，积极的反馈循环条件已经再次具备，这个条件将加速美元在未来几年可能会出现的任何困难，而且将加速美元的下跌。如果保护美元的国际地位是国家重点，重要到值得以战争为代价，那么美国有更好并且低代价的选择——削减联邦预算赤字。

经济指标显示，美元在危机前是如此脆弱，这也随时为其国际地位的收缩做好了准备，如果不是突然的，就是循序渐进的。美元收缩的政治先决条件也已经到位——国际货币事务的不和谐，所有的主要参与国间的政治关系更紧张。这些先决条件被确定在欧洲、亚洲和中东，先决条件自身并不威胁着美元，但如今却没有像过去那样支撑美元渡过难关的机制，这让美元极容易受到冲击。这一阶段真像是为美元国际地位的收缩在做准备，这是怎么回事？

9.3　美元的首要地位及其内容

评估美元收缩的影响取决于两个问题，一个是"静态"的，另一个是

"动态"的。第一个问题问得有些抽象，"当其发行的货币在国外被广泛使用时，对一个国家来说，成本和利益是什么？"答案取决于实力杠杆（也可能是它们的成本），实力杠杆可能会产生一个"关键货币"，关键货币或许会让美国地位下降，或许会让美元较少地使用。第二个问题比较具体，"在远离美元主导的转变过程中，美国承担了什么样的成本？"这个问题的答案描述了一种价格，价格来自于地位的丧失，依照下文所阐述的，这其实是另一个问题，一个很可能发生的问题，这一问题涉及具体属性以及转型过程中政治和经济的背景。

这些主题的分析都可以追溯到 20 世纪 60 年代。在 60 年代，随着参与者之间的紧张政治局势和它们对布雷顿森林体系的持续性关注，激起了学术界的兴趣，文献讨论了担任"世界货币"的成本和利益。同时，（实际上，是从 50 年代到 70 年代），由于英镑国际地位的弱化，英国面临着关于英镑管理方面的挑战，这也受到了学术界相当大的关注。虽然这些问题就本身而言，当时和现在存在着根本的差异，但其分析的轮廓仍然是相似的。

20 世纪 60 年代的辩论灵感来自于，法国对以美元为中心的国际货币体系的批评，即金汇兑本位制。美元代替了黄金，其中黄金被指定作为基本的储备资产使用。Charles de Gaulle 在很大程度上赞同要反对美国政治影响杠杆的观点，反对金汇兑本位制以及它为美国提供的"特殊利益"。他的首席经济顾问 acques Rueff，论及一个"无泪"的赤字——作为储备货币的发行国家，美国可以无限期地保持或多或少的国际收支逆差而不用面对其他国家自发强加给它的压力。在越南战争时，由于美国与其欧洲盟国之间的不和以及战争融资带来的通货膨胀，使得这些争端变得更加尖锐。

大多数观察家都认为，美国在享有因其货币在国际货币体系中心所带来的好处，但是同时，观察家仍然有相当多的争论，争论关于其收益幅度的大小，以及那些与管理世界货币有关的成本在多大程度减少了这些收益，或者增加了这些收益。当时的学者认为，主要的收益来自于一个国家的货币储备所交存的铸币税（创造新货币的成本——包括利息支付和货币面值的差异）、国际收支弹性，以及国内金融服务行业的竞争优势。其中主要成本来自于宏观经济政策的谨慎性损失。一些学者认为，为了确保人们对黄金与美元之间联系的信心，美国实行的扩张性货币政策受到了限制，而且被要求保持比它本来更高的利率。作为固定汇率制度的中心，美国也不能从其他国家的货币贬值中获得国际收支的抵补。这些观点被很详细地讨论过，因为在实际测量铸币税与政策约束成本上会出现困难，所以有些结论也不大一致。

1971 年，随着布雷顿森林体系的瓦解，关于以美元为中心的国际货币秩序的成本和收益的争论也停止了。由于没有固定汇率的保护，完全没有持有美元的明确需要——而且没有义务持有美元，美元的费用也难以维持。美国似乎也没有利用美元：切断联系黄金的最后纽带，美元大幅贬值。如前所述，美元贬值与美元的国际地位是截然不同的两码事，但它确实影响了人们对美国实力的看法。战后官方统计，国际货币体系中以 35 美元/盎司黄金为固定汇率，在 1972 年，下跌到 65 美元/盎司，1973 年又下跌到 100 美元/盎司，在 1974 年，接近 200 美元/盎司。在广泛讨论美国衰退的状况下，专家们谈及的不是美国货币力量，而是更可能宣称"美元作为国际货币的终结"；20 世纪 70 年代国际货币混乱的主要原因是由于美国的实力在下降。

然而，特别是事后看来，20 世纪 70 年代早期的"美国大衰退"，很容易被认为是由于恶劣的国内政策（缺少宏观经济政策调控）和糟糕的背运（石油危机）引起的，而不是因为受到经济周期和历史潮流的影响。展望一下，长达 10 年的货币混乱，以及重新发行关键货币的成本和收益，显示出浮动汇率的转变实际上增加了美元在国际货币秩序中心获得地位的希望。美元从制度的义务中抽身而退，摆脱了担任国际货币所需的成本，而收益却没有显著减少。至于成本，美国宏观经济政策不再需要谨慎地去确保官方黄金与美元的汇率，也不用再回避货币贬值（正在贬值）的问题，这样减轻了美元的压力（也减轻了以美元计价的债务的实际负担）。美元不再是脆弱且容易受到冲击的了，在 20 世纪 60 年代，金汇兑本位制被视作美国国际力量的"阿喀琉斯脚跟"，各国（如法国）都在利用其弱点。

总之，正如 Susan Strange 指出的，"在八月某一个清晨美元不再能够兑换黄金，这是从过分特权到超级过分特权的一种过渡；美国可以行使自由印发钞票的权利，但同时其他国家却不可以拒绝接受以美元付款"。

摆脱了美元本位制所需的成本，又由于国际货币的需求仍然相当大，美国依然享有美元在国际上的首要地位所带来的相关收益。严格地说，美国获得的铸币税可能比以前少，但是证据有力地表明，这种铸币税收取常常比较温和，且不是权力的重要来源。然而，其他两个权力来源依然保持强劲：给国际货币的发行国家提供更大的灵活性，以及在20世纪60年代一些没有被重视的争论——结构性权力。如果美元在未来大幅减少，美国的地位将有所丧失：支付的灵活性不再有了，结构性权力也面临侵蚀。

9.3.1 自主权和结构性权力

在20世纪60年代，自主权和结构性权力被认为是布雷顿森林体系对美国的"主要优势"，"通过增加外国货币当局持有的美元储备，可以部分填补美国的国际收支逆差"造成的损失。在一定程度上，通过增加国外持有的美元储备可以部分填补其赤字，美国就可以管理比其他国家更大的国际收支逆差；而且，其中可能会产生较大影响的是，"它'可以'冒着较大的风险，采取可能对国际收支平衡产生不利影响的经济政策"。只要美元保持其在国外的吸引力，这种情况就会有；现今，美国由于美元的国际地位，得到的公开福利是，能够保持其他国家无法保持的国际账户赤字，而且关键是，不是简单地能在一定程度上保持赤字，而是冒险拟定经济政策，这些经济政策将会在其他地方引起来自国际金融市场毁灭性的"惩戒"。

美元作为关键货币给美国带来的不仅仅是自主决定权这种公开权力的增强，而是通过所谓的"结构性权力"，提高了美国的政治影响力和实力。关于结构性权力，有两种不同的见解，（如果涉及）与此相关的，一种是Susan Strange 的见解，另一种是 Albert Hirschman 的见解。

Strange 关于结构性权力的看法归因于 Woody Allen；正如著名剧作家所说的，结构性权力的出现 90% 是为了霸权。仅仅通过其巨大的规模，主导国家可以创造进行政治互动的背景——往往这是无意识的。举例来说，任何关于国际货币体系的讨论，都是在美元占主导地位的背景下进行的。当然，结构性权力也可以相当有意义，虽然其表现形式不是通过"相关的"权力或对具体成果的胁迫形成的，而是通过议程设定——"有权决定什么样的事情应该做，有权在各国间塑造彼此关系的框架"。

Hirschman 对结构性权力的相关见解是，国家之间的经济关系模式是怎样转变为政治利益的掂量。一些国家（包括国家内部的私营部门，特别是那些持有美元储备的国家），利用美元在其价值及其稳定性上开发既得利益。一旦被广泛使用，美元的命运就不仅仅是美国的问题了——它成为所有美元持有者的问题（程度因不同情况而定）。即使是那些以简单地盯住美元作为更宽广国际经济战略的一部分国家，也对美元的未来感兴趣，虽然它们不像大量持有美元的国家那样，但不管谨慎与否，都作为"利益相关者"签署协议，并以此方式积累以美元计价的资产。

当前的货币体系，美元的主导地位提升了美国的"硬实力"和"软实力"。关于前者，通过赋予赤字和采用抵消市场反应的政策以获得更大的自主权，美国的强制力得到了增强；至于后者，结构性权力给予美国的福利可以被归类为 Joseph Nye 定义的"软实力"——让别人想一些你想让他们想的东西。Strange 的说法是，美元的优势有益于美国迫使相关政治活动必须考虑到美国的利益。Hirschman 的说法是，由于参与在以美元为主的国际货币体系中，美国的收益形成了国家以及国家内部许多私营部门所看到的自身利益，而且，更具体的是，为美元的命运提供了利益相关者。

9.3.2 衰退后——货币收缩的成本

货币主要地位丧失的代价不仅体现在关键货币发行国权力扩张的结束，而且在一个相对衰退境况下管理货币也会衍生出一些额外的成本。就像所有钱都没了，却住在私人豪宅中，无论如何怎样努力控制开支，曾经奢华生活方式的费用都是很昂贵的。对于富裕的人来说，即使是一处未居住的房屋，也要承担房地产物业税和一些基本的维护费；对于一个曾经拥有主导地位的国际货币发行国来说，新的负担来自"过剩"以及威信的损失。这些新负担对国家实力的影响，相当于以前的优势和特权的丧失。

"过剩"问题产生的直接原因是，货币在其吸引力达到最高点时，许多投资者渴望持有国际货币——政府是为了储备金，而许多国家的私人投资者利用国际货币作为价值的储藏（也常常作为交换媒介），以此作为预防本国货币不稳定以及管理不善的措施。一旦意识到关键货币在贬值，它就变得不再可信了，随着时间的推移，这些投资者希望能抛售它，以换取一些其他的资产。即使在没有固定汇率或其他受托人承诺的情况下，也需要"清理"所有多余的货币，这不断地给曾经辉煌的货币创造了长期性压力，而且宏观经济政策将在美元过剩的阴影下实行。

威信的损失也是衰退中货币管理的一个关键性后果。威信是一个模糊的概念，难以权衡，但它在国际货币关系中仍然很重要，也是与货币事项相关且无可回避的因素。Robert Gilpin 定义了"权力的声誉"，在货币分析下的信誉专题中，信誉找到了它的归属，它在货币事项中发挥的关键作用是公认的（即使信誉终究是难以权衡的）。至高的威信以及关键货币的信誉基础，在其辉煌的年代中，是权力的主要来源。市场的潜在意愿容许账户失衡，而不合理的宏观经济政策将不会在那些取决于这些基础的国家得到容许。

声望的损失和信誉的下降（这将加剧对"过剩"的挑战）给身处相对衰退中的货币发行国施加了新的成本。鉴于在过去，发行关键货币的国家从游戏规则中获得豁免权——也就是说，在国际金融市场上，游戏规则附着在该国要比其他国家长久得多——如今，相反的情况同样出现了。随着威信的消失以及货币危机的共同预期，市场警惕性得到提高，更加谨慎的市场参与者的集体期望使得规则施行更为迅速。信心的坚定被相同指标的不同解读所取代，自由被异常紧张的束缚所代替。

虽然政治和国际货币的情况是不同的，但英镑的历程却说明了这些现象。在 19 世纪和 20 世纪初，英镑曾担任国际货币，伦敦曾是世界金融中心。第二次世界大战期间，英国能相当明确地在其关键货币的地位上乘机获利，并在英镑领域内运用其优势。没有这样的机制，英国就不能为军费融资十亿多英镑。这样的机制是英镑长期全球霸主地位的结果。战争迫使英国在融资方面殚精竭虑，借贷能力发生在英镑区，且经由伦敦回笼英镑，这可以说是战时努力的一种重要表现。但是战后，英镑平衡成了一个棘手问题，英国关于经济衰退的管理变得复杂，20 世纪 60 年代金融危机进一步恶化。随着英镑在国际金融市场的中长期性失败，需要宏观经济健康发展的法案在英国财政预算方面实行——英国的军费开支和海外承诺——这有着持续的压力。Susan Strange 辩称，与"顶级货币"地位丧失有关的挑战，是英国战后经济困难的核心。

9.4　美元又将如何？

英镑的类比是做例证的，但是战后英镑和当代美元的关键差别限制了可以得出两国间直接相似点的结论。首先，英国在两次世界大战期间耗尽了它自身的财力；而且，战后，它已不再是世界的精英力量之一。虽然美国经济的确是入不敷出，但这使得它更容易去追寻它的野心，通常都是通过宏伟战略去维持全球的军事优势，这两个国家货币危机的地缘政治根源显然不同。其次，在 20 世纪 60 年代和 70 年代，英国经济崩溃，其产品的全球市场份额也在减少，远远落后于主要经济体。当代美国经济，即使在全球经济危机的背景下，仍然是相对强劲和巨大的：是第二大经济体（日本）的近三倍大，是德国、法国和英国合并后的经济体的两倍大。在其历史和经济背景下，英国面临着比美国更大的"过剩"威胁。最后，两者的主要区别在于，英镑的国际地位有些不合时宜——美元作为国际货币是一个更合理的选择。当今，美元的竞争对手即将出现，而且，正如所讨论的一样，欧元就是作为潜在的同行竞争对手而出现的。在过去，当英镑渐渐地不再作为储备货币时，美元也仅仅只是面临缩减业务的需要。

尽管如此，美国也仍然面临着美元国际地位收缩所产生的真实后果：国际政治影响力的下降、过去享有利益的损失（特别是，这能够填补并缓解其赤字）、国际政治危机期间宏观经济政策自主权被削弱的风险。后面这两种影响，将直接影响美国的经济实力，如果在国际金融危机后，接着美元的国际地位突然发生变化，那么这两种影响将更加尖锐和突出。而且就算没有那么戏剧化，如果美元地位的相对优势逐渐被削弱，影响仍然是显著的。这些变化的任何一个在美国国内的政治背景下发生，都将可能在一定程度上加剧美元的贬值，从而削弱美国的实力。

由于全球使用美元的减少，带来的政治影响力的削弱是难以量化的，但是造成的影响是事实。美元首要地位的丧失，将会损失美国由于美元的全球地位获得的郝斯曼式利益。如果不持有美元，那么这些国家也就没有美元风险了，但遗憾的是，它们也会失去美国经济的市场份额和美国的优惠政策。当然，其他的货币发行国，填补了美元曾经统治的空白区域，将会看到自己影响力的增强——也就是说，欧元的持有者，看到它们的利益更多地与欧洲联盟的利益纠缠在一起。由于美元在世界的部分地区很少被使用（大概包括欧洲、亚洲，以及非洲和中东的部分地区），美国将会遭受两次损失，第一次是其自身影响力的下降，第二次是其他国家政治影响力的增强。

更具体地说，随着美元的威信以及其信誉的降低，美国将失去其在首要地位的某些特权是理所当然的，就算含蓄地来理解这样的情况，也可以说是正常的。如果想要缓解这样的情况，就要从"顶级货币"向"协议货币"转变，因为这是至关重要的。在美元地位减弱的情况下，尤其是在日益明显的"过剩"问题复杂化（如许多投资者抛售美元）的情况下，美国政策将不再享有这令人怀疑的利益。在国际金融市场上，它的宏观经济管理将受到严格审查，且其将开始为在金融公正上的背离付出代价。这将影响美国的借贷能力和消费能力。联邦政府的开销，会受到国际银行家和投资者的密切关注，且它们对美元的偏好也将永远削弱。美国从国外借款也将付出高额代价。美元显著性疲软导致美国借款机制涉及了外国货币的收支，这是为了防止美元出现贬值的可能，以便保障债权人权益。这些试验性的机制——20世纪60年代的罗萨证券和70年代的卡特债券，只在小规模范围内使用；这暗示了未来债权人的事前需求将限制美国以美元借贷的能力。通过货币贬值和通货膨胀减少美国债务的实际价值，这也将变得更困难。这些策略曾经很好地满足了美国的需要，但在未来它将很难实现，而且将进一步削弱美元的信誉。

在国际危机和战争时期，美国宏观经济政策选择中不断增加的市场监督（多持怀疑态度）也将影响美国。当一个国家进入危机或战争时期，市场往往会对这个国家的货币前景反应消极，预期到政府支出、贷款、通货膨胀，以及对冲不确定性增加等诸多事情。在美元霸权下，在国际危机时，美国常常受益于"资本逃险"；但是当美元贬值时，美元市场更加紧张，美国将一反常态地发现在国际政治冲突的关键时刻面临资金困难。这里以与英国的类似之处举例：在第二次世界大战期间，英镑的国际地位是资金支援的重要来源，但是战后，随着英镑的贬值，英镑的弱点在英国被暴露，迫使英国放弃了 1956 年在苏伊士的军事冒险。

美元新的压力将会在不同的国内政治背景下出现。存在于国际金融市场带有新偏见眼光的监督下；宏观经济政策自主权的降低，其经济政策的选择有更高的要求，需要满足国际银行家和投资者的"认可"；军事冒险融资被迫不能用美元进行借贷，而是以真金白银来付现，美国政治体系对这些将会如何反应？

作为对这些的回应，我们完全有理由怀疑美国将收缩其国际力量的投入，这种收缩程度要比经济力量隐含下降的必然性大得多。对于美国，似乎有在政治上限制其财政的意图，这与预计的理论相一致，大国由于消费主义以及富裕病的腐化影响将变得混乱。关于美国最近的战争尤其值得注意。"9·11"恐怖袭击事件显示出国家安全的真正威胁，但随后的阿富汗战争，是在对风险承担和资源消耗（包括军事和经济）谨慎考虑下发动的；国土安全投资由于其他需要一直相对较少，确保"松散的核武器"的经费也已经不够。政府关于伊拉克战争利害关系的言论以及布什政府不接受任何国家利益损失的要求，这两者的巨大分歧强有力地表明美国领导人对国家调动其巨大财富支持其外交政策的能力深感怀疑。事实上，伊拉克战争是美国有史以来发动的伴随着减税的大型战争。主要的几次增税都与战争有关，例如1812 年的战争、南北战争、第一次世界大战、第二次世界大战、朝鲜战争，甚至约翰逊总统极不愿意提及的越南战争。

从另一个角度看，美国的军事开支并没有达到历史最高水平。作为国内生产总值的一部分，美国国防开支（2006年和2007年占4.0%）实际上接近第二次世界大战以来的最低点，而且远低于其他战争时期的相关水平（1953年占13%，1968年占9.5%）。然而，当全部以美元绝对数来计算时，这样的开支仍然是相当高的（2006年5 200亿美元，2007年5 479亿美元），美国这样水平的国防开支接近于世界上其余国家的总和那么多。当美国要在压力之下对税收与支出做出选择时，这些数据可能更具有决定意义。当贷款变得更困难，调整延期也更困难时，政府将不得不在增税、削减非国防开支和国防开支中做出选择。

总之，尽管美元悲观论者在过去已经说过很多次了，美国经常账户失衡仍以大规模、前所未有、持续的趋势发展，而欧元出现（以及其他货币的更长远的野心）最重要的是对一个独特且不友善的地缘政治环境的全面转变，并导致美元走向危险且未知的未来。2008年的金融危机进一步削弱了美元的地位，当全球经济复苏时，恶化的情况将更加突出。因此，美元国际地位的削弱是可能的，如果是突然处在一个金融危机之中，在所有先决条件都成熟时危机将无意抑或是直接地伤害美元；如果碰巧没有危机，美元地位的削弱则更为渐进。无论是哪种方式，美元的贬值都将会产生重大的政治影响。美国政治影响力的每况愈下将伴生更多新颖、尖锐的约束因素，例如，当美国有能力且有意愿在海外使用武力时必须考虑到国际危机期间宏观经济的困境以及联邦预算的持续压力。如果美元逐步贬值，但不是突然的，或者（当经济从大衰退中复苏）如果美国公众变得愿意容忍增加税收和削减其他政府开支时，美国权力和影响力的下降将不会那么突出。但即使在这样的情况下也只是缓解，而不能解决美元首要地位的消失和对国际的影响。

第 *10* 章

总结与展望：美元未来的未来

Eric Helleiner and Jonathan Kirshner

我们起先从一些东西开始疑惑，在激发疑惑之后我们得出结论：包括那些已有威望的货币学者在内，为什么他们对美元作为一个国际货币未来的前景分歧是如此之大？之前的诸多章节所展现的是分析家运用不同的基础理论方法——以市场为基础、工具化与地缘政治，并以一些模型嵌入为背景。他们作出了截然不同的判断，这些判断也证实了在解释美元命运中哪些要素是值得优先考虑的。大多数美元悲观主义者的结论通常都是起因于对地缘政治变数的看法，比如，冷战的结束、美国单极化与单边主义、新的经济与政治权力中心的崛起。这些学者把这作为一个出发点来理解潜藏在政治秩序下的国际货币与金融事件，他们援引了一些市场基础性的变量——尤其是美国债务与赤字，并对以美元为基础的国际货币秩序将在未来的岁月里受到侵蚀的结论提供了进一步佐证。

无论如何，美元的潜在弱点并没有消散，它也被那些对美元成为国际货币的未来前景少有悲观的人进行了不同解读。理论家的初始本能是利用对美元国际地位有帮助的解释来把更多的眼光聚焦在：美元的升值与贬值究竟有哪些好处与弊端？美元在对外国政府中所扮演的角色，要么作为出口导向经济策略的助推器，要么成为一种在逻辑上便捷而又出色的名义货币锚。注意力的核心从美元作为关键货币发行者的行为移转到他们已经（含蓄抑或直率）决定倚靠谁的政策选择上。因此，这些学者的预期更多的是一种常态而非偶然为之。美元的命运依靠于其是否能一直有递送功能，也就是说，能否在国际经济秩序中承担那些有用的功能。

那些对美元大多持乐观态度的人，眼光倾向于外。在承认美元存在市场化方面的挑战的同时，乐观主义者更愿意强调美元对比其他替代者的相对市场化强度，举例来说，日本经济仅有相对适中的规模、欧洲金融整合下的阻碍以及欧元作为一种国际货币在便捷与灵活方面的软肋。乐观主义者对美元市场化也倾向于强调支撑美元秩序的惯性力量，可以说，一些地缘政治的变量一直在构建美元秩序，乐观主义者希望能对它们的地位予以额外的加强（美国的主要军事对手在亚洲，欧洲的外交政策有难以驾驭的特性）。

在这个结论性的章节里面，我们继续练习，这既不是决定性地宣布某种观点或系列假设是最好的，也无意澄清我们究竟是怎样理解不同专家对这个问题的歧见。我们的目标是为那些不同的看法建立起更为清晰的基础，也能为未来提供一个指导——不是美元未来的必然性，而是提供一种对理解和评估事关美元未来预测的指导——这种预测通常建立在一些先验的预期与潜在的重要观察之上，而这些关于竞争模式的观察与学者地位息息相关。第一，我们再次要讨论的，即一直争论不休的分析方法与书中投稿者的观点是怎样运用在他们的内容上。第二，我们建立了对每一个作者评估的标准：那些未来的事件与变化是什么？这些事件与变化在加强抑或破坏基础预期中是怎么做的？我们也简要评估了 2008 年的全球金融危机。

最后我们对美元的未来有一些简洁的评论。可以说，学者对美元未来的问题将一直探究下去。

10.1　重新开始：美元未来的预期

在导言章节，关于美元未来，我们介绍和建立了以市场为基础、工具化与地缘政治方法的逻辑，考虑了每个观点是怎样被引入支持美元可持续性的预期抑或美元国际地位下降的分析中。我们为书中那些投稿者在其框架下争论提供了空间，这也形成了一系列事关美元的预期。我们在这里重新检验模型、复制图表，以此来显示作者与作者之间的不同，同时也证明每一位作者是怎样诉诸那些模型的。

市场为基础的方法暗示了美元国际地位的持续能影响到美国金融市场的深度、美国经济的规模、外国人对美元的信心、国际货币自我强化的趋势，而且，更重要的是，其他货币在某些特质上的缺失会引发它们对美元国际地位的攻击。另一方面，市场化的预期也能整理出对立的观点：留意美国经常账户赤字前所未有的规模与记录、美国不断增加的联邦债务所隐含的重担、新的全球中心经济引力的出现，所有这些都为以经济基础决定一种货币的国际用途来做分析的人提供了资料。

工具化方法把美元秩序的可持续性看作是来自它所提供的服务——通过布雷顿森林体系 II，在布雷顿森林体系里面，各国都通过贪婪的美国市场，用毫无限制的方式来积累美元储备，或者把美元用作一种货币锚，以此来给宏观经济的稳定提供基础，也为在混乱的经济环境中保持可预见性埋下伏笔。但衰退的种子也置身于这个观点之内，种子为了开花一直在等待精心培育。布雷顿森林体系 II 将很快地被美国不断涌现的保护主义所破坏，各种可能潜在的趋势也显得脆弱，就像亚洲经济对美国经济的突发性行为一样（美国需求下降与消费份额的增加，与保护主义无关）。美元持有者由于金融损失所增加的怨恨可以表明，美元在进一步贬值。同样，如果美元迅速贬值抑或美国通胀压力极度上升，美元作为货币锚的地位也将下降。

地缘政治分析法，正如以上所说，它的着力点在于冷战秩序的瓦解，它提供了 20 世纪后半个时期国际货币秩序的政治基础。从这个观点来看，国际货币关系的再造是一个蓄势待发的转型过程，为了打破旧标准，一直在等待重新洗牌的理由。而这个进程的推进借助于美国竞争对手试图以"软平衡"来抵制美国的本能，当然，也借助于 21 世纪的外交政策。但地缘政治分析也指出了一个具有可持续性的逻辑：特别是，长久并史无前例地对硬实力的关注与美国自身的实质性安全，这些都为美元的持久提供了信心，而这些也是其他国际货币发行者无法比拟的。尽管在权力平衡变量中的改变与安全的顾虑可能导致美元冷战的基础有所动摇，为了实现一个更高的全球地位，美元在与其他竞争者的论战中也遭遇了更多的国际政治对手，但从长远来看，对于日本来说，似乎特别担心对方的货币野心。

以上已经提到，这本书的投稿者在事关美元未来的问题中，分歧的预期很多。在这些观点的内容里，他们强调的诸多变量都直接指向可持续性与衰退。从分歧点开始，某种程度上他们对所依赖的附加方法的见解倾向被以一种附注的形式所包围。

Harold James 预见美元国际秩序的维持一直在延续。他对让美元对市场主体有吸引力的要素表示了兴趣，特别是规模、金融成熟度和复杂性、美国货币经济的绝对性管理、国家稳定与安全。不管是直接还是间接，所有这些因素都确定了美元的基础。Ronald McKinnon 也预计美元秩序可以无限期地延续，尽管作为一个工具主义者，他的预期更多地放在对商品公共政策的历练上（美国对低通胀的承诺是：一个稳定的汇率，以及自由贸易）。他对维持这样的情势显得审慎和乐观。

Eric Helleiner 有对美元未来不确定性的暗示。他依循着 susan strange 的框架，当然也进行了修改与扩充，他把美元之路视作从顶级到部分协议的货币之旅。他暗示把市场化变量持续的依据转变为可能改变的开放式政治因素。在这个论述里，Herman Schwartz 也大名在册。他新颖地分析了美国经济特质的相对吸引力，并以此作为维护美国秩序的结果。尽管如此，他也强调了美元繁华程度依靠美国经济持续超越其他经济体的前景。Marcello de Cecco 也对此表达了他的不确定性，但其又有更多的悲观情绪（的确，在他的观点里，不确定性是一个解释变量，就像期望值一样）。当适当地回溯美元的特质并进行历史的类推时，他预想到一个更加动荡与冲突的国际货币与金融秩序，在这个秩序里面，美元的地位有所持续，但也产生了改变的压力。

Benjamin Cohen 分析了市场要素，但强调指出，这些市场因素让人看到了美元国际秩序基础的弱势之处而非强势之点。结合地缘政治的趋势，他看到美国外部账户的不可持续性，这引起了人们对美元的怀疑，也为那些身处中东与亚洲的美国竞争对手提供了机会。这样的观点也被 David Calleo 所分享，他的分析更多地侧重于地缘政治因素（冷战秩序的结束）与美国经济的弱点，一国的军事力量与国内消费的偏好潜藏着一种压力，而美国似乎不愿意承担起这些压力。Jonathan Kirshner 分享了潜藏于 Cohen and Calleo 分析的假设，但他有着更悲观的倾向。他预示，在国外，美元的地位将遭遇到更大的外部政治反抗，他认为一个市场环境有助于缓解美元突发转型的危机。对美元未来的预期，见表 10.1。

表 10.1 **对美元未来的预期**

美元国际地位的未来	国际货币地位的决定因素		
	以市场为基础	工具化	地缘政治
可持续性	James Helleiner	McKinnon James	
不确定性	Schwartz De Cecco McKinnon	Helleiner Schwartz	Helleiner De Cecco
衰退	Cohen Calleo Kirshner		Helleiner De Cecco

10.2 向前看：构建期望与评估的标准

尽管如此，我们必须强调，我们的目标并不是宣称这些观点中的某一个更具有说服力。考虑到未来的事件将为每一个争论提供确认或不确认的迹象，或者至少将为每一个投稿者截然不同的预期提供指导时，我们保持这样的立场既是有可能的，也是有帮助的。

James 把一个体系看作所有好事情都将聚集在其中，这加强了相当健全的美元秩序，使美元地位的持续性一如既往——它对市场主体的相对吸引力：以美国经济与金融市场的增长与活力为基础的吸引力、作为全球经济增长动力的美国消费地位、美国基于强权保护下的安全角色。一个预想不到、可持续的、又相对衰退的美国经济与它广泛的权力、安全是一种新世俗趋势的表现。而这种趋势可能是对美元全球优势仅有的真实威胁。对于 James 来说，美国在底部反弹并顺势眼光内转，但很难想象市场主体会远离美国而去。

对于 McKinnon 来说，美元的潜在威胁大都是内化于国内，不是以一种扩张的缺憾形式所表现，而是来自于公共政策选择的匮乏。特别的是，那些令人担忧的政策将纵容宏观经济的管理不善，美元大幅度贬值以及美国的保护主义。在没有政策失误之下，管理美国经济的持续性信心将支撑美元。但如果外国政府开始抛弃盯住美元，这能被认为是引起争论的依据。

正如 James，Helleiner 预测的那样，美元市场化的相对吸引力（特别是美国金融市场独一无二的流动性）将能在一段时间内保持美元全球中心货币的地位。与此同时，他看到了未来美元国际地位的一个潜在危险：外国对货币政治性支持的收缩将引起一个严重的美元危机（包括了美国政策制定者对美元货币全球地位的弱势性防御）。根据 Helleiner，外国支持美元日益脆弱的工具化与地缘政治的基础相比在过去更有可能出现。Helleiner 在整个论述中未确认的依据是：在货币没有一个严重汇率危机时，美元的市场将渐行渐远。

Schwartz 认为美元国际地位的未来将取决于经济增长率的相对差异。如果美国经济增长率要快于欧洲与亚洲，无论是基于市场化还是工具化的原因，美元将依旧是全球中心货币。但如果美国经济增长率相对较低，美元的国际地位可能逐渐消失。如果美元国际地位在没有关键变量的转换时而发生巨大改变，那么 Schwartz 的观点将被反驳。

从 de Cecco 观点来看，美元的未来依赖于市场化与地缘政治的因素。就前者而言，de Cecco 担心日益强大与多变的全球金融市场对未来美元贬值的反应。这里尤其该指出的就是一个稳定欧元的出现。他预计，不确定性将使得问题严重化，因为在冷战结束以及新兴力量崛起后，更多不稳定的地缘政治环境已经形成。de Cecco 的预言不能肯定地认定在不断出现金融与地缘政治不稳定的情势下美元全球地位不会被侵蚀。

Cohen，一个市场的悲观者，预期随着美元秩序的侵蚀，我们将步入一个群龙无首的货币体系，美元没有合理的替代者。对于 Cohen 来说，美元严重的威胁将是潜在替代者无可预见的强势，要么来自欧元管理理念的重大变革，要么来自亚洲国际政治力量的发展，这些都有助于一个更为广泛与更具制度化的货币合作。美元能被美国账户改善与经济外部压力所激励。从这个观点来看，主要市场主体的转变，既不是不可协调也不是不可持续的。

Calleo 认为，当美国在有序地得到它的金融地位时，美元可能被美国所储存。尽管 Calleo 一直质疑，但实践已在理论中得到了检验。举例来说，20世纪 90 年代克林顿时期，美国联邦预算从赤字过渡到了盈余，而且盈余的数量巨大。在这段时间里，人们也看到美国国防负担的减少。然而，从这点观点也可以看出，美元将会被新的开支与消费所破坏，尤其是政府在国防上的支出。未来的岁月里，如果美国在没有严重破坏美元的信心下又重启新一轮军事对峙，如果欧元没有崩溃抑或欧洲政治经济情势没有被明显破坏，那么不协调的声音依旧存在。

对于 Kirshner 来说，对美元的一个严重威胁将是日益恶化的美国外部账户。美元荣景不在，出于安全的视角，诸多国家如履薄冰，将远离美元，并促使自我持有货币的多样化。当然，一些美国国外极端政治冲突也将会暗助美元。只要没有尖锐的地域政治对手，美元的优势将一如既往，并不会让其他国家对美元敬而远之。

表 10.2 对这些预期、与事实并行而悖的情况以及异类的观点进行了归纳。在这里，竖行指的是未来的预期。可持续要素既不是指每个作者讨论美元国际地位持续的根据，也不是那些最有可能支撑美元的具体事件。同样，威胁也不代表过去的分析，而是基于每个作者观点之上的那些颠覆美元的可能性事件。异常情况指的是那些很难解释的事件。

表 10.2 　　各种预期的测度

	可持续的要素	对美元国际地位的威胁	可能的异常情况
James	美国经济的增长与吸引力	全球经济的减弱	对美国的政治平衡
McKinnon	联邦储蓄的信心	美国保护主义，通胀或贬值	缘于美国政策失误远离盯住美元
Helleiner	美国金融市场的流动性	国外政治支持的突然性撤回	市场在美元汇率风险下远离美元
Schwartz	美国较高的经济增长率	相对较低的美国经济增长率	增长率差异化的消失使得美元地位下降
De Cecco	美国全球地位的惯性	美元贬值，金融不稳定，地缘政治的不确定性	美元经历金融与地缘政治动荡性增长
Cohen	欧洲的困境，亚洲的混乱	中东，亚洲"战场"的转移	货币使用的不连续性
Calleo	类似20世纪90年代的美国政策逆转（2010s）	更多消费，尤其是国防开支	新的军事对峙下美元的稳定
Kirshner	国际政治冲突（除美国）	美国基本因素的破坏	美国动机不明的政治抑或商业政策

10.3 最初的试验：2008 年金融危机

在清晰评估这些不同的预期时，值得考虑的是 2008 年国际金融危机是怎样支撑或破坏美元未来不同的预期。危机是对上一个十年国际金融体系新的巨大破坏。诸多不同的观点（某种程度上来看，在那时它已经能被决定了）是值得我们去思考的。

金融危机可以分三个阶段来解读：第一阶段，随着危机在 2007 年年末爆发并横贯 2008 年的夏季，这证实了对美元未来最悲观的预期。危机的核心是房地产泡沫，Schwartz 的分析被用来阐明美元的失势。Kirshner 预计这一场金融危机将促进美元国际地位的突然下降。美国在这场危机中的直接反应似乎与对美元持悲观的预期不谋而合。第二阶段，在最近的几个月里，随着美国金融危机的发展，其并没有演变成一个大范围的美元危机，而是发展为一个更为复杂的国际金融危机，此时，反对性的结论似乎更占理——全球危机暴露了美元竞争对手的弱点，也再一次证实美元与美国经济独一无二的特质与优势的关系。市场主体与中央银行不规则的流动性并没有很明显地取代美国 T 型账户。欧元似乎并没为其全盛时期做好准备，亚洲、欧洲的市场也大都如此。在整个世界的阵痛中，惊恐的投资者犹如在暴风雪后努力地寻找安全的港湾，这样的投资者在美国与日本屡见不鲜。正如 Eric Helleiner 在第 4 章中所讨论的，继之而起的危机暴露出欧元试图挑战美元的关键弱点。第三阶段，金融危机隐约而现，当危机过去，美元国际地位的长期结果是什么呢？这些事情虽然已经显现，但那些悲观主义者却能重新发出预警。如果美国经济大幅下降，那么有可能促使全球经济的意外成功，但不能对美元的支持形成激励。当然，如果美元经济在下一个十年相较于其他经济体增长缓慢的话，美元的外部结存将可能改善。从市场导向的乐观主义观点来看美元的未来，这种纠正将被看作是确保美元吸引力长期健康稳定的例证，此时，作为一个整体的系统将趋于均衡。但有些工具主义者极少关注美国赤字的可持续性，只把美国需求减少看作是对美元主导的国际金融秩序的颠覆。

此外，更多悲观主义分析家担心必要的紧急救助与一揽子刺激经济计划所形成的长期成本是怎么增加的，成本的增加已经形成美国高额的国家债务。这也让人虑及通胀率的长期预期与美元的相对价值。

在亚洲、欧洲与中东，政策制定者对政策含义的事后分析依然重要。欧元在危机中的拙劣表现可能促使欧洲政策制定者通过强化合作来共同解决《马斯特里赫特条约》（特别是危机管理机制）的一些弱点。《马斯特里赫特条约》是为了让一个更加强大与更具有能量的欧元得以出现并在与美元的竞争中凸显优势。另外，有些被危机所带动的学者抑或那些担心过多的鸡蛋都放在一个篮子里面的人，他们可能得出结论：更多的意外与多样化将是一件好事，这能使人们产生对美国体系的厌恶而远离美元。

再一次地强调，不管怎么说，危机之后的警醒以及通过多种不同的方法与分析来理解危机与美元未来的预期都是可能的。就同一个方向而言，他们并没有什么观点，但我们能理解他们产生分歧的原因以及用何种证据来予以评估。

10.4　美元的未来

如果美元的未来是不确定的，那么是否存在着从研究美元未来中所得出的诸多经验呢？这本书包涵了政治学家、历史学家、经济学家的贡献，我们也能看出他们是怎样得出截然不同的观点。政治学家倾向于一开始就从政治视角来看待问题，并期待市场能够紧随其后。这也可能暗示着政治学家对市场力量所引动的影响力有所抵触，尤其是在讨论现代金融市场时，巨大而瞬时的金融市场让政治学家觉得具有高风险。但这些分析家的假设也没有期待政治力量能够战胜市场力量，而是政治将塑造市场力量以形成他们预期的环境。

当历史学家说到现在，因为忍受了错误的类比抑或把节奏性的东西强加到本不存在的历史上，所以他们经常被讽刺。我们的经验表明事实并非如此，历史学家能巧妙地解释为什么有些肤浅的类比是误导（举例来说，为什么 21 世纪的美元不同于战后的英镑）。他们也能提出有创造性和发人深思的类比并以此注意到未知事项与潜在的问题。经济学家的结论很可能只有一个，像 Harry Truman 这样一个独臂的人，他不能说自己还有另一只手。但是图像一点都不凄凉。经济学家在美元未来这个问题上有意见分歧的结论，这是因为他们研究了不同的变量和行为关系。正是因为这个原因，专家虽然找到的是同样的数据却得出了不同的结论。我们希望在这本书中澄清的是他们这些歧见的根据，以至于我们能创建一个事前的标准并评估他们的预测。

　　除了多学科的益处之外，我们也了解到可以有更多的事情来探究。对于一些持有美元的关键性国家，例如中国与海湾国家，我们并没有机会去仔细研究它们在储备管理上是怎样拟定政策的。在这方面积累的学问将非常有效地帮助我们评估以市场为基础，工具化与地缘政治解释的相对无用性。我们也有必要有更多的理解方式，即在国际货币的安排中，国际金融危机可能产生的连续性和间歇性。尽管我们理解国际金融体系在步入危机时有一些规律，但我们对事关地缘政治的结果知之甚少。当然，如果我们不能更好地理解美元作为国际货币的未来，那么许多其他的事项将要求有更多的学术关注。我们仅仅希望在这本书中，突出强调隐藏在主题争论下的关键性分析。这将鼓励其他学者对这个问题进行深入的探讨。